问题——概念·解析·实证之探索丛书

旅游之
是与势事
——基于时段的分析

Foundation, trend, and
event of tourism
— based on temporal sequence analysis

丛书主编 / 林璧属

陈桂林 / 著

旅游教育出版社
·北京·

图书在版编目（CIP）数据

旅游之是与势事：基于时段的分析 / 陈桂林著. -- 北京：旅游教育出版社，2023.8
（问题——概念·解析·实证之探索丛书）
ISBN 978-7-5637-4578-4

Ⅰ．①旅… Ⅱ．①陈… Ⅲ．①旅游业发展－研究－中国 Ⅳ．①F592.3

中国国家版本馆CIP数据核字(2023)第130281号

问题——概念·解析·实证之探索丛书
丛书主编　林璧属

旅游之是与势事——基于时段的分析

陈桂林　著

策　　划	赖春梅
责任编辑	贾东丽
出版单位	旅游教育出版社
地　　址	北京市朝阳区定福庄南里1号
邮　　编	100024
发行电话	（010）65778403　65728372　65767462（传真）
本社网址	www.tepcb.com
E-mail	tepfx@163.com
排版单位	北京旅教文化传播有限公司
印刷单位	唐山玺诚印务有限公司
经销单位	新华书店
开　　本	850毫米×1168毫米　1/32
印　　张	12.5
字　　数	266千字
版　　次	2023年8月第1版
印　　次	2023年8月第1次印刷
定　　价	128.00元

（图书如有装订差错请与发行部联系）

国家自然科学基金资助项目

  作者陈桂林是厦门市文旅局原二级巡视员，现为厦门理工学院教授。作者采用法国年鉴学派的长时段、中时段、短时段的分析方法来研究旅游发展之旅游大是、旅游大势与旅游大事，力图构建一幅旅游预测的理论与应用图景，最终形成旅游之是与势事亦即旅游 3shi 体系。该成果为林璧属教授团队主持的国家自然科学基金面上项目"基于实物期权理论的景区经营权价值评估模型与方法研究"（批准号：71774135）的扩展成果之一。

  感谢国家自然科学基金的研究资助！

内容简介

每个时代都有旅游的未来之问。在世界大变局、科技大发展、新冠疫情叠加以及旅游未来之问叠合的当下，人们需要找到回答未来之问的路径和方法。

旅游之是与势事，亦即旅游 3shi 之旅游大是、旅游大势、旅游大事的长时段、中时段、短时段的特征，与人类旅游的长期未来、中期未来、短期未来的匹配性，铸就应答旅游未来之问的主要路径。

本书采用年鉴学派"时段论"研究方法，从人类的旅游本质和旅游基因等要素分析跨越时空的旅游大是对人类旅游长期确定性的影响，从旅游大势及其市场格局的时空维度之供需关系的动态演化分析旅游大势对旅游中期确定性的影响，从旅游大事等影响旅游形态的特征、规律、效应方面分析旅游大事对旅游短期确定性的影响，以此说明人类旅游基因延续的进化力量与时代旅游价值演进的时代力量贯穿旅游发展的全过程，以此研讨旅游存在的未来确定性与时代的不确定性，尝试构建时间跨度下的旅游 3shi 体系。

旅游学研究的对象与路径 …………………………………… 01

第一篇 问题

第一章 问题的提出 …………………………………… 003

第二篇 概念

第二章 旅游 3shi 观 …………………………………… 013
    第一节 旅游大是观 …………………………………… 014
    第二节 旅游大势观 …………………………………… 032
    第三节 旅游大事观 …………………………………… 044

第三篇 解析

第三章 跨越时空的旅游大是 …………………………… 059
    第一节 人类旅游诉求与时代变迁的一致性 ………… 061
    第二节 人类旅游生活形态之溢出 …………………… 088
    第三节 旅游经济之融合属性 ………………………… 114

第四节 旅游发展的三对力量……………………………… 122

第四章 旅游大势及其市场格局 ……………………………… 139

第一节 世界旅游大势………………………………………… 141
第二节 中国旅游大势………………………………………… 147
第三节 旅游市场之演化……………………………………… 199
第四节 旅游市场格局效应与重构…………………………… 233
第五节 旅游大势及其市场格局的动态演化………………… 242

第五章 旅游大事之跨越与阻断 ……………………………… 253

第一节 正向旅游大事之跨越………………………………… 254
第二节 负向旅游大事之阻断………………………………… 290
第三节 旅游大事对人类旅游发展轨迹的影响……………… 318

第四篇 结论与讨论

第六章 旅游 3shi 时空格局及其演变 ………………………… 327

第一节 结论：旅游 3shi 的时间尺度………………………… 328
第二节 讨论：旅游 3shi 的空间尺度………………………… 344
第三节 提升：旅游 3shi 的时空格局………………………… 356
第四节 几点感悟……………………………………………… 363

参考文献 …………………………………………………………… 371

后　记 ……………………………………………………………… 374

旅游学研究的对象与路径

| 代总序 |

在人类认识世界、改造世界的历史长河中，知识积累与创新起到了最为关键的作用。在知识领域，理论研究主要展现为"概念导向"和"实践导向"两种模式，人们常说的"问题导向"本质上属于后者。"概念导向"在西方思想界中有着悠久的历史，柏拉图通过"理念王国"的建构开创了理论研究遵循"概念导向"的先河。柏拉图的"理念王国"主要是通过概念或者概念之间的演绎、归纳、推理建构起来的。柏拉图在《理想国》里曾说过："在一个有许多不同的多种多样性事物的情况里，我们都假设了一个单一的'相'或'型'，同时给了它们同一的名称。"（柏拉图.理想国[M]谢善元，译.上海：译文出版社，2016）在柏拉图看来，世上万事万物尽管形态各异，但只不过是对理念的模仿和分有，只有理念才是本质。只有认识了理念才能把握流变的现象世界，理念王国的知识对于现象世界的人具有决定性意义。因而，只有关于理念的知识才是真正的知识，是永恒的、完美的"理智活物"，才最值得追求。在这里，理念的意义完全来自逻辑的规定性，即不同概念之间的相互关系，而与任何感性对象无关。虽然柏拉图的"理念"并不完全等同于"概念"，但二者

都被视为是对事物的一般性本质特征的把握，是从感性事物的共同特点中抽象、概括出来的。在某种意义上，理念在柏拉图那里实际是通过概括现实事物的共性而得出的概念。柏拉图的概念化的王国，打造了形而上学的原型，并形成为绵延两千多年的哲学传统。

"概念导向"与"实践导向"有着显著的差别。首先，"概念导向"关注的是形而上学的对象性，"实践导向"关注的是现实活动的、交互主体性的对象性。也就是说，"概念导向"关注的是抽象的客体，而"实践导向"则是以在一定境遇中生成的具有交互主体性的"事物、现实、感性"为研究对象，遵循的是"一切将成"的生活世界观，所以其基本主张就是突破主、客体二元对立。"事物、现实、感性"即对象，是人和对象活动在一定的境遇中生成的，具有能动性，事物、现实和感性不应是单纯静观认识的、被表象的、受动的、形式的客体存在，而是人和对象共同参与的存在。在共同参与之中，人与对象在本质力量上相互设定、相互创造。其次，"概念导向"习惯于抽象化思考，"实践导向"习惯于现象化思考，即"概念导向"习惯于在认识活动中运用判断、推理等形式，对客观现实进行间接的、概括的反映。或者抛开偶然的、具体的、繁杂的、零散的事物的表象，或人们感觉到或想象到的事物，在感觉所看不到的地方去抽取事物的本质和共性。或者运用逻辑演算与公理系统等"去情境化""去过程化"地抽取事物的本质和共性为思考方式，研究出充满形式化的结果。"实践导向"以"事物总是历史具体的"为理念，特别强调思想、观念应回到现实的人和现实世界的真实生成之中，回到实践本身，认为思想、观念应"从现实的前提出发，它一刻也不离开这种前提"。强调思想、观念应回到实践本身，"就其自身显示自身"、存在的"澄明""被遮蔽状态的敞开"。最后，"概念导向"偏重于静态化理解对象，"实践导向"偏重于动态化理解对象。由于偏重静态论的理解，所以"概念导向"容易机械地、标签式框定研究对象，僵化地评判对象，将本来运动变化着的客体对象静止化，将丰富多彩的对象客体简单化，从而得出悲观性的结论。"实践导向"在研究中偏重于"存在者的本质规定不能靠列举关乎实事的'是什么'来进行"的理解方式，把对象置于历史性的生成过程之中动态化地去认识，认为问题是一种可能性的筹划，是向未来的展开，它的本质总是体现为动态性质的"有待去是"，而不是现成的存在者。

我非常强调实践导向的研究，主张研究的一切问题要来自实践，要由实践出真知，而且知道"概念导向"存在着诸多不足。但是，在旅游学研究中，我一直在苦苦探索着几个核心问题，这些问题的解决却有赖于概念的突破。

旅游学研究中，我苦恼的问题如下所述。

第一个问题：旅游学能否成为一门独立的学科？

从哲学高度看，特别是以科学哲学的评判标准看，旅游学具备成为一门独立学科的条件。其标准有三：其一，旅游学要有自己独立的研究对象；其二，旅游学与心理学、经济学、社会学、管理学、人类学和地理学等紧密相关的学科边界要清晰，不能简单地采用拿来主义，而是要有明确的联系与区别；其三，旅游学要有自己独立的方法论。

在旅游学要有自己独立的研究对象这一根本问题上，我还是有着自己独到的见解。经过对已有各种观点的回顾、提炼与研讨，目前我的旅游学观点确定为：旅游学是关于现实的旅游者出于某种需求所进行的短暂的旅行、游憩或休闲度假等不同形式所表征的各种旅游活动"相"及由此所产生的与旅游相关的各种社会经济相互关系及其运动发展的科学。这里的旅游学研究的出发点是"现实的旅游者",是活生生的现实的旅游者,不是抽象化的旅游者;这里的旅游学研究包括三个层次的要素研究:①旅游活动要素;②与旅游相关的各种社会、经济关系(结构)要素;③由旅游活动所产生的各种相关社会、经济关系所形成的旅游发展的(问题)要素。旅游学研究的核心是旅游活动要素与旅游相关的社会、经济关系要素,研究的最终目的是发展。之所以把旅游学研究对象界定为"现实的旅游者",是因为强调"现实的旅游者"不是他们自己或别人想象中的那种虚拟的、抽象的旅游者,不是实验中的旅游者,不是网络调查中的旅游者,而是活生生的有生命个体的现实的旅游者。这一理念来源于恩格斯。恩格斯说:历史学是关于现实的人及其历史发展的科学,恩格斯的这一著名论断同样适合于旅游学研究对象的确定。旅游学研究中,这些个人的现实的旅游者的行为主体是处于旅游过程中的,是在一定的前提和条件下可以能动地表现自己的现实的旅游者。倘若在实验研究中,为研究对象设定一个模拟旅游过程中的场景,问他们如果进行旅游,会选择何种价位的酒店?哪种交通工具?出游几天等?虚拟的旅游者或许容易根据自己的偏好直接选择,但没有考虑到时间、金钱和环境条件的约束,因此,选择这类型的被试作为研究对象,其有效性远不如选择现实的正在旅游过程中的旅游者来得科学且真实有效。

在旅游学与心理学、经济学、社会学、管理学、人类学和地理学等紧密相关的学科边界问题上,学界普遍倾向于强调综合研究或交叉研究,大多是拿来主义,只有心理学、经济学、社会学、管理学、人类学和地理学等学科对旅游学研究有贡献,旅游学还没有反哺能力,这也是为什么旅游学不被人们认可为独立学科的主要原因。这方面需要做的工作还很多。

在旅游学要有自己独立的研究方法论这一问题上,旅游学目前基本没有，大多采用哲学和一般社会科学的研究方法论，不过这里需要多啰唆一句，我这里所说的方法论是指研究方法的方法，而不是由于语境差异在英文中的 Methodology 所表达的方法、方法论之区分不清晰。

第二个问题：旅游学的学科属性？

这是讨论最多、疑问最多，也是最难以确定的一个核心问题。在这里，我权且把它确定为自然科学、社会科学和人文科学的交叉学科。

之所以说权且，是由于我目前给不了准确的说法。这里权且采用国际顶尖的旅游学期刊《旅游研究纪事》的前任主编贾法尔·贾法里和约翰·特赖布的观点。影响比较大的理论观点有贾法里的"旅游学科之轮"模型和特赖布的"旅游知识体系"模型。其中，"旅游知识体系"模型提出于 2015 年，模型比较新且较为全面，由此将有关旅游学学科属性的理解基于该模型。在"旅游知识体系"模型中，整个旅游知识的核心分为四大类，即社会科学、商业研究、人文艺术和自然科学。其中，社会科学包括经济学、地理学、社会学、人类学、心理学、政治科学、法学等；商业研究包括市场营销、财务管理、人力资源管理、服务管理、目的地规划等；人文与艺术包括哲学、历史学、语言学、文学、传播学、设计以及音乐、舞蹈、绘画、建筑等艺术门类；自然科学包括医学、生物学、工程学、物理学、化学等。在我看来，按照国内常用的学科三分法的方法可以将上述四大类归纳为三类，即社会科学、人文科学和自然科学，其中社会科学包含上面的社会科学与商业研究（商业研究其实就是国内的管理学），人文科学包含人文与艺术。旅游学学科属性界定之难就难在很复杂，具有交叉学科的性质，但处于核心地位的是社会科学，自然科学和人文科学领域的旅游研究也方兴未艾。

第三个问题：旅游学的研究路径？

国内外学界普遍倾向于定性研究与定量研究，我觉得旅游学还有一个很大的问题没有解决，那就是概念研究，这也是我为什么一直强调要进行概念导向的研究。有人把概念导向的研究并入定性研究，在旅游学领域，我认为必须要有单独的概念研究。因为旅游学迄今为止还缺乏专门指向旅游现象的专有名词，现有的旅游概念大多是指向某种实物或特定现象的指向性的对象物名词。例如，旅游现象、旅游需要、旅游地、旅游体验、旅游愉悦、旅游期望、旅游流、旅游效应、旅游容量等。无须一一列举，目前的所有名词中，只要删掉"旅游"两字，就没有人知道这个名词与旅游学有何相关，不如经济学中的"垄断""竞争"等名词。因此，我一直强调需要有概念导向的研究，以期获得旅游学研究"专有名词"的新突破。

在研究路径上，毫无疑问，旅游学的研究路径必定不是单一的而是多元的，其中主要的三条路径为定性研究、定量研究，以及通过概念导向的研究，以期获得新概念的概念研究。

旅游学中的定性研究是指对旅游现象的质的分析和研究，通过对旅游现象发展过程及其特征的深入分析，对旅游现象进行历史的、详细的考察，解释旅游现象的本质和变化发展的规律。旅游学中的定量研究是指在数学方法的基础上，研究旅游现象的数量特征、数量关系和数量变化，预测旅游现象的发展趋势。

概念研究虽然非常传统，但在旅游学中确是新的研究路径，旅游学中的概念研究是指一种对旅游现象的某些特征的抽象化的研究，它是对概念本身进行研究，研究内容包含两个部分，即重新解释现有概念和形成新的概念。这里要注意区分概念和概念研究，任何研究路径都是有概念的，概念是任何研究的起始阶段，但概念研究的不同之处就在于它的研究对象是概念本身，且对概念的分析主要是基于研究者的抽象化研究。概念的分析、研究与创新是哲学研究的主要手段，社会科学领域相对较少。旅游学要想形成自己独立的研究体系，拥有属于旅游学自身的独特概念必不可少，旅游学中的概念研究应当得到学界的重视。概念研究路径可以依赖于诠释学的理论范式，也可以如马克斯·韦伯的"理想类型"方法。

第四个问题：旅游学研究的理论范式？

旅游学的交叉学科属性以及研究路径的多样性使得研究者们会有这样的困惑——到底哪种方法论或范式才是旅游学研究应该遵循的？旅游学研究有统一的方法吗？要想回答这些问题，有必要从科学哲学和理论范式这两个角度进行探讨。

研究的两个基本出发点——自然主义与反自然主义。

任何研究都是建立在某种基本观念之上的，这种基本观念表达了研究者对研究及研究对象的某种信念。在对知识与研究的总体性的看法上，存在两种相互对立的哲学——自然主义与反自然主义。

对于自然主义，可以从本体论、认识论和方法论这三个方面进行说明。在本体论上，自然主义认为凡是存在的都是自然的，不存在超自然的实体，实在的事物都是由自然的存在所组成的，事物或人的性质是由自然存在体的性质所决定的；在认识论上自然主义坚持经验主义取向，人们只能通过经验来认识所要认识的对象，无论这一对象是自然的还是社会的，经验是人们获取知识的唯一渠道；在方法论上自然主义主张世界可以用自然科学的方法加以解释，社会科学方法与自然科学方法具有连续性，二者没有本质差别。

自然主义的合理性在于：第一，自然主义没有抛弃形而上学使其超越了实在论与反实在论之争，在本体论层面满足了各门学科特别是人文社会科学对本体论的要求;第二,自然主义肯定了研究的基本诉求是追求科学性和客观性;第三,自然主义为知识的基本诉求提供了方法论支持。自然主义的局限性在于:对于人文社会科学,自然主义忽视了作为研究对象的人的行为以及社会的复杂性,要求人文社会科学像自然科学那样发展也使人文社会科学失去了独立性。人文社会科学如果一味地采用自然主义观,那么人类世界的丰富性与多样性将消失殆尽,对人类世界的研究也将难以深入。

对于自然科学来说,持自然主义的世界观是天经地义的,但对于人文社会科学,自然主义就并不具有这种天生的合理性,因此反自然主义主要源于人们对人文社会科学特殊性的探讨。反自然主义作为自然主义的对立面有以下观点:其一,在本体论上,否认社会具有普遍和客观的本质,严格区分自然现象和社会现象,认为二者具有根本上的不同;其二,在认识论和方法论上一般主张以意义对抗规律、以人文理解对抗科学解释,形成反自然主义的理解的认识论和方法论。反自然主义的合理性在于它植根于人文社会科学相对于自然科学的特殊性,其关于人文社会科学的一些主张具有合理性。这些主张突破了自然主义对社会现象的简单化处理,体现了人文社会科学的独立性与独特性。具体来说就是阐释了社会科学研究对象的复杂性,突破了自然主义对社会现象的简单化处理,揭示了社会科学的一条特别路径,即社会科学的目的不是寻找规律而是追求不同个体之间的可理解性。

如果仅仅从自然主义与反自然主义的角度看,旅游学研究是应该既包含自然主义又包含反自然主义的。在如何解决旅游学研究这一复杂问题时,我坚持马克思主义的实践观,坚持实践导向研究,关于这一点在下文中阐述。

旅游研究的三大理论范式——实证主义、诠释学、批判理论。

旅游学中实证主义理论范式的观点为：其一，对象上的自然主义；其二，科学知识和方法论上的科学主义；其三，科学基础上的经验主义和价值中立。

历史主义—诠释学理论范式的主要观点为：其一，社会世界与自然世界完全不同，社会的研究对象不能脱离个人的主观意识而独立存在；其二，与实证主义理论范式的社会唯实论和方法论整体主义倾向相比，诠释学理论范式一般都倡导社会唯名论和方法论个体主义原则；其三，与实证主义理论范式强调价值中立相比较，诠释学理论范式认同价值介入的观点。

批判理论的主要观点为：其一，批判理论高举批判的旗帜，把批判视为社会理论的宗旨，认为社会理论的主要任务就是否定，而否定的主要手段就是批判；其二，反对实证主义，认为知识不只是对"外在"于那里的世界的被动反映，而更需要一种积极的建构，强调知识的介入性；其三，常常通过采取把日常生活与更大的社会结构相联系的方法来分析社会现象与社会行为，十分注重理论与实践的统一。

实质上，以上三大理论范式源于两种哲学观，实证主义主要源于自然主义的哲学观，而诠释学和批判理论更多的是反自然主义的。两大哲学观各有其合理性和缺陷。因此，在旅游学研究中，既需要将二者结合起来，也需要三大理论范式的综合运用。

在具体的旅游学研究中，我的基本观点是以"实践导向"为主，尽可能地去梳理"概念导向"的问题，特别强调要以马克思主义实践观为指导，解决旅游学研究的复杂问题。

问题来自实践。马克思指出，人与世界的关系首先就是实践关系，人只有在实践中才会发生对世界的具体的历史性关系。首先，人只有在实践中才能发现问题。人类实践到哪里，问题就到哪里。自然界的问题，人类社会的问题以及人的认识中的问题，无不建立在人的实践基础之上，都是人在认识世界、改造世界特别是人在处理自己与外在环境关系的实践中发生的，在实践中发现的。人们在物质资料的生产活动中，作用于自然对象，具体感受和发觉各种自然现象之间的因果关系，形成对自然界问题的系统认识，逐步形成自然科学的理论。人们在管理社会，处理人与人之间各种关系的实践中，逐步发现社会生产力的真实作用，进而以此为基础形成各种善恶价值评价和是非真理性理论，不断积累不断思考，逐步建立起来关于社会发展的系统思想和观点的理论。人们在各个时代进行的各种科学研究、科学实验，使人们不断地发现问题，探索问题，认识问题，解决问题，推进人类社会科学技术的进步和知识体系的发展。其次，只有在实践中才能认识问题，只有在实践中才能解决问题。弄清问题来龙去脉，了解问题的产生发展，认识问题的变化规律，理解问题的具体特征，形成关于问题的因果联系，需要通过实践来把握。只有通过实践，才能找到问题解决的妥当办法和途径。在实践中，事物之间各种真实的联系，人与对象之间各种可能的选择及其不同结果才能真实呈现，进而为人们解决问题提供最有利、最为恰当的巧妙的办法与途径。

"实践导向"不能简单地等同于"问题导向"，但却是始于"问题导向"。所谓"问题导向"，就是以已有的经验为基础，在主动求知过程中发现问题。对于旅游学研究而言，不是没有问题，而是问题一箩筐。正是问题一箩筐，旅游学研究者们从各自的学科背景出发，对旅游问题进行了纷繁复杂的解释、论证与纷争。目前的国内学界总体上停留在"公说公有理，婆说婆有理"的阶段。对于这种论争，我在研究历史认识论时，提出了可以运用马克思主义的交往实践理论来解决，这一方法论同样适用于旅游学研究。

马克思指出："人们在生产中不仅仅同自然界发生关系。他们如果不以一定的方式结合起来共同活动和互相交换其活动，便不能进行生产。为了进行生产，人们便发生一定的联系和关系；只有在这些社会联系和社会关系的范围内，才会有他们对自然界的关系，才会有生产。"（《马克思恩格斯全集》第6卷，第486页）生产实践中除了人与自然的关系，还有人与人的关系，这人与人的关系便是指人与人之间的社会交往活动。毫无疑问，现实的旅游者的任何形式的旅游活动都脱离不了这人与人之间的关系，也就是现实的旅游者与旅游服务提供者之间的人与人之间的关系，也包括现实的旅游者之间的相互关系，正所谓去哪儿玩不重要，和谁玩最重要。在实践过程中，实践主体不是抽象的、单一的、同质的，而是"有生命的个体"，存在着社会主体的异质性。主体在实践中的异质性，决定了他们在认识过程中的异质性，决定了他们在观察、理解和评价事物时所具有的不同视角和价值取向，主体带入认识过程中的主观成见便源于此。认识主体的异质性和主观成见，在存在社会分工的前提下，是不可能消弭的，主体只能背负着这种成见进入认识过程，旅游学研究主体也不可能从这一认识过程的厄运中超脱。所以，在社会交往过程中形成的异质主体的主观成见只能在交往实践中得以克服，在交往实践的基础上，主体才能超出其主观片面性进而达到客观性认识。解铃还须系铃人，异质主体的主观成见正是实现认识与对象同一过程的切入口。实现认识与对象的同一过程就是在于异质主体交往的规范性和客体指向性。人们的交往实践要遵循一定的交往规范。交往实践本身造就的交往规范系统约束着主体的交往实践。这些规范对于一定历史条件下的个人来说是既定的、不得不服从的，这种交往实践的规范性保证了认识过程的收敛性。认识的收敛性、有序性是认识超出主观片面性达到客观性的必要前提。在具体的认识过程中，诸异质主体间的交往实践同时是指向主体之外的客体的对象化活动，即使使用语言、调研资料而进行的旅游学研究主体间的交往归根到底仍然是指向旅游学的认识客体，是就某一旅游学问题而展开的。在认识活动过程中，主体总是从各自未自觉的主观成见出发并以为自己认识到的旅游学问题与对方认识到的旅游学问题是相同的，从而推断对方会根据自己的行为针对同一旅游认识客体采取某种相应行为。然而，交往开始时双方行为的不协调迫使主体发现了他人（一个无论在行为上还是观念上抑或是认识结果上都不同于自己的他人），发现他人同时就是发现自我。因为此时主体才能够从他人的角度来看自己及其认识活动，即自我对象化。这样一来，通过发现他人与自我的差异而暴露出自己的先入之见的局限性。如果仅仅停留在暴露偏见还不足以克服偏见，如果交往双方不是为了指向共同的客体而继续交往下去，交往就会在双方各执己见的情境中中止，他们的对象化活动也就中止了。因此，交往实践的客体指向性是保证主体超出自身的主观片面性，从而达到客观性认识的关键。正是交往实践的客体指向性使得交往主体在继续交往中努力从对方的角度去理解客体，并把自己看问题的角度暴露给对方，以求得彼此理解。在理解过程中，个别主体不一定放弃自己的视界，而在经历了不同的视界后，在一个更大的视界中重新把握那个对象，即所谓"视界融合"，从而达成共识。在此共识中，双方各自原有的成见被抛弃了，它们分别作为对客体认识的片面环节被包容在新的视界之中，此时，个别主体通过交往各自超出了原有的主观片面性而获得了客观性认识。从认识论机制看，交往实践为实现旅游学认识的客观性、真理性提供了途径。但在实际的旅游学研究中，的确有许多课题已进行过多次的大讨论，却未能取得一致的认识，人们由此会怀疑交往实践的功用。实质上，只要认识主体不自我封闭，能放下架子，能扬弃原有的看法与认识，能走出书房的象牙塔，能遵循认识规范，能就某一课题深入交往与交流，即使是针锋相对的认识，亦能在求同存异的过程中相互理解取得较一致的认识。的确无法取得较一致认识的，亦能在交往与交流的论争中获得新的认识。舍弃旧见解，在交往的过程中加深认识，最终在历经证实或证伪的过程中获得真理性认识。

在旅游学研究中，我们应当大力提倡各种论争，在实践中不断地通过证实与证伪来获得新的认识。

通过科学与哲学梳理，理论与方法论辩，概念与实践的不同研究导向分析，我们发现，旅游学作为一门学科门类才刚刚起步。目前所能确定的交叉学科属性、三大理论范式的互补性，使得要想全面研究旅游学就应该综合应用各种方法进行研究。于是，本丛书的分析框架确定为："问题——概念、解析、实证"的研究逻辑。换言之，本丛书之中的任何一本书都是从问题出发，力图通过概念、解析和实证来解决旅游学研究实践中所发现的问题。

解决问题是所有旅游科学研究的核心和主要目的，概念研究、定性研究和定量研究是解决问题的三条基本路径。其中，"概念"对应概念研究，其理论范式为诠释学和批判理论；"解析"主要对应定性研究，其理论范式为历史主义—诠释学；"实证"则对应实证研究，其理论范式为实证主义。而超越这一切的研究路径，则是马克思主义的实践观，尤其是交往实践理论，本丛书正是力图在实践研究中出真知。

陈桂林的旅游研究，与法国年鉴学派费尔南·布罗代尔在《地中海与菲利普二世时代的地中海世界》中所提出的关于三种历史时段（长时段、中时段、短时段）的研究极其相似。布罗代尔采用了长时段的分析方法来研究"几乎静止的历史——人同他周围环境的关系史",这是一种缓慢流逝、缓慢演变、经常出现反复和不断重新开始的周期性历史,这些都是几乎不变的环境,但却是人类赖以生存与发展的根基,以往的历史研究往往对其重视不够。对于在这种静止的历史之上显现出一种有别于它的但也是节奏缓慢的历史,布罗代尔采用了中时段的研究方法,诸如研究经济、国家、社会、文明等,这些都是几十年甚至几百年不变的历史。对于诸如事件史等这种表面骚动、短促迅速和动荡的历史,亦即传统史学所记述的历史,布罗代尔采用了短时段的研究方法,他认为这种历史本质上是极端敏感的,是所有历史中最动人心弦、最富有人情味,也最危险的历史。人们对这种当时的短暂的生命中亲身感受过、描述过和经历过的历史特别感兴趣,这种历史反映着那个时代的人的愤怒、愿望和幻想。费尔南·布罗代尔的三种历史时段的研究方法成为年鉴学派在历史认识论上的重要贡献。

陈桂林的旅游研究,把几乎不变的旅游本质归类于"是",是一种几乎不变的旅游,他采用了长时段的分析方法;旅游发展趋势与市场格局则极有可能呈现几十年不变的中时段特征,他运用了中时段的分析方法;而各类灵动的、不断发展变化的旅游活动或旅游事件,则是典型的短时段的旅游,他采用了短时段的分析方法。他的这种研究与费尔南·布罗代尔所提出的长时段、中时段、短时段的研究极其相似,所以,其研究定位于"旅游之是与势事——基于时段的分析",这也就成为旅游发展预测的应用性基础理论研究。

林璧属

2023 年元月修订于厦大海韵北区

第一篇

▼

问题

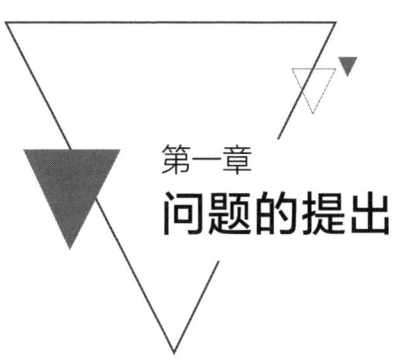

第一章
问题的提出

当今人类社会错综复杂的国际关系嬗变不断引致世界百年之大变局，未来旅游将走向何方？在"元宇宙"之百年大畅想和高科技的大发展下，未来旅游将有何发展？新冠疫情之后，人类的旅游方式将如何呈现？面对人们这些迷茫的又如此高度聚合之旅游"未来之问"，我们应该如何寻找回答问题的路径和方法并尝试给出答案？人们需要在时代的不确定性中寻找未来的确定性。

面对时代的"未来之问"而寻找未来旅游之确定性，我们可以从人类社会发展历史进程的视域，引鉴法国年鉴学派的"时段论"，把时间尺度区分为"长时段"、"中时段"和"短时段"，以便做出长期未来、中期未来和短期未来的思考。人们通常把十年作为一个年代，因此我们把十年以内视为短时段之未来，以十年至百年之间作为中时段，而百年以上则毫无疑问是长时段。如此，以历史进程来研究、预测未来，以此来回答"未来之问"，可能更为具体和明晰。

在人类旅游发展过程中，几乎所有关于旅游未来的重大问题均离不开对旅游的历史和现实之明鉴。我们理应回望旅游的历史并环顾旅游的寰宇，从时代演进和时空演变的过程中寻找那份本属于人类旅游的永恒主题，并在人类旅游永恒主题中奋力探索"是"这一未来之问的答案。

面对纷繁的旅游本质及其表现形式的时代演进和时空演变，对老天爷和老祖宗遗存于世的"二老"旅游资源的典型意义之诠释，以及对现世为人们所追捧并演化着的"时代"旅游现象品相之阐述，自当是回答"未来之问"绕不过的表征跨栏。

中国五岳之首的泰山是在时代演进和时空演变之中铸就的典型"二老"融合之旅游资源。老天爷留给人类独特的山峰、崖岭、岩洞、奇石、溪谷、潭池、瀑布、松树名木等地质遗迹和地貌景观，呈现出雄、奇、险、秀、幽、旷等诸多美的形象，尤其是泰山崛起于齐鲁之地，依托于广阔无垠的平原和烟波浩渺的大海，显得格外高大厚重，形成了中华民族"稳如泰山"的心理，虽历经数千年之沧桑，但仍旧亘古未变而高扬在中华大地之上。一代代帝王、文人陆续兴办的政治、文化活动连续赋能于泰山，民众宗教信仰和旅行活动则进一步推演其发展，演绎着几乎世代不变的旅游基因延续和时代旅游价值取向演变的故事。地处东方通天拔地的"万物孕育之所"泰山，引来秦始皇及之后诸多朝代帝王亲登此山封禅或祭祀，借此山之神威表达着一统江山的气概和巩固皇家统治的祈望；吸引着历代墨客骚人纷至沓来朝山览胜、赋诗撰文、摩崖刻石，寄托着属于那个时代特有的情愫和抱负，留下了至今让人无限感佩的丰盈文化精品；历代的游人来此，或崇拜山神，或感受皇威，或观览景致，或求知审美，或沐浴熏陶，如此这般，时空并未阻隔历史的遗存和时代的变迁，在每个时代都抒发着与其他时代不尽相同的祈求。在泰山"二老"长期的融通演进过程中，我们既感受到了恒久不变的自然品相，也感受到了数千年历久依存的人文内涵，还感受到了数代以来上百年储存着的时代需求之差异，而其中一些事件则影响着那个时代的人们自我旅行的追求，并持续形成了时空效应，从而影响着一个时代甚至数个时代的旅行需求。

地中海北岸的古罗马海上运输业和商业比较发达，人们在善用海上资源发展经济的同时，也乐于追求航海探险旅行和商务旅行。时至中世纪，在禁锢之中生存的商务旅行和探险旅行，依托地中海艰难地延续着，而宗教旅行、休闲旅行则显露出时代需求的新趋向。近代工业革命的春风吹拂地中海北岸，"海上旅行"的线路延伸至威尼斯、佛罗伦萨等沿海城市；温泉旅游和滨海旅游在时代的呼唤中悄然兴起。如今的意大利依托地中海之海上和岸上的资源，开发了大量的休闲度假旅游产品，成为世界上著名的滨海休闲度假胜地。两千多年以来，地中海依然如斯，地中海北岸的自然资源几乎没有任何改变，人类依托此海发展海上和滨海旅游的历史脉络依然没有改变，旅游基因的延续，使得这些自然和历史环境无力也无从改变，改变的是诸多重大事件和时势影响着的时代需求，时代需求变迁所形成的时代旅游发展趋势才导致旅游形态的改变。

重庆的洪崖洞，毗邻嘉陵江，风景尚好，然2006年建成之后，旅游一直不瘟不火，甚至还有些冷清。突然之间，新媒体尤其是短视频的传播方式唤起了人们"晒自我""晒需求"的热情，引得默默无名的洪崖洞于2016年的淡季迅速火爆，成为炙手可热的著名景区，游人如织。如此之类的并不特别的自然或人文景观，在移动互联网的时代密码解构中，一夜突然爆红成为网红打卡点的事例比比皆是。自然依旧在，人文仍这般，但青春飞扬的时代却成就了一个个逻辑相似的爆款故事。它们与泰山和地中海北岸的时代演进逻辑极其不同，泰山和地中海依托的是自然和人文环境，而这些爆款旅游则是新媒体表现手法翻新出现的新事物，前者依托的是自然与人文旅游环境与时间长河的不断垒叠，后者则是时代表现手法翻新而出现的爆款，前者表现出亘古未变，后者则可能时刻翻新或没落。

在人类发展的历史长河中，自然环境亘古不变，是一个长时段的旅游根基；人化自然随着人类活动而不断变化，表现出诸如人文环境的泰山之人文、城市之旅游，这些都是在人们的生产劳动和物化过程中而产生的，时代在演进，山川自然和人文遗迹大抵依然如故，人类旅游依旧延续；但随着人们的旅游需求发生变化，随着时代之演进，旅游在不断发生变化，表现出不同时代的旅游形态基本相同或微弱变化之势。通过透析上述自然环境之于旅游的确定性，回望人类旅游发展长河，从历史进程查看旅游缤纷之今天，人类旅游基因延续的进化力量与时代旅游价值取向演变的时代力量辩证统一地贯穿于旅游历史的纵深和旅游现实的百态，表现出上百年数千年笃定前行之"旅游大是"、十年数十年稳定而微弱变迁之"旅游大势"，或仅仅持续数年影响之"旅游大事"，在时代的演进与演变之中，彰显着推动人类旅游永不停歇向前发展和促进人类旅游形态变化经久不息之伟力。与此同时，人类旅游基因在旅游历史进程中汲取时代价值取向的精华并不断扩充内涵，促进进化和延续，时代旅游价值取向所表现出的人类旅游态度和旅游审美愉悦总是潜伏或徜徉在长时段基本不变及短时段与时俱变之中，并作用于"旅游大是"、"旅游大势"和"旅游大事"，从而使旅游形态变化亦呈现出充满确定性的特点。

"旅游大是"、"旅游大势"和"旅游大事"即所谓的旅游之是与势事亦即"旅游3shi①"已然成为我们回答"未来之问"的主要路径，期望成为预测旅游发展趋势的应用性基础理论。故此，我们将从时代演进和旅游形态演化的多视角，在试图构建旅游3shi体系框架的基础上，从旅游3shi最为凸显的旅游大是之时空跨越，旅游大势及其市场格局之演化，旅游大事之跨越与阻断所显示出的丰富信息和规律性的跃动，在旅游基因延续与时代旅游价值取向演变的辩证统一中，多维地尝试着回答那个旅游的"未来之问"。

从马克思历史唯物主义的观点来分析，时代的演进之于人类旅游而言，既是生产力发展的一种表现形式，也是旅游需求与旅游供给关系的调整和变化，旅游3shi之时间定力影响于时代旅游价值取向，对应地共同演绎着和呈现出人类旅游发展的进程。因此，诸多旅游大事按其应有的逻辑连接而成的某些旅游发

---

① "是"（shi）、"势"（shi）、"事"（shi），三个拼音一样的shi。

展过程，呈现出旅游大事作为人类梳理和思考的结果，以时间的顺序依次显性地表达出旅游发展的脉络，反映着旅游事物发展的客观存在；而以旅游需求所表现出来的具有某些意识属性为特征的旅游意识，则有别于旅游大事，具有某种沉淀式属性，突出地表现为客观地存在于旅游长河之中，成为旅游大"是"与旅游大"势"，强力作用于包括旅游大事在内的几乎所有的旅游事物及其旅游表现形态。显性的旅游大事和隐性的旅游大是和旅游大势同构着旅游之经纬而纵横捭阖于人类旅游发展的全过程。通过对旅游发展历程之梳理，可以预测旅游未来发展之大是、大势与大事。

从马克思辩证唯物主义的观点来看，时间演进之于旅游是基于客观存在的旅游事物运动于客观存在的历史长河之中，是一个旅游发展的时间过程，并扩散于不同场域的旅游空间之中，从而勾勒出一幅旅游时空的能量与运动图景，用任何脱离能量和运动的时空演进去描述旅游事件的发展都显得片面与不当。旅游的时间与空间之一体是旅游物质存在的一种客观形式，是旅游活动、旅游发展与旅游场景所构成的可量度的系统，由旅游的过去、现在、将来构成连绵不断的连贯的旅游 3shi 体系，表现出旅游发展运动变化的持续性和连续性，昭示着人类旅游发展波澜壮阔的进程。旅游时空格局承载着旅游 3shi 发生、发展、成熟和结束的全生命周期，记载着旅游 3shi 影响的真实和必然的存在。在旅游 3shi 的时空格局之下，时间尺度和空间尺度是其量度的主要手段和方法，并在实际时间尺度和比较中，厘出长时段、中时段与短时段之迥异；在实际的空间尺度和对比中，分出全空间、宽空间和窄空间，相应地表现出全球性、区域性、局部性即本书所言的世界、一国、一域的旅游层级。

从马克思的经济形态理论进行分析，旅游形态作为与生产力相适应的旅游主体和旅游客体统一表现的总和，包括旅游生活、旅游经济和旅游格局等形态之演变都是基于旅游 3shi 直接影响并作用于旅游主体和旅游客体而反映出动态变化的过程。在旅游时空中，旅游发展往往表现为旅游形态的演变和交替，旅游发展进程通常表现为从一种旅游形态蜕变到另一种旅游形态的过程，并极有可能保留原有的旅游形态，从而表现出旅游形式越来越复杂、越来越丰富的特点。旅游 3shi 在旅游形态的演变即转换过程中扮演着基本定力的角色。因此，旅游形态之演变是旅游 3shi 影响的主要表现形式，旅游形态与旅游 3shi 二者之影响与被影响相互转化、相互作用。

于此，本书总体按照提出问题、发现问题、分析问题、解决问题的基本思路和总分总的结构框架进行谋篇布局，对全文的框架和内容作如下安排。

第一章为问题的提出。阐述人们对人类旅游的时代"未来之问"，探索旅游发展趋势，力图寻找"未来之问"的可能途径及其现实意义。

第二章是旅游 3shi 观。主要是对旅游大是、旅游大势和旅游大事的追本溯源，探寻旅游的本源、本质以及类型特征，尝试建立旅游 3shi 的某种体系与框架。

第三章为跨越时空的旅游大是。对人类长期形成的旅游诉求进行长时段分析，从时代变迁、旅游生活、旅游经济、旅游发展四个维度进行旅游大是阐述，试图揭示人类旅游基因延续过程和时代旅游价值取向演进的现象，以此探讨旅游未来发展之确定性，宏观回答"未来之问"。

第四章是旅游大势及其市场格局。鉴于旅游大势主要是以旅游市场格局为其表现形式，因而在重点分析研判世界和中国旅游大势的基础上，具体研讨旅游市场供求关系演化过程和旅游大势及其市场格局动态演化，以此来探讨人类未来旅游的中时段的未来之确定性，以回应"未来之问"与预测。

第五章为旅游大事之跨越与阻断。重点阐述旅游大事对旅游形态的影响及其所形成的机理、特征和规律，以北京奥运会等为例分析旅游大事对旅游形态跨越与阻断之影响，研讨旅游大事之于人类旅游发展轨迹的波动性，分析旅游大事对人类旅游短期影响的确定性，以预测旅游短期的"未来之问"。

第六章为旅游3shi时空格局及其演变。研讨旅游大是、旅游大势和旅游大事的时间尺度和空间尺度以及时空格局演变所带来的波动，以此研判人类旅游"未来之问"的确定性。

最后，总结本书的主要观点、主要内容并尝试给出回答"未来之问"的方法。

由此可见，本书以人类旅游基因延续的进化力量与时代旅游价值取向演进的时代力量的辩证统一关系，来观察人类旅游发展的历史，并以之与现实和未来的融通，通过过去、现在来预测未来，试图寻找回答时代"未来之问"的路径和方法，尝试构建旅游之是、之势与之事的旅游3shi的某种体系框架，探寻人类旅游发展和未来趋势的确定性，努力为人们遵循旅游大是、顺应旅游大势、正视旅游大事进而开展旅游预测、展现旅游实践提供有价值的理论思考，使其可能具有一定的理论意义和现实的实践意义。本研究将踔厉拓展"时段理论"的新应用和应用的新领域，力图开拓旅游研究的新视角和新情景，尝试建立旅游3shi的新体系和新框架，探索研判旅游未来的新思路和新方法，试图使其可能具有一定的理论意义，倘如是，则足矣。

第二篇

▼

概念

第二章
旅游3shi观

第一节　旅游大是观

年鉴学派把人类赖以生存的自然环境作为长时段的难以变化的要素来看待。我们在研究旅游这一人类长期的需求要素时，发现唯物辩证法已经给出了最本质的认识。唯物辩证法认为，事物的本质必须透过其外部联系和表象特征去把握，必须用人的思维去把握事物内在的联系和根本性质。旅游大是强调的是旅游的本质问题，正是人类用思维对那些一般的、共同的、深刻的、稳定的旅游事物进行全面、系统、相互关联的分析和研究，从而揭示其客观存在的那些确定性的存在。我们可能无法完整准确地描绘出旅游大是前世今生之雄图谱系，但我们可以尝试着梳理和分析旅游大是的本源、本质和特征，辨析旅游大是之旅游基因在人类旅游发展过程中的延续及时代旅游价值取向之演变，使其辩证统一的本色昭然而出，确定性地回应于人类未来旅游。

如果我们对旅游大是进行拆字分析，其含义应为："旅游"是"大是"的领域；"是"是客观事物内在联系，即规律性；"大"是"是"的程度。如此，旅游大是可以表述为"旅游领域之大的客观事物的内在联系，可视为旅游规律"。它突出反映着旅游大是与旅游规律在内涵与外延、涵盖范围和影响力上的差别，即旅游规律涵盖包括"旅游大是"在内的所有旅游规律。旅游大是如若视为"旅游大规律"，则其与旅游规律的差别昭然而出，虽然二者皆兼具物质属性和意识属性，但在人类的认识上，旅游大是的意识属性更为突出，而"旅游大规律"的物质属性相对突出，更强调的是客观存在的旅游事物规律性的东西。相较"旅游大规律",旅游大是的时间纵深感和空间扩张感的特征更为突出,人们感知和认识旅游大是之时间尺度和空间尺度存在着客观存在的更为广泛的普遍存在。旅游大是突出的不仅是旅游规律对人类的影响而被感知发现,而且更为突出的是人类对旅游大是的影响与作用。旅游大"是"是长时段尺度的,其形成于人类社会发展和旅游发展过程之中,积淀着人类旅游基本基因及其延续进化。人类有意识地遵循旅游大是,表现出旅游大是的价值和意义所在,各类旅游活动或旅游事件难以摆脱旅游规律之左右。因此,旅游大是为以人们的意识为表现形式的长期客观存在于旅游领域且影响强大并被普遍遵循的规律性的东西。

一、旅游大是的五大本源

旅游大是之追本溯源。基于旅游大是形成之长时段的时间尺度和宽空间尺度,是与人类自然、文化、经济、社会、思维紧密相连的客观存在,我们可以锚定自然、文化、经济、社会、思维五个方面之"基因"或"模因",寻求旅游大是本源的密码。

从自然方面看,"自然物质基因"一直植根于旅游大是,是其形成的肥沃"土壤"。人类的旅行和旅游活动伴随着社会生产力发展而诞生并不断向前演进。作为生产力三要素之一的劳动对象的自然物质,在对人类生产力发展起着巨大影响与作用的同时,也对人类旅行和旅游活动的萌生和形成起着重要的促进作用。对于人类来说,一方面,异地异域的差异性的自然引发着人们的好奇和兴趣,与日常生活息息相关的大地山川、森林花草、飞禽走兽等自然风貌激发人们有意识地易地移动;另一方面,随着人类社会发展进步特别是物质条件的改善和充裕,人们不断用消遣和闲逸的眼光感知和发现许多自然物质的消遣属性和观赏属性，同时也不断发现和拓展新的自然物质的游览属性和愉悦属性，使它们的旅游功能及其效用范围不断扩大。在此过程中，自然物质以基因遗传的方式，占据着人们旅行和旅游的物理空间和意识空间。萌发于早期社会的人类旅行活动，是在具备一定的物质基础的情况下出现的，即在衣食基本无忧的情况下，人们才滋生外出"游山玩水"的念头，从而有意识地开展旅行活动，尽管这些有意识的旅行活动很多时候依附于其他活动，诸如商品交换活动，而显得寥若晨星，但是随着劳动生产率的不断提高，开展旅行活动的人群和阶层逐步扩展，自然物质在人们一代代的旅行或旅游活动接力传递中不断被复制，并在人们感知、认知和认识变化中呈现出时代更迭特征而表达不尽相同的逐渐进化的过程，诸多的旅游大是就是在此自然物质基因复制和进化过程中萌生或诞生的。不仅如此，当生产力达到相应水平时，世界近代旅游活动在人类生产力发展的阶梯上形成了旅游经济活动，它虽然与之前的旅行或旅游活动有着较大的差别，特别是快速便捷的交通工具出现和普通阶层的经济收入改善而使旅游降维为普通阶层可以追求的生活方式，但自然物质的旅游属性不仅没有改变，而且在遗传过程中得到强化，自然物质的旅游表征更为鲜明，进而表现出思维意识的丰富多彩。世界现代旅游活动传递出旅游经济的活力，人们的旅游欲望依托带薪休假制度的确立和交通工具的巨大进步而彰显为可实现的可期的愿望，自然物质这一贯穿人类旅游活动全过程的基因依然生生不息，诸类旅游大是特别是自然风光类旅游大是的自然物质基因一直旺盛而强大。

从文化方面看，"文化模因"在旅游大是形成的历史中犹如一条奔腾不息的长河，虽然河道时宽时窄、河水时涨时落，但向前的方向和驶向大海的宿命永远没有而且不会更改。从人类社会发展和旅行及旅游活动发展进程的角度看，人类旅行和旅游活动对文化和民俗风情的钟情也许晚于自然物质。然而，在中国古代神话传说中，黄帝为了外出旅行的方便而在昆仑山上修建庄严华丽的行宫，舜巡游泰山、衡山、华山、恒山的壮举，不可能仅仅是满足观赏名山大川自然美景的欲望，而且背后可能会有某些图腾式的文化精神的追求。在五千年前，人们就开始组织包括求知旅行和宗教旅行在内的旅行活动[①]，人们被古埃及人创造的灿烂辉煌的文化所吸引，或前去观赏古埃及法老陵墓——金字塔的伟大艺术光彩，或到达斯芬克司狮身人面像前感受那雄浑的文明奇观，或在朝圣、求法的虔诚中迷恋名山古寺、教堂圣殿而获得价值认同或审美乐趣，在这些文化艺术旅行和旅游活动乃至其他非文化艺术旅行及旅游活动的过程中，"文化模因"一直感染着人们的心灵，一直伴随着人类旅行和旅游活动的成长；即使在欧洲的中世纪和中国的大秦王朝等文化饱受摧残的至暗时刻，人们在旅行和旅游活动过程中，也在自觉或不自觉地传递着"文化模因"，复制着文化的因子，选择着适合自身或熏陶自己的"文化模因"，从而使得"文化模因"在人类旅游大是孕育和形成过程中或润物无声或大张旗鼓地宣示着它的存在。如果说人们通过旅行或旅游的方式获得了文化的熏陶和滋养，那么"文化模因"在旅行或旅游活动中的传递和选择就使旅行及旅游活动这一载体满载着无比动人的传奇。一方面，人类生存和生活背景等因素的差异产生地域及种族"文化模因"的差异，即便随着时代的变迁呈现出变异性的特征，但依然坚定地遗传、流淌在人类的血液之中而绽放出多彩多姿的表达，而人们的旅行和旅游活动成为这些

---

① 查尔斯·R.戈尔德耐，等.旅游业教程：旅游业原理、方法和实践[M].贾秀海，译.大连：大连理工大学出版社，2003：40.

"文化模因"遗传的一个重要而有效的途径；另一方面，人类易被"文化模因"感染的天性和对美好事物追求的本能，使得人们在文化旅行和旅游活动甚至其他类型的旅行及旅游活动过程中，情不自禁地接受多种文化因子的影响，产生多种"文化模因"的交汇融合，形成人类对诸多"大同文化"的认同和普适的文化价值观。如此，人类的"文化模因"在文化大发展和旅游大发展的近代和现代的旅游时代，依然植根于旅游大是尤其是文化旅游大是之中。因此，从这个角度看，"文化模因"是旅游大是的主要本源之一，旅游大是也是"文化模因"传递的重要载体之一。

从经济方面看，"经济基因"在旅游大是形成的历史长河中似乎比其他基因或模因来得更晚些。在人类社会几次社会大分工的进程中，旅行和旅游活动相继产生，多个经济类型和多种经济形态也由此应运而生，而旅游经济却姗姗来迟。虽然在没有旅游中介机构组织旅游活动的状况下，人们为各种旅行活动提供客栈、旅馆、旅店等吃、住服务以及骆驼、毛驴、马匹、马车、船只等交通服务，已经具有旅游供需的某些特征，但旅游作为一项经济活动是在近代旅游人群和阶层扩大而导致旅游供需互动初步筑构的基础上所形成的。旅游作为独立的经济行业是在生产力得到巨大发展并在现代人所谓"大众旅游"带动旅游市场供需成型时而得以正名的。即便如此，我们仍然不能否认"经济基因"如旅行供需在古代人类旅行活动中已经"潜伏"着，只不过我们所看到的是旅游供需关系在近现代人类旅游活动中的突出印迹和对旅游大是尤其是旅游供需关系大是的明显影响。应该说，旅游市场的需求与供给即旅游供需关系是"经济基因"的主要因子，在旅游活动和旅游经济活动中，几乎都是围绕旅游供需关系而开展的，而旅游大是特别是经济旅游大是既源于旅游供需关系的变化及其变化逻辑，又影响着旅游供需关系的变化和演化。"经济基因"在人类旅游活动和旅游经济活动中的遗传,一方面表现在人们的旅游活动基本是在市场上提供旅游产品的消费中进行的,人们的旅游经济活动则基本是围绕着满足旅游需求和提供旅游供给而展开的,这就使得旅游供需关系浸泡在整个旅游市场细胞里;另一方面,旅游市场的旅游供需关系变化带动着旅游市场格局的演化,使得"经济基因"藏蕴于旅游市场格局演化过程之中。"经济基因"作用于人类的旅游活动,使旅游呈现出旅游业态的千姿百态和旅游产品的丰富多彩;作用于人类的旅游经济活动,呈现出旅游需求和旅游供给的失衡与趋于均衡的循环往复。因此,人类的生存环境、科技环境、生态环境、交通环境等诸多环境的变化促进了旅游需求和旅游供给关系的不断进化,使得"经济基因"不仅显著推动着经济旅游大是的发生、发展和成熟,而且显著推动着长时段或中时段地表现出阶段性的经济旅游大是的消亡和消失,同时还孕育着新的经济旅游大是的萌发和诞生。

　　从社会方面看,"社会"是由生物与环境形成的关系总和,它是一个十分庞大的系统。对旅游而言,"社会"既是一切旅游活动和旅游经济活动开展的平台,也是一切旅游活动和旅游经济活动存在的基石,还是旅游大是赖以形成和存在的母体。然而,作为旅游大是本源的人类"社会基因",可能因其恢宏而让人茫然无措。为此,我们可以锁定与人类旅游活动和旅游经济活动最为密切、最具差异性的国家、民族、民间这三个"社会基因"因子,来分析旅游大是。当社会出现分工及阶级分化而引致军队、法庭、制度逐步建立并由此形成国家时,人类的旅行活动囿于部落间的活动,或表达为在国家内进行的旅游。此时的国家对旅游大是而言几乎不具有"社会基因"的意义。只有当近代旅游特别是交通工具大飞跃而引发现代国际旅游大爆发时,国家作为突出性的"社会基因"才隆重地登上旅游大是的历史舞台。随后,以国家为旅游单元的旅游在经济社会发展中如日中天，这一状况至今仍然在强化，未来必将随着交通工具实现跨越性的突破与飞跃，全球化、地球村越来越接近于现实，使得以国家为旅游单元的格局会更加牢固。其间演化将永不停歇，但以国家为旅游单元的整体旅游格局永远不会坍塌。这是因为，国家的区隔使得旅游异地性和差异性的驱动基因被进一步激发甚至被无限放大，异国成为旅游吸引力的一个重要标签，在许多旅游大是中都是难以阻断而得到有效遗传的，即使国家之间的政治龃龉，抑或某些国家的沉沦或衰落，导致世界格局演变而致使"社会基因"发生变异，也改变不了异国特有旅游魅力在人类旅游活动中的整体表达和在旅游大是中的坚持，而这恰恰是人的社会属性和旅游大是坚守"社会基因"的底层逻辑。民族之间的文化差异和文明差异是人类文明发展进程中留下的宝贵财富。就旅游而言，世界大同的理想似乎能抚平世界之差异，而使得旅游大是重要的"社会基因"因此而淡出。但事实并非如此，民族之间的差异性将长期作为驱动人们旅游活动的不竭动力，昭示着旅游大是来源和影响集于一体的突出共性。一部民族文化史和文明史就是一部旅游吸引史，民族之间的文化和文明的差异越大，旅游吸引力也就越强。民族文化和文明作为一类珍贵的"社会基因"信息，通过相应的特色旅游产品呈现出民族文化和民族文明的鲜明特征，而在旅游活动中被记忆并被旅游大是所贮存、所复制。时代的脚步改变着民族的文化，文化的交融丰富着民族的文明，人类的旅游活动已然承载着和感知着民族文化和文明的进化，旅游大是对民族文化和文明进化的收纳和铭记，使得差异性的"社会基因"积厚流光而生生不息。民间的文化、民间的习俗、民间的工艺表达着地域和群落的差异性；街头巷尾的市民、田间屋头的村民，时令季节的活动、节日吉日的礼仪，恰是民间习俗文化的表型。感受在地的文化和地道的习俗,是旅游者的普遍愿望和需求。一百个街巷有一百种景象,一千个村落有一千种味道,人们在满足需求和愿望中陶醉于源远流长的民间习俗和民间文化,人们在体验民间缤纷多彩的工艺中感叹天人合一的淳朴和率真,而时代的焕新带动了街巷和村落文化习俗的演进和进化,但数百年甚至数千年个性化差异性的信息却依然流淌在它们的血液之中,一代一代地被复制,直到它们慢慢地消失在地平线上,而民间差异性的旅游大是也就因此完成了它承载此类"社会基因"并影响相应的旅游形态的使命。

从思维方面看,旅游大是是人们对客观存在事物之间内在必然联系的意识反映,是人们面对客观旅游事物系统思维的结果。如果说旅游大是的本源不仅来自客观事物,而且与人类的意识及其意识活动紧密相连,那么思维就在其中发挥了关键性的作用。人类的进化过程很大程度上就是人类思维能力的进化过程,而人类思维能力的进化进程反映在人们对包括旅游大是在内的诸多客观事物的感知、认知、认识和把握所具有的"思维基因"的遗传、表达和进化之上。人类的思维初期是人脑借助语言对客观事物的概括和间接的反应过程,尽管它涉及所有的认知或智力活动,但对规律性的东西尤其是深度把握还往往略显力不从心;当人类思维能力发展到具有间接性、逻辑性、深刻性等较高程度时,人们面对旅游活动和旅游经济活动,以提出问题、发现问题、解决问题的逻辑,进行分析和综合、比较和分类、抽象和概括,从而认知和把握旅游大是。在人类思维能力发展的过程中,"思维基因"在不断地延续和进化;在对旅游现象进行系统思维而认识旅游大是的过程中,人们的"思维基因"在以规律性的方法认识旅游重大规律性的过程中,不停歇地强化着传递和延续,呈现出认识过程的高级阶段,展示着人类作为地球上灵长类动物天花板的荣耀。

总的看来,"自然物质基因"产生于人类对大自然的认识过程,"文化模因"产生于人类文化的创造过程,"经济基因"产生于人类经济活动的发展过程,"社会基因"产生于人类的社会活动和社会实践过程,"思维基因"产生于人类对世界客观存在的思考过程。它们是人类社会发展进程中的特定事物和客观存在,当人类旅行、旅游活动和旅游经济活动在这些特定事物和客观存在中萌发和发展时,它们不同程度地被各种旅游形态在各旅游领域所唤醒,而人类旅行、旅游活动和旅游经济活动在充分反映和传递它们自有基因或模因表型的同时,促进着基因或模因的不断遗传和不断进化,从而展现出人类旅行、旅游活动和旅游经济活动对促进人类社会物质文明和精神文明发展的重要价值;这些基因或模因,在人类旅行、旅游活动和旅游经济活动途径中的表达、复制和变异过程,既彰显出旅游大是和相应类型旅游大是一脉相承的滚滚的活水源头之动人场景,也绘就了旅游大是本源谱系的朗朗画卷。

二、旅游大是的"三程"本质

从客观世界之于人类视域看,任何事物皆有两种状态:一种是事物的本来状态,即未作为人类思维对象的客体存在;另一种是事物处于人类认识下的状态,即作为人类思维对象的客体存在。旅游大是作为人类对旅游客观事物存在的反映,不仅明显具有这两种状态,而且其人类睿智认识结果的意识属性显著于其物质属性,这决定了旅游大是的本质既包括旅游客观存在的必然,也包括意识对旅游客观存在的反映。

旅游大是之本源为其本质赋予了重要内涵。人类旅游基因信息在旅游大是长期形成过程中，得益于人们的思维反复提取人类旅游活动和旅游实践之共性，而使之具有某些基因信息并延续进化，进而使得旅游大是必然具有旅游的基因属性；不仅如此，在旅游大是长期形成过程中，不可淹没的时代旅游精华之内涵，即那些时代集体旅游价值取向，也在不断演进，使得原本的旅游大是雏形乃至成形的某些包括旅游基因在内的内涵和规律性的东西形成相互映照而激荡相融，在充盈旅游基因内涵的同时，也使旅游大是之功能和效应得以进化。如斯，旅游历史与旅游时代相融之人类旅游基因的延续进化与时代旅游价值取向之辩证统一关系使得旅游大是之能量在聚合过程、投射过程和赋能过程的三阶段过程即"三程"之生态链中焕发着永恒的光芒。

旅游大是之聚合过程既是旅游大是以分至总的过程而实现量的缩小和质的聚集，也是旅游大是呼应时代自身进化的过程而实现能量的升级以免遭淘汰且延续生命周期。旅游大是既为多个具体旅游大是之总和，就使得不同的旅游大是将包含着相应的人类旅游基因和旅游规律性的东西聚合于共同的属性和特征之中，而摒弃了自身的个性，保存着普适性的共性，使得其非共性之属性和特征减少，致使共性属性和特征得到质的飞跃，其间合并同类项时有发生，引致旅游大是能量更加强劲、生命力更加旺盛。与时俱进是旅游大是自带之基因，在与时代共舞共潮的进程中，旅游大是吸纳了时代旅游之精华即时代旅游价值取向，将之融入人类旅游基因延续进化之群，使其行进发展中的油箱充盈，能量充沛而满血向未来进发。

旅游大是之投射过程是其能量传递至所及空间范围之旅游事物的过程。在此过程中既涉及投射物即旅游大是本身的空间范围及其能级和能量场，也涉及被投射物即旅游事物的性状和空间范围，还涉及旅游大是与旅游事物之间的间隔空间尺度和空间通透度。旅游大是的空间范围与旅游事物的空间范围对应程度越高，其投射有效程度就越高。旅游大是的能级越高，其投射过程之穿透力就越强。旅游大是的能量场在聚合过程中已进行了一次全面、普遍的取舍过滤，但仍然不能代替投射过程中的选择过滤。被投射是旅游事物之选择过滤，被投射的旅游事物因性状差异而存在着接受投射能量的选择，只有适配于旅游事物的能量场才能在投射过程中不被过滤而为有效投射。诸如人类旅游基因等普适性的能量几乎适配所有旅游事物而为常态化的能量。旅游大是投射于旅游事物之间隔空间尺度主要体现在空间范围的泛投射现象而出现间隔空间尺度之大小。空间的通透度包括人为和自然等多种因素所形成的对投射效能的影响。经济发达程度、全球化程度等生产力表现形式水平较高的旅游事物之空间范围通透度一般会比较高；旅游发展制度健全和旅游政策完善是投射间隔空间尺度的滤镜而过滤阻碍旅游大是能量穿透的杂质；自然无破坏无伤害之旅游事物通透度比较高，有利于旅游大是能量的触达，而自然灾害等突发性扭曲旅游事物则遮蔽着能量之触达，使旅游大是之能量间断性地失效。如此，旅游大是的投射过程充满着无垠的坦途和满眼的荆棘。

旅游大是的赋能过程不仅是其关照影响时代旅游的过程，而且是与时代旅游共存的过程，它反映出长时段的时间尺度状况下的旅游大是之人类旅游基因延续进化与时代旅游价值取向之矛盾主次方面的转换过程。就其长时段尺度而言，人类旅游基因延续进化犹如一条主线贯穿于旅游大是的所有时间尺度之中，它因此为矛盾的主要方面并为世人所瞩目；而时代旅游价值取向演进之时间尺度呈现却被淹没在茫茫的时间尺度所呈现的人类旅游基因延续进化之中，它无疑是矛盾的次要方面而被人们所遗漏。因此，从旅游大是的时间尺度看，旅游大是之赋能过程实为人类旅游基因延续进化的呈现过程；真正意义上的赋能过程不会发生在旅游大是之时间尺度，而主要发生在百年之内。其主因是旅游大是在旅游生态链的投射过程中具有鲜明的时代性，以至于旅游大是的赋能过程只能发生在具有时代性的时间尺度之内。在短时段和中时段之中，旅游大是赋能过程之人类旅游基因延续进化与时代旅游价值取向的矛盾主次方面又将如何转换呢？赋能于中时段，人类旅游基因延续进化仍凸显在中时段的时间尺度之中，尽管显耀程度逊色不少，但仍是矛盾的主要方面；而时代旅游价值取向相对旅游大是的时间尺度鲜亮了很多，且随着时间尺度距离当今时代越近越显得明亮，但它仍然是矛盾的次要方面，这不仅是因为距离当今时代较远的时代旅游价值取向尚未被积淀汲取为人类旅游基因之微小内涵，而且是因为人类旅游基因在中时段的时间尺度的大部分时间中，其影响力超过时代旅游价值取向，时过境迁是时代旅游价值取向在此明了的注释。但是，赋能于短时段时间尺度之旅游情景却基本相反，时代旅游价值取向成为时代的主角，为矛盾的主要方面。短时段时间尺度之时代旅游价值取向尽情彰显，主导着时代的旅游供需和旅游审美及其因此形成的旅游生活、旅游经济等诸多旅游形态，在此时代力量显得那么不可战胜；而人类旅游基因以基因的形式蛰伏在一切旅游表现形式之中，退居矛盾的次要方面。可见，旅游大是之人类旅游基因与时代旅游价值取向的赋能过程昭示着人类旅游的发展和人类旅游的未来。

综上可见，旅游大是的本质就是人类旅游的能量聚合、投射和赋能的三个阶段过程，而人类旅游基因延续与时代旅游价值取向演进的辩证统一关系所表现出的进化力量和时代力量是旅游大是最为重要的能量，它在人类的旅游实践中扮演着充满浩然正气的主角，歌唱着历史的回音、时代的旋律和对未来的遐想。

三、旅游大是的四感特征

（一）规律和赋能的价值感

旅游大是之本源和本质为人类遵循之必然作出了全面的注释，而人类遵循旅游大是也必然促进规律性的存在赋能于旅游事物以获取应有的价值。

把握旅游大是之规律是遵循获取价值的前提。人们把握旅游的规律性由感知、认知、认识三个阶段所组成。第一阶段是人们感知客观存在的旅游的规律性。旅游的规律性在人们发现之前就业已存在并影响着旅游事物，而人们对此有所感知通常首先来源于它对旅游的负面影响。第二阶段是人们认知客观存在的旅游的规律性。负面影响或正面影响反复出现，被人们正反比对分析，从而加深了对旅游规律性东西的认知。第三阶段是人们认识客观存在的旅游的规律性。这是一次飞跃，人们在对客观存在的旅游规律性之本质、内涵、功能、作用、影响等方面进行全面系统梳理和审视的基础上，把握作为旅游大是之旅游事物规律性的能量等，从而好为旅游实践服务。

旅游大是能量赋能于旅游事物是获取价值的关键。旅游大是影响旅游事物的过程其实就是其能量释放的过程，能量释放的过程是人们为实现目的而增加能量的过程。当影响过程寄托了人们的目的之时，旅游大是能量释放过程就成为旅游大是赋能增能于目的之实现过程；而实现过程聚焦和关注的是影响过程之结果。在赋能实现过程中，旅游大是与人们的行为相合相容，合二为一，人们的所有目的之实现在旅游大是赋能增能的过程中显得那么自然和畅快，这是遵循旅游大是应有的回馈。人们的目的实现情形因遵循旅游大是过程之差异而存在赋能增能的大小差异，从而出现目的实现程度的高低差别，赋能增能越充分，目的之实现程度就越高，获取的价值感就越高。

人们遵循旅游大是的主因是其赋能之"价值"存在。在遵循旅游大是的过程中，人们的主观能动性和目标性之表达十分明确，尽管为此而留存的显性印记清晰与否并存。人们总是在认识旅游大是及其影响作用的基础上，营造必要的环境，有意识地于旅游实践活动之中遵循旅游大是，以期赋能之影响作用最大化。其实，无论人们遵循旅游大是与否，旅游大是都会发挥其固有的影响作用，只是遵循之所获价值与违背所获结果更为人们所期待，遵循使其赋能作用发挥一是顺向人们所需，二是扩大顺向所需之价值，映射出旅游大是赋能效应之必然性。与此同时，旅游大是之价值的必然性为人们遵循目的之实现提供了赋能的时空尺度，赋能过程中旅游形态的友好变化之价值成为人们遵循目的愿望的表现形式。

总之，人们遵循旅游大是之过程，呈现出"规律"、"赋能"和"价值"三个关键词。把握"规律"是人们遵循旅游大是获取价值的前提；"赋能"是人们遵循旅游大是获取价值的关键；"价值"是人们遵循旅游大是的动力和动机，由此而表现出规律和赋能的价值感。

（二）过程和感知的运动感

旅游大是不以物理空间形态存在，而以意识空间形态存在，以意识的形式呈现着旅游物质与旅游意识之间的相互关系及其运动状况，在物质和物理意义上表现更为突出的是人们对其全生命周期影响的运动感知，因而呈现出运动感的特征。旅游大是不是静止而是运动的客观存在，其运动感并不仅仅是它处在运动状态，而且是人们对它的感知状况。因此，就此意义而言，旅游大是的运动感实质是人们对它的感知状况。

人们对旅游大是的形成过程、发现过程、遵循过程、影响过程和实现过程的感知状况虽有所不同，但运动感知却是基本相同。人们对旅游大是的形成过程基本处于弱感知状态，这主要是由人类的感知特征和其全生命周期影响初期特征所决定的。

人类感知是客观事物直接作用于感觉器官而在大脑中产生的反应，旅游大是影响旅游形态所发生之变化作用于人脑所产生的反应就是人们对旅游大是的感知。因而，人们在感知旅游大是各种属性时是通过旅游形态各种变化而进行间接感知的，人们把对旅游形态各种变化的感知作为一个统一的有机整体，将自己熟悉的旅游形态变化的主要特征作为一个整体进行感知，并在感知时，用以往所获得的旅游知识和经验来理解当前所感知的旅游形态之变化；而对自己不熟悉的旅游形态变化，则往往倾向于把它感知为具有一定构成意义的整体；在这种状况下，即使感知的条件在一定范围内发生变化，但感知的印象却保持相对不变的恒常性特征，这种感知行为的过程基本过滤了非运动动态而呈现出运动状态的运动感。与此同时，人们总是按照各自的需要或目的主动地有意识选择其中少数易于感知的运动着的旅游形态变化状况，而产生突出清晰的印象，而对于同时弱作用于感知之非运动旅游形态变化状态则呈现模糊的印象，作为衬托被感知的运动旅游形态变化状态的背景，这种把那些运动着的旅游形态变化状态从背景中优先区分出来并予以清晰反映之感知选择，过滤了旅游大是全生命周期的非动态状况而呈现出动态状况之运动感。

动态是旅游大是全生命周期影响的显著特征之一，它既是旅游大是特有影响方式所呈现的表现状态，也是旅游大是在以底层逻辑的方式和婉约温和的方式影响着旅游形态。一方面，旅游大是之抽象、简约、通用的特点使得旅游形态变化发展与旅游大是之间的客观内在联系表现为底层逻辑的关联，而形成旅游大是之于旅游形态为底层逻辑方式的影响状态；另一方面，旅游大是形成过程和能量释放过程的特征在影响旅游形态之过程中不一定是惊涛骇浪、狂风骤雨，有的可能只是和风细雨、润物无声。旅游大是形成过程虽然是一个渐进式的漫长过程，但某些节点因某些事件促进了某些质变而加速了旅游大是的形成过程，突出了其形成过程中影响旅游形态能量释放的运动状态。成型成熟之旅游大是，其能量最为充沛，也是释放能量最多、最集中的阶段，它以旅游形态发展过程中底层逻辑的方式对应性地释放能量而实施影响。可见，不同的旅游大是均以其特定的底层逻辑影响着相对应类型的旅游形态，在"通用性"之基础上的"精准性"强化了人们对旅游大是运动状态的感知。

（三）纵深和节点的年轮感

旅游大是的漫长形成过程所呈现的历史纵深和重要节点的年轮感，使旅游大是在旅游 3shi 中独具特色而独树一帜。

在旅游大是发生、发展、成熟和结束的全生命周期中，经历了多么漫长的岁月，发生了多少动人的故事，人们不得而知，人们所感知的是它那立体的年轮。在旅游大是萌发之时，它微弱的生命和微小的影响，让人们根本无法感知它的存在；发生之时的印记只能依靠人们的冥思苦想去推演，虽然此间对旅游形态影响的微弱让人们失去了为之探索的兴趣，但强大而奇妙的思维仍然可能使得封存久远的年代印记露出蛛丝马迹甚至原形毕露。直至旅游大是的发展阶段，一路走来的旅游大是开始有了自己的力量和影响，有心的人们可能会感知它的存在或感知它对旅游形态的相应影响，但更多的是在疑问和疑惑中对大量的表象事实进行不断的分析、比对和判定，以认知旅游大是及其影响的存在；当日复一日年复一年的旅游实践反复证明有一种力量在影响着旅游形态的变化和发展时，人们才在论证中初步寻找到属于人类共同拥有的世纪乃至千年之问的答案。旅游大是的成熟阶段不仅表现出旅游大是本身在百炼成钢中实现质的飞跃而表现出相对的稳定性，而且人们表现出对旅游大是的敬畏而有意识地遵循它以实现增能求价值的目标。成熟阶段的旅游大是的能量最为强劲、释放的过程最为直接，这不仅是旅游大是主体成熟的缘故，更是人作为旅游大是主体对应的客体角色而进行认知的缘故。当旅游大是影响旅游形态时，旅游大是主体对应的客体将会发生明显的变化。所以，如果说在发展阶段人们对旅游大是只是认知而已，那么在成熟阶段人们对旅游大是认识的态度和遵循的态度就更加自信和坚定了。一个具体的旅游大是承载或反映着人类旅游的某种基本基因并在不断地延续进化，但它如同所有客观存在的事物一样，都有由盛而衰终至结束的阶段，其间的人类旅游基本基因将继续在变异中被其他的旅游大是所承载和反映。然而，人们并不可能即刻感知到它的消亡，甚至不可能判定它何时消亡，其能量耗尽而带来茫然之期，只有在相当长一段时间后才能认识到其影响的消失。旅游大是全生命周期在舒展的时间尺度中，凸显出发生的微弱、发展的存在、成熟的影响、结束的茫然之纵深的年轮感。

在旅游大是全生命周期中，总会有无数个富有特殊意义和特色特点的节点，而留下特别的年轮记忆。在发生的萌发期，可能因一个交通工具的发明和应用而触动乃至激发人们沉睡已久的异地移动的愿望和行动，引致人类中远程旅游大是的逐步出现；在发展阶段，可能因经济发展到一个与人类旅游活动相匹配的水准时，某种正在走向发展阶段的旅游大是由此进入了发展新阶段；在成熟阶段，可能因为某一项重大的技术创新而促使原本徘徊在发展阶段多时的某一种旅游大是跃进到成熟阶段而大放异彩；在结束阶段，可能因为某种重大疫情促使人们的旅游生活方式陡然改变而使得原本仍在发挥某些影响的某一种旅游大是因此而没落。如此等等，旅游大是的这些阶段过程中记载着人类社会历史的节点印迹，也形成了自己全生命周期中的特殊节点，而使旅游大是充满着强烈而又富有特点的年轮感。

（四）跨域和跨界的扩张感

旅游大是形成过程和影响过程的地域特征十分明显和特别。旅游大是的形成地和影响地皆存在于世界—国—域旅游大是之中，而且随着地域范围的缩小，其数量和能量相应减少，即地域范围越广，旅游大是的数量就越多、能量就越大。世界旅游大是的数量最多能量最大，一国旅游大是次之，一域旅游大是再次之。这种依地域范围缩小而数量和能量递减的现象是由旅游大是的本质和本源所决定的。旅游大是既是在众多旅游形态客观存在内在联系的东西里抽象出来的少数具有共性的规律性东西，又是人类在旅游实践活动中存在着普遍联系性的东西，因而使得旅游大是形成地域具有广阔特征，使其能量积蓄依托地域具有广袤特征。

尤其值得特别强调的是，旅游大是影响地域范围与形成地域范围的非重叠性特征致使影响地域范围远大于形成地域范围。这是因为，旅游大是跨域影响是旅游大是影响的基本属性。其一是旅游大是承载着人类社会旅游形态普遍存在的基因，具有广泛的普适性，以至于旅游大是普遍影响旅游形态和扩张影响地域范围。一国地域范围形成的旅游大是其影响可能扩张至世界全空间，一域地域范围形成的旅游大是其影响可能扩张到一国甚至多国的宽空间。其二是旅游大是强劲而突出的能量足以突破其形成地域范围的藩篱，外溢至其他区域乃至许多与之关联的区域。

旅游大是类型之间跨界影响的扩张感同样鲜明。就旅游形态的角度而言，旅游大是可分为旅游生活类旅游大是、旅游经济类旅游大是、旅游格局类旅游大是。感官上，综合性的旅游大是似乎不在少数，但大多数旅游大是皆因有其发轫的领域，具有发轫领域的本质特征而使其类型依然清晰，只不过在影响旅游形态的过程中其扩张感使得类型的界限变得模糊起来。更为明确的是，旅游生活类的旅游大是在深刻影响旅游生活形态的同时，也在跨界影响着旅游经济和旅游格局形态；旅游经济类和旅游格局类的旅游大是在影响本类的旅游形态的同时，也以同样的方式跨界影响着其他旅游形态。旅游大是跨界影响的原因和动力与旅游大是跨域影响基本无异。

旅游大是跨域跨界扩张感的特征，打破了旅游大是影响旅游形态的地域界限和影响旅游形态的类型界限，使得人类旅游基本基因在时代旅游价值取向演进中的延续进化更为有力和通畅，使得旅游大是的影响更为宽泛和深远，使得人类遵循旅游大是的意义更为现实和必然。

第二节　旅游大势观

年鉴学派把人与社会的关系作为中时段历史变化的要素。我们发现人类旅游的重大变迁总是为旅游大势深刻影响所致。旅游大势产生于人类经济社会发展之中，是不以人的意志为转移的客观存在；它对人类社会主要的旅游形态影响是明显的、显著的，这种影响具有强烈的未来意义，是影响的大集合，是集合与集合之和，因而，旅游大势就是高能级显著影响旅游形态之旅游趋势的总和。旅游大势生命周期被旅游大是之人类旅游基因投射和赋能，其确定性的巨大能量足以影响旅游形态和旅游价值取向之人类旅游发展。旅游大势在旅游经济和旅游格局形态上主要表现为旅游市场格局而呈现出旅游供给与旅游需求在时空维度上的时间关系。

一、旅游大势的本源和本质

（一）旅游大势的本源

旅游大势是由旅游物质与旅游意识、旅游主体与旅游客体、旅游需求与旅游供给、旅游产品与旅游消费、旅游产品设计与旅游产品生产等多个层级的多个旅游要素构成的。它从何而来？因何而在？从人类社会旅游发展过程看，旅游大势主要来源于并显著存在于人类生活形态、生产力发展状态、经济发展状态、旅游发展状态、旅游政策状态等之中，而这五种形态或状态之于旅游大势本源及其存在的意义既相近又有不同，人类生活形态为其元生本源、生产力发展状态为其根生本源、经济发展状态为其内生本源、旅游发展状态为其直生本源、旅游政策状态为其泛生本源。

从人类生活地域及目的看，人类生活形态包括日常生活形态和旅游生活形态。日常生活形态是以惯常生活地为依托的常态生活形态，旅游生活形态则是以非惯常生活地为依托及以旅游为目的的生活形态。旅游生活形态的发展和变迁必然产生与之相应的旅游大势，如旅游方式大势等；旅游大势又反过来影响旅游生活，如自驾旅游大势引导旅游生活主要发生在短中程旅游地。旅游生活形态与旅游大势在作用与反作用的过程中完成一次次的惊喜跳跃。其实，日常生活形态的发展和变迁同样产生和影响着旅游大势，它所显现出的催生旅游大势之能量远大于旅游生活形态，时至今日依然如此。这是因为人类日常生活的时间尺度及其对人们生活习惯包括旅游生活习惯的影响远超于旅游生活。即便如此，二者对旅游大势产生的差别最为突出的却不是产生旅游大势的能量和影响的大小，而是前者表现出显性特征、后者表现出隐性特征。与此同时，旅游大势既以存在于旅游生活之中影响着旅游生活，又以存在于日常生活之中影响着日常生活，自驾旅游大势中的旅游交通工具之车辆就表现出如此特征。

生产力是旅游发展也是旅游形态以及旅游大势形成的最终决定力量，生产力发展状况是旅游大势最重要的根生本源。生产力作为最活跃的因素，在不断变化和发展中，不仅带动了旅游生活的变化和变迁，拓展了旅游生活的领域和空间，提升了旅游生活的质量和文明，改变了旅游者在旅游生活中的相互关系，而且推动了旅游产业的发展和升级，从根本上孕育着旅游大势的发生并推进了其发展、成熟、结束以及层级的转换和跃升。人类旅游生活的出现和旅游大势形态的出现，归根结底都是生产力发展的结果。生产力发展状态决定了旅游大势作用的状态，生产力水平越高旅游大势的作用就越广泛。

经济发展是人类旅游生活及旅游大势出现和发展的前提条件和内生本源，经济发展状态直接反映出人们的旅游生活水平状态，经济发展状态直接决定着旅游大势产生发展的地域范围和类型层级。世界经济发展程度越高旅游大势产生发展的地域范围就越宽广，旅游大势对诸种旅游形态的作用就越明显越广泛。在世界经济格局中经济发展状态具有优势的国家或区域所产生的影响世界旅游大势的能级及频次要比经济发展处于劣势的国家或区域高得多，这就是西方发达国家尤其是大国高于多于发展中国家、发展中国家高于多于不发达国家的原因。

由此而言，旅游大势依附于诸种旅游形态和状态而发生并存在，尤其是大多数特定时段的旅游大势显著依托或明显依托于旅游发展状态，甚至大多数旅游大势直接诞生于旅游发展状态中。旅游发展状态作为旅游大势的直生本源，一方面直接作用于旅游大势产生、发展、成熟、结束的全过程，对旅游大势的影响虽润物无声却直截了当；另一方面它在与旅游大势融合共生的过程中，改变着旅游大势也改变着自己。

旅游政策是人们意图按照自己设定的目标改变旅游现状或助推旅游现状沿着目标方向前行的手段。在旅游政策制定实施的过程中，相应的旅游大势或被萌生、被产生，已萌生产生的旅游大势或将被加速、被壮大。萌生、产生与否，加速、壮大与否，取决于旅游政策与可能被萌生的旅游大势的适配度之高低和旅游政策力度之大小，适配度越高、力度越大，被萌生的可能性就越大。因此生成的旅游大势，因旅游政策状态作为旅游大势泛生本源，其能量和能级的作用范围，与源于人类生活形态、生产力发展状态、经济发展状态、旅游发展状态的旅游大势相较，是不可同日而语的。于是，我们只能尽可能精准地制定旅游政策，制定针对性地注入旅游市场主体续命蛋白质、拉提旅游者可期可待旅游生活信心的精准政策，让全球化的旅游大势存续而复兴，避免海水退却之后裸泳于众目之下的尴尬。

旅游大势之五种本源皆有人类旅游基因及其某种表现形式之旅游大是的影子，犹如底层逻辑左右着它应有的影响轨迹，而时代旅游价值取向则在旅游大势全过程中以非明显的方式进行集中表达。

（二）旅游大势的本质

旅游大势的本质就是实现旅游基本平衡的过程。这里的关键词是"平衡"、"过程"和"实现"。"平衡"是起因也是归属，"过程"是运动也是时间，"实现"是动力也是空间。这三个关键词同构着旅游大势的本质，其核心是"平衡"，其路径是"过程"，其关键是"实现"。

"平衡"是旅游大势的起因，即旅游大势产生的缘由。旅游大势直生于旅游形态之旅游发展状态，而动力和能量是直生的关键。旅游发展状态基本处于不平衡状态，即旅游发展状态平衡是相对的、不平衡是绝对的，所谓平衡也只是基本平衡；当旅游发展状态处于基本平衡时，旅游大势可能萌生，处于基本不平衡时，旅游大势就会产生。旅游形态处在基本平衡状态下可能萌生新的动力和能量，但此时还不具有打破基本平衡的动力和能量，只有当萌生的动力和能量渐进积累到具有打破基本平衡的力量时，才会打破原有的基本平衡状态，产生新的基本不平衡，旅游大势遂渐渐形成。更为精彩的是，随着原有的基本平衡状态被打破，业已形成的旅游大势在运动中其动力和能量不断增强，推动旅游大势逐步向前发展和成熟，直至更高一层级的"平衡"。综之，旅游大势萌生于基本平衡，产生于基本不平衡，发展和成熟于不平衡，结束归属于所谓的"平衡"实则为基本平衡。这是一个充满着诗意的历程，让旅游市场格局和旅游经济充满着无穷的魅力，让人类旅游生活在趋向春光烂漫的美好愿景中徐徐展开。

旅游大势是一个时间段的运动"过程"。一个旅游大势从基本平衡的发展状态始发至相应基本平衡的发展状态，其间经历了哪些起起伏伏耐人寻味的故事呢？虽然一个旅游大势有一个旅游大势的禀赋，而演绎着不同或不尽相同的故事，但是，从旅游大势演进过程看,它们都有一个共同的基本逻辑路径,那就是它们都会经历着缓慢渐进到加速行进,再到快速前进直到相对静止的过程,这是从量变基本不平衡到质变最终达到基本平衡的过程。一个旅游大势的发生、发展、成熟、结束,从量变到质变的过程是在一个时间段进行的,尽管不同时期不同旅游形态的旅游大势的全过程时间长短不一,但是它必然也必须以时间展开其运动,以空间发挥其作用。时间对于诸多旅游形态都是如此重要且必要的,然而它对于旅游大势的必要性之突出之显著则是更为鲜明。一方面,旅游大势之所谓"势"者,乃旅游"力量之惯性趋向"也,它反映的是旅游大势在一个时间段内所发生的状况,如果没有时间,旅游就不可能产生也不可能具有"惯性之趋向","力量"也就静止无用而废,旅游大势也就无所谓"大势"了。另一方面,旅游大势的运动过程与时间尺度相关相连,旅游大势运动过程也就是时间流逝的过程,旅游大势运动过程的长短其实就是时间流逝的多寡,无时间即无运动。

如此美妙平衡的运动过程,唯有"实现"才是旅游大势的价值所在和魅力所在。旅游大势是在空间尺度下以动力推进其运动而得以在全过程之中实现一切应有之题义的。动力在时间中产生,运动在时间中延伸,空间下的能量运动预留着旅游大势施展影响的舞台,时间尺度下的空间运动,空间尺度下的时间延续,使得旅游大势发生发展成熟结束"平衡"过程的"实现"之路平淡而精彩,和而不同。其平淡,是因为所有的旅游大势都经历着发生、发展、成熟、结束的全过程,所有的旅游大势都在动力能量推动下向前运动实现旅游"平衡";其精彩,是几乎所有的旅游大势之动力能量在实现"平衡"过程中的释放节点和影响旅游形态的程度都不完全相同,几乎所有的旅游大势在实现"平衡"过程中的时间尺度和空间尺度都不完全相同。至此,几乎所有的旅游大势都会在实现旅游平衡过程中大放异彩。

二、旅游大势的类型和层级

旅游大势的类型和层级不是旅游大势本身的属性，但是它却是研究和分析旅游大势的作用演变和时空格局以及与之相应的旅游形态变化演进的一把重要的钥匙。

在旅游大势的类型方面，角度不同，类型有异，既可从旅游大势本源及其衍生的角度分类，也可从推动旅游大势形成的能量或势能的角度分类。从旅游大势本源及其衍生的角度看，既有社会属性的旅游大势，也有经济属性的旅游大势，还有经济社会综合属性的旅游大势。那些对人类旅游生活等方面产生影响的旅游大势，如旅游交通方式大势、旅游消费方式大势等就属于社会属性类型的旅游大势。社会属性类型的旅游大势直接与旅游群体相关联，它既反映出人类旅游生活的发展变化，也反映着国与国之间人们旅游生活的相近和差异。旅游市场格局大势、旅游供给大势、旅游需求大势等属于经济属性的旅游大势。经济属性类型的旅游大势直接与经济状况相关联，它反映出全球和相关国家、地区的经济状况及其发展变化状况，直接反映着全球和相关国家、地区旅游经济状况及其发展变化状况。那些兼具社会属性和经济属性的旅游大势属于经济社会综合属性的旅游大势，如世界旅游格局大势、亚洲旅游格局大势，出境旅游格局大势、入境旅游格局大势等。经济社会综合属性的旅游大势与人类社会经济社会状况相关联，反映全球和相关国家、地区人们的旅游生活和经济社会状况及其发展变化，以及旅游经济状况及其发展变化。从推动旅游大势形成的主要能量或势能的角度看，既有经济状况下的旅游大势、市场发展状况下的旅游大势、产业发展状况下的旅游大势，也有消费状况下的旅游大势，还有科技状况下的旅游大势。如此等等，事实上，几乎没有绝对纯粹单一范畴或能量势能的旅游大势，而是我中有你、你中有我，只是在大多数情况下，一个类型的旅游大势所表现出某一种范畴的特点更为突出。

在层级方面，旅游大势既有由地域范围大小形成的层级，也有由能量释放大小形成的层级，前者强调的是旅游大势地域的体量，后者强调的是旅游大势影响的能级。从旅游大势地域范围的角度看，我们可以把旅游大势分为三个层级。第一层级为全空间即世界旅游大势，如世界旅游市场格局大势、世界旅游需求大势、世界旅游供给大势等。第二层级为宽空间即一国旅游大势，如中国旅游业态大势、中国旅游产品发展大势、中国互联网旅游发展大势等。第三层级为窄空间的一域旅游大势，如福建生态旅游产品发展大势、福建海洋旅游产品发展大势、福建红色旅游产品供给大势等。我们按行政管理区域的逻辑分级，还需要厘清两个问题：一是第三层级之后，还有没有第四甚至第五层级？回答是肯定的，如厦门市旅游大势、厦门市思明区旅游大势等。只是随着层级递减其旅游大势价值意义也随之递减。二是对于地域狭小的一国或一域而言，其旅游大势一般表现出与周边其他国家或区域联动的特点，特别是高能级的旅游大势更是如此；或者对本国本域而言，其势为大势，但对世界、对国家而言，因其势能量级不足而不足以为大势。从旅游大势能量释放情况看，我们可以在旅游大势固有能量的基础上，按能量释放对旅游形态影响的强弱而分为头部、腰部和尾部三个层级的旅游大势。头部旅游大势的能级高、影响大，如旅游需求大势、旅游供给大势、旅游方式大势等；腰部旅游大势的能级较高、影响较大，如海洋旅游大势、康养旅游大势、观光旅游大势等；尾部旅游大势的能级相对较低、影响也相对不足，如邮轮旅游大势、温泉旅游大势等专项旅游大势。

三、旅游大势的特征

旅游大势萌发于旅游状态的基本平衡、产生于旅游状态的基本不平衡、兴盛于旅游状态的不平衡、爆发于旅游状态的极度不平衡、收尾于旅游状态的趋于平衡、终结于旅游状态的基本平衡的全生命周期的六个节点，实为发生、发展和成熟、结束三个阶段，即：萌发和产生的发生阶段，兴盛和爆发的发展及成熟阶段，收尾和终结的结束阶段。在旅游大势的发生阶段具有厚植的特征，在发展和成熟阶段具有盛发和扩散的特征，而三个阶段均具有顺向和共享的特征，这五个显著特征，构成了旅游大势的基本特征。

（一）厚植

旅游大势发生阶段的厚植特征主要表现为能量积蓄过程的时间充盈状态和能量积累的丰沛程度。

旅游大势发生阶段一般所需时间较长，在足够多的时间里积蓄足够大的能量，才能使旅游之势成为大势。当旅游状态基本平衡之时，主要旅游要素基本处在非明显运动的稳定状态，还不具备引起发生较大变化的力量，更不具有打破基本平衡的强大动力；只有在某一种主要旅游要素发轫渐变，进而积累达到应有的能量，而其他的主要旅游要素基本不变或仅有细微变化，二者不同步，旅游大势才开始萌发。在发轫渐变的主要旅游要素不断积累打破基本平衡的能量过程中，其他的主要旅游要素仍然基本不变或被其引动的变化与之不适配时，原有的旅游基本平衡状态开始发生变化运动，而引发产生出新的基本不平衡。为什么先行发轫是一种主要旅游要素？事物的发展是不平衡的，多个主要旅游要素齐发并进不仅不可能也是不存在的，只有一种主要旅游要素发生不平衡才有可能形成新的基本不平衡并演绎着接下来的不平衡。在此过程中，经历了无数个日日夜夜的能量积蓄而具有打破原有基本平衡的旅游形态而产生新的基本不平衡时，旅游大势终于诞生。

为什么人们往往无感于旅游大势的发生阶段？原因主要是这一阶段的一种主要旅游要素能量积蓄直至丰沛一直处在渐变的过程中，亦即仍然处在相对稳定的状态，而其他大部分旅游要素也同时处在相对稳定的状态，其动静不大、气场不足，人们不易察觉，也就无法感知旅游大势的存在。只有当旅游大势处于发展和成熟阶段时，人们才会明显感受到旅游大势恢宏气场的存在。然而，此时对于人们依循旅游大势而助力旅游发展而言，为时稍晚。人类社会感知和预判旅游大势对顺应旅游发展规律十分重要。因此，探索研究旅游大势的规律，提升对旅游大势发生的预见性，将为创造繁花似锦的人类美好旅游形态增添应有的光彩和荣耀。

（二）盛发

如果说旅游大势发生阶段低调沉稳的话，那么发展和成熟阶段就是生动雄壮了。盛发是旅游大势发展阶段的主要特征之一，它既反映出旅游大势在此阶段能量强大旺盛，又映射出旅游大势处在旅游形态不平衡之中。在旅游大势的发生阶段，能量积淀厚植到达一定程度时，旅游主要要素特别是发轫变化的主要要素的变化加剧，旅游大势逐步兴盛，量变加快，能量增强，质变无休止而爆发，整个发展和成熟阶段因而表现出生动雄壮的局面。

一方面，随着发轫变化的主要旅游要素的能量积累，旅游大势逐步显现，人们对旅游大势存在的感知越来越强烈，旅游大势对人类旅游形态的影响已经生动地呈现在人们的面前。另一方面，旅游大势在发展和成熟阶段气势恢宏，影响扩张，影响着相应的旅游形态、相关联的行业形态和经济社会的其他方面。

在盛发的旅游大势面前，人们要么善用旅游大势，创造更加适应市场的旅游形态；要么顺其自然，让旅游大势在旅游形态中发挥应有的作用；要么逆旅游大势而行，其结果必然被时代所抛弃。人们善用、顺应旅游大势的结果必然是人们的旅游生活更为丰富多彩、旅游格局更为完善优化、旅游经济更为繁荣昌盛，在人类旅游发展的历史画卷上绽放更加熠熠生辉的浓墨重彩。

（三）扩散

旅游大势在发展和成熟阶段以生动雄壮盛发的姿态呈现在世人面前，但是，旅游大势释放强盛的能量分布并非均匀，而是绝大部分集中在核心区域，一部分在非核心区域，这就是能量扩散的基本逻辑。一般而言，能量越大越集中扩散的速率就越高、扩散的范围就越大；刺激因素越多，刺激越强烈、越频繁，能量扩散的速率也越高、扩散面也越宽。

能量强盛的旅游大势之扩散在发生阶段就已蠢蠢欲动了，时至发展和成熟阶段，其强盛的能量快速扩散至旅游大势自身低密度能量区域以及非旅游大势区域的旅游形态，以至于出现三种状态变化：旅游大势的本体能量在快速释放过程中趋于均匀而扩散效应加速增强；几乎所有的旅游形态都在较短时间受其影响，甚至可能改变原有的相关状态；非旅游形态也可能因此而发生震荡或出现不同程度的改变。

受到多种因素频繁强烈刺激的旅游大势，在发展和成熟阶段爆发节点上发生着质的变化，此时旅游大势的能量张力最大，扩散速率最高，扩散范围最广，无论是旅游大势本体还是旅游形态本体或非旅游形态都无一例外受其辐射和影响，在其辐射影响范围之中焕发着旅游大势雄壮的魅力。

（四）顺向

旅游大势全生命周期与人类社会主要的经济活动和社会活动相关相连，它既成长于人类社会总体环境，也影响着人类社会的诸多方面。人类社会和人类旅游活动携手旅游大势向前而行，顺向向更高层级迈进，尽管在前进过程中可能会有这样那样的曲折反复，但是顺向的势头和轨迹始终没有改变。

人类社会滚滚向前的洪荒之力造就了种种社会形态和经济形态，这些形态在前行过程中完成了一次又一次的飞跃，从低层次走到高层次，从高层次走向更高层次，旅游形态及其旅游大势完成了一次次的嬗变，一次次层级提高并发挥作用。这就从根本上决定了旅游大势的方向是顺从于人类社会前进的方向和人类旅游发展的轨迹，它在顺向之中完成了自己的历史使命而闪耀着历史的光芒。

旅游大势勇毅前行势不可当，它在被人类经济社会形态带节奏的同时，也与人类旅游形态共舞合唱，协力推动着它们向上行方向、向更高层级迈进。在同向顺向的全景中，我们看到的是旅游大势的运动与人类旅游生活不断美好的场景，以及旅游格局演变的精彩，旅游经济滤镜美颜的健康。它们的顺向同行写就了一部守正创新激情澎湃之现实主义的旅游史诗。

（五）共享

旅游大势影响的共享特征主要表现为旅游大势影响旅游形态及其他经济社会形态，影响相应层级旅游形态和非对应层级旅游形态。

　　旅游大势对相应层级的旅游形态的影响是根本之点，也是根本支点。不同的旅游大势对其对应的旅游形态产生的影响是直接而强烈的，它既可能引起旅游形态的变化，也可能牵引旅游形态发生根本改变；旅游大势的影响由里及表、由内到外，它首先影响的是本层级的旅游形态，再影响非本层级的旅游形态，进而影响于非旅游形态的其他经济社会形态。

　　旅游大势对旅游形态之外的影响和对非对应层级旅游形态的影响之形成，源于旅游大势在发展和成熟阶段扩散的特征。旅游大势扩散的过程就是其影响发挥作用的过程，扩散的强度越大、范围越广，旅游大势共享之影响力度就越大，覆盖面也就越宽广。旅游大势影响的扩散特征，增添了旅游大势的价值和研究之意义。

第三节　旅游大事观

　　年鉴学派把重大事件看成是频繁变化的短时段的表面历史现象。我们看到的是人类社会重大事件几乎都对旅游产生过短时段的重大影响。从旅游的角度来看，严重影响旅游的重大事件即是旅游大事。旅游大事是直接影响旅游形态之重大事件的总和。它既包括对旅游形态产生正向重大影响的重大事件，也包括对旅游形态产生负向重大影响的重大事件；既包括旅游本源方面的重大事件即旅游本源重大事件，也包括与旅游形态密切相关的经济社会自然等方面的重大事件即非旅游本源重大事件。事实上，非旅游本源重大事件对旅游形态产生的影响和作用强烈于、远大于旅游本源重大事件，它对旅游形态的影响更为整体、深刻而持久。因此，以其意义和价值为出发点，研究旅游大事应多集中于、聚焦于非旅游本源重大事件，并以正向和负向旅游大事视角来探讨其本源、本质和特征。

一、旅游大事的本源和本质

（一）旅游大事的趋异本源

唯物辩证法认为无论是自然界、人类社会，还是人的思维，都处在发展和联系之中，发展和联系具有普遍性、客观性、多样性、系统性、条件性。用唯物辩证法发展的观点和联系的观点看待旅游大是、旅游大势和旅游大事，不仅是客观找寻三者之间发展和联系规律的基本前提，也是揭示三者本身发展以及事物之间联系的必要条件。我们立足于唯物辩证法发展的观点，依循唯物辩证法联系的观点分析研讨旅游大事的本源问题，发现尽管诸类旅游大事产生的过程在本源上有诸多内在和外在的联系，但是与旅游大是和旅游大势相较，其本源的独特之处集中表现为正向旅游大事与负向旅游大事在本源上的趋异性大于趋同性。

正向旅游大事基本源于以人类为主体的活动，无论是经济类旅游大事、政治类旅游大事，还是科技类旅游大事，都是人类在以自我主体作用于自然客体的发展进程中所生产的人类旅游发展进步的客观现象。因此，正向旅游大事源于人、聚于物、兴于事，使得其本源显得相对复杂而丰富。一方面，人类生活活动、生产活动、经济活动和社会活动等，与正向旅游大事发生发展成熟结束的全过程息息相关、紧密相连，亦即人类生活活动、生产活动、经济活动和社会活动既产生了正向旅游大事，也推动着正向旅游大事向前发展直至结束。另一方面，虽然不同类型的正向旅游大事源于人类生活活动、生产活动、经济活动和社会活动的状态并不均衡，甚至在发展过程存在着主导因素的变化和转换，但是，人类生活活动、生产活动、经济活动和社会活动始终联系、联动并与正向旅游大事如影随形。此乃本源之实。

负向旅游大事既源于自然界的变化发展即以自然为主体的运动，也源于人类的经济社会政治活动即以人为主体的活动。在人类旅游发展的历史长河中，存在着大量的、频繁的、突发的自然灾害和瘟疫、战争等负向旅游大事。以自然灾害和瘟疫、战争等为主体的负向旅游大事的产生根源在于自然界、人类社会在运动和变化过程中发生的突变现象，尽管有些负向旅游大事的突变力量可能聚合着人类不当活动的诱因，但自然界和人类活动都是矛盾的主要方面，决定因素依然是自然界本身或人类的失智行为。在人类对负向旅游大事发生的预知预见能力较弱和规避其负向影响所及能力不足的状况下，探究负向旅游大事源于自然、人类不当行为而影响人类诸多旅游形态的现象和本质，从而寻求减弱减缓其对旅游强烈负面冲击的方法和规律就显得十分重要和必要了。人类历史上也存在重大战争事件、重大恐怖袭击事件、重大安全事件等负向旅游大事，其主要源于人类的经济社会政治活动，人类无疑是主角。此类负向旅游大事源于人类与自然不同的属性，这实为本源之差异。

由此而言，如果我们不计不究万事万物九九归一的原始本源，直面正向旅游大事和负向旅游大事异同之根本源头，那么，正向旅游大事与负向旅游大事的本源就显性地趋于差异，即，一个主要是以人为主体的本源，另一个主要是以自然与人为主体的本源，这构成了二者本源趋异性的独特特征。

（二）旅游大事的趋同本质

事物的本质是此类事物之所以是此类事物而非彼类事物的内部规定性，同类事物本质相同至少趋同是最为基本的东西。正向旅游大事和负向旅游大事本源的趋异性，揭示出正向旅游大事与负向旅游大事本源的差异特征，同时也必然折射出这两种逆向影响和作用的旅游大事在许多方面不同乃至在诸多深层次存在着差别。然而，它却无法改变旅游大事最为基本的东西。我们不仅要看到旅游大事的本源与旅游大事的本质的联系，更要看到它们之间的区别。无论是正向旅游大事还是负向旅游大事，它们都共有一种区别于旅游大是和旅游大势以及其他旅游形态的内部规定性。剥离正向旅游大事和负向旅游大事的表象和相关特征，呈现在我们面前的是旅游大事对"旅游形态""重大影响"的"过程"。当旅游大事为非旅游本源重大事件之时，对于旅游形态重大影响过程的能量实际主要来源于旅游形态之外的能量，即所谓之"外力"；而当旅游大事为旅游本源重大事件之时，对于旅游形态重大影响过程的能量则主要来源于旅游形态本身，即所谓之"内力"。所以，把旅游大事的本质表述为对旅游形态重大影响的过程，既涵盖了外力，也包括了内力，颇为适当。

与旅游大是和旅游大势既相同又不同的是，当旅游大事为非旅游本源重大事件时，它对旅游形态的影响和作用其实是旅游形态外部之于内部的影响和作用，它的影响和作用有时在特定时段并不比旅游大是或旅游大势来得更弱，甚至可能更强。因此，超凡的外力作为旅游大事最基本的东西之一，是旅游大是和旅游大势所不具备的。与此同时，我们把非旅游本源重大事件看作旅游大事的一个最重要的关联因素是因为，旅游形态本身在非旅游本源重大事件相互影响和作用的过程中表现出作为一个层级旅游形态的状况，又同样是不同层级和相同层级旅游形态内部之于内部的影响和作用，尽管这种内部之于内部的影响和作用在许多情况下可能显得分量不足甚至可能相差较大。

"重大影响"作为旅游大事与一般旅游事件的主要区别和辨识之一，既赋予了旅游大事高辨识度的标签，更赋予了旅游大事之影响高能级的标识，而正是旅游大事对多种旅游形态高能级的影响，才完美地展现出旅游大事之所以成为旅游大事而非一般旅游事件的底层逻辑。高能级的影响不仅会改变诸如旅游需求、旅游供给等二级旅游形态及其旅游产品需求、旅游相关服务需求等和旅游产品供给、旅游相关服务供给等三级旅游形态，同时也将改变或推动改变旅游生活、旅游经济、旅游格局等一级旅游形态。

在旅游大事对旅游形态的重大影响过程中，"过程"意味着运动和时间。运动是一切事物的必然。对旅游大事而言，运动以动态的状态呈现，给被其影响的诸多旅游形态非整齐划一的结果一个正当的注释，从而勾勒出诸多旅游形态千差万别、丰富多彩的迷人画卷。时间尺度是一切事物存在的必然，关键是旅游大事影响过程的时间尺度充满着变化多端的色彩，使得"过程"的魅力在变化中尽情释放。虽然，目前人类还不完全具有足够的智慧和手段改善或促进旅游大事特别是负向旅游大事重大影响的运动"过程"，但是，时间尺度的弹性伸缩依然具有较强的想象空间和美好的愿景。

旅游大事之正向和负向两种类型所表现出的不同只是在于本源方面的趋异性以及下面即将阐述的其特征上的非一致性，仅此而已，与剥离表象之后而独立的旅游大事之本质不在同一频道，不影响本质趋同的旅游形态聚合而成的特定旅游形态即旅游大事。因此，旅游大事本源趋异性不可能也不会改变旅游大事本质的趋同性。唯有如此，旅游大事才成其为旅游大事。

二、旅游大事的类型和层级

（一）旅游大事的两维类型

旅游大事的类型可以从旅游大事对旅游形态的影响性质和旅游大事的本身属性两个维度来考量。从旅游大事对旅游形态影响性质的视角看，也就是从旅游大事对旅游形态影响的正相关与负相关的角度划分，旅游大事可分为正向影响的旅游大事即正向旅游大事和负向影响的旅游大事即负向旅游大事两种类型。事实上，一件旅游大事对旅游形态的影响可能是单一的正向影响或单一的负向影响，也可能既有正向影响也有负向影响，即综合性影响。不仅如此，正向旅游大事影响与负向旅游大事影响周期长度也有所不同。就正向旅游大事而言，突出存在着大量的同一具体系列一前一后连续发生影响的正向旅游大事，如奥林匹克运动会、世界杯足球赛、世界博览会等，所表现出的一个正向旅游大事结束后另一个同系列的正向旅游大事在此基础上发生发展，且前一个正向旅游大事的显性影响依然存在甚至可能持续一段时间。但是，后一个正向旅游大事在前一个正向旅游大事基础之上发生发展而形成的影响已经具有完整完全的影响担当，甚至可能完全遮蔽或绝大部分遮蔽前一个正向旅游大事的影响。此时，我们应客观地看待依次相连的一前一后的正向旅游大事之影响，并将影响之功主要归结于后一个正向旅游大事。因此涉及正向旅游大事影响周期时长划分的问题浮出水面。客观而言，在影响旅游形态时间尺度上，占据主要影响地位的时长，即为该正向旅游大事的影响周期时长。由此可见，一个具体的正向旅游大事的影响周期时长基本不会超过十年，仅为数年而已。就此建立信效度较高的测量模型有难度但却很有必要。就负向旅游大事而言，以人为主体的负向旅游大事同样存在着一前一后联系紧密的同系列之旅游大事，即便这种联系有时是隐蔽的、隐性的，但其对旅游形态主导影响和影响周期时长的判定和划分，与正向旅游大事几乎无异。而以自然为主体的负向旅游大事基本不存在同系列一前一后紧密相连的情况。故此，负向旅游大事基本不存在如此前仆后继的强依存关系。至此，我们似乎可以质疑正向旅游大事与负向旅游大事分类的恰当性，即不应以影响的性质分类，而应以是否以人为主体而分类，分为以人为主体的旅游大事和以自然为主体的旅游大事。我们研究的重点抑或焦点是旅游大事对旅游形态之影响。倘如此，以旅游大事影响旅游形态的性质分类而进行研讨就显得很有必要了。

从旅游大事本身属性的视角看，旅游大事分为科技旅游大事、经济旅游大事、交通旅游大事、文化旅游大事、体育旅游大事、外交旅游大事、签证旅游大事、公共卫生旅游大事、自然灾害旅游大事、战争旅游大事、恐怖袭击旅游大事、安全旅游大事等诸多类型，这些类型的旅游大事分别是重大科技事件、重大经济事件、重大交通事件等强作用于旅游形态而形成的。这些旅游大事本身烙下了其本源重大事件的深刻印迹，具有本源重大事件的基本属性。事实上，以影响旅游形态性质为视角的旅游大事和以旅游大事本身属性为视角的旅游大事是相通相连的，即正向影响的旅游大事也可能是经济旅游大事、交通旅游大事等，负向影响的旅游大事亦可能是公共卫生旅游大事、安全旅游大事等；反之亦然。与此同时，从旅游大事影响的主要维度的连续性和必然性看，顺应人类社会进步的科技旅游大事、经济旅游大事、交通旅游大事、体育旅游大事往往是紧密相连同系列之正向影响旅游大事,而公共卫生旅游大事、安全旅游大事、自然灾害旅游大事因其偶然性特征则一般为单一负向影响的旅游大事。这就为本书后续具体分析正向旅游大事和负向旅游大事之影响提供了基本的逻辑基础。

(二)旅游大事的三维层级

旅游大事的层级可按旅游大事影响的地域范围即空间尺度分为世界旅游大事、一国旅游大事、一域旅游大事,以及依次顺推出更多个层级的旅游大事。我们将主要聚焦世界、一国和一域三个层级的旅游大事进行讨论。世界旅游大事是指具有全球性影响的旅游大事,它可能源于多国,也可能源于一国乃至一域。一国或一域旅游事物在其演变为具有全球性影响的旅游大事过程中,强势延拓并影响世界诸多旅游形态而成为世界级的旅游大事,以至于世界旅游大事对人类旅游生活、旅游经济、旅游格局等旅游形态的影响明显而强烈。一国旅游大事源于一国及其一域,强烈影响于一国的旅游形态;一域旅游大事则主要影响其一域。

旅游大事三维层级的划分表达着三个差异性的信息。一是地域差异信息:世界、一国和一域之旅游大事的地域空间信息跃然纸上、一目了然,是把旅游大事划分为三维层级的显性依据。二是能量差异信息:世界、一国和一域旅游大事能量的大小对应着各自层级,表现为能量依次递减,即能量一级比一级低,这是把旅游大事划分为三维层级的本质依据。三是影响差异信息:不同层级的旅游大事之影响作用大小,主要表现为能量之于旅游形态影响作用的大小,三维层级的旅游大事影响作用亦即赋能作用对应于相应层级的旅游形态,而呈现出不同层级的旅游形态的不同变化状态,它是旅游大事划分为三维层级的效应依据。

三、旅游大事的特征

一般而言，聚合而成的同一事物必然具有相同的基本特征，也具有不相同的个性特征。同为旅游大事的正向旅游大事和负向旅游大事也必然具有共性的基本特征和不相同的个性特征。

（一）旅游大事的共性特征

旅游大事全生命周期所表现出的影响性、宽面性和常态性的基本特征，必应视之为共性特征。

言其影响性，一是影响为旅游大事最根本的共有属性，是一切旅游大事赖以存在的基础，离开了影响就无所谓旅游大事之于旅游发展和旅游形态变化的重要性。二是影响为旅游大事的根本属性，是旅游大事发生的意义和价值所在，这种意义和价值对于人类经济社会发展或旅游事物的量变质量之大小、影响性质之差异可能存在着天壤之别，但皆为旅游大事能量释放所影响的必然现象。三是影响是判断旅游大事之性质、能量、类型、层级、价值和意义等几乎所有事项和现象的依据和基础，人们在影响现象中寻求真谛或查找谬误，为人类旅游之跨越而拱火、之阻断而吹灯。

言其宽面性，其一是旅游大事产生和形成源于人类经济社会和人类赖以生存的自然，它既基于人类的主体，也基于人类的客体，几乎涵盖了人和自然的所有方面；其二是旅游大事对各类各级旅游形态的影响像"神一样的存在"，既表现为旅游形态受其影响而发生渐变的过程，又表现为其突变的过程。

言其常态性，一方面，人类和自然不停歇的运动和变化推动着经济形态、社会形态、自然形态不停歇地发生运动和变化，非旅游本源重大事件常态化发生，而旅游本源重大事件则常作为人类旅游发展之措施，故而使得旅游大事常态性之共性形成逻辑显露于表。另一方面，人类社会的旅游大事之影响是全过程的、全时段的、无时不在的，不会因一个具体旅游大事对某一旅游形态影响结束而终止；陆续出现和有意为之的旅游大事，特别是相继而出的系列旅游大事的非间断和非停歇，使其影响之于旅游形态也必将非间断和非停歇，常态性的影响在旅游领域大展风采。

（二）旅游大事的个性特征

正向旅游大事全生命周期所表现出的主要特征为必然性和渐进性。其产生的必然性主要是基于在人类经济社会活动频繁而持续的背景之下，与旅游形态密切相关的行业产业形态在一次次量变积蓄和积淀过程中，必然产生质变而形成重大事件并必然对旅游形态产生重大的影响。必然之中，既隐藏着旅游大事发生发展不可跨越的固有规律，也彰显出旅游大事影响旅游形态不能忽视的笃定和坚定。然而，非旅游本源重大事件无论是其形成的过程还是其影响的过程都是渐进的。正向旅游大事的形成不可能一蹴而就，必然经历逐渐积累着从量变到质变的一个应有时段的过程，从而最终成就为对旅游形态产生影响的重大事件。许多时候，人们对其渐进的积累过程往往是无感甚至是无知的，只有当重大事件基本或业已形成了人们才会了然于心而倍感其重大。但这丝毫不影响正向旅游大事日复一日年复一年地不断释放作用于旅游形态的渐进状态，直至正向旅游大事的能量燃烧殆尽而最终铸就为感人的战歌。这个渐进性影响过程结出的果实，让人们感受到正向旅游大事的美好与荣光。以人为主体的负向旅游大事同样具有必然性和渐进性，其形成发生和影响的过程几乎与正向旅游大事无任何差异，有异的是它对旅游形态的野蛮扭曲行为让人类对其唾弃愤怒。然而，人类除了展现出大义凛然之外，更应该多做些分析研究并找到破解它的良方和好药。

以自然为主体的负向旅游大事全生命周期所表现出的主要特征为突发性和破坏性。与正向旅游大事和以人为主体的负向旅游大事不同的是，以自然为主体的负向旅游大事发生的必然性通常被突发性所掩盖，突发性伴随着对旅游形态已确定的破坏性，而凸显出突发性和破坏性的特征。以自然为主体的负向旅游大事即自然界发生的与旅游形态密切相关的重大事件所呈现出的并非必然性而是偶然性。这是因为，以自然为主体的负向旅游大事在较短时间内突然发生的状况更像是一个偶然事件，其形成过程深藏在事物的深层次内部，表现出没有形成的渐进过程而只有发生的突然过程，因而不易为人所察觉，也不易被人所研寻。自然灾害重大事件是这样，公共卫生重大事件也是这样，即使是以人为主体或以自然为主体结合融通而发生的重大旅游安全事件也是如此。任何让以自然为主体的负向旅游大事发生前的恶行蓄力曝光于世的行动都是造福人类、为善于旅游，人类终究会让恶行蓄力过程大白于天下，从而坚定、坚决地阻断负向旅游大事的发生。

以自然为主体的负向旅游大事的突发性特征主要反映在其发生状况的速度、时间、程度等方面。一是速度快：与旅游形态密切相关的重大事件基于自然界某一事物蓄力量变的过程往往是漫长的，所呈现的状况与原有事物的形态没有明显差异，而当这一事物积蓄的能量到达足以引起质变之时，其变化以迅雷不及掩耳之势，加速运动，迅速发生，形成十分明显的形态改变。二是用时短：自然界的重大事件在发生阶段势如破竹的宏大力量爆发出的快速状况，反映出集聚的巨量能量之于质变短时的必然特征。三是强度大：大地震、大洪灾、大疫情等重大事件发生时往往影响巨大、来势凶猛、变化急剧、破坏力强。

以自然为主体的负向旅游大事之破坏性特征主要表现为它影响旅游形态的三个特点。第一是暴击，破坏状态显著：与旅游形态密切相关的自然界重大事件突如其来的巨大能量作用于各类旅游形态，而各类旅游形态猝不及防，几乎没有相应的调整适应的窗口期，调整适应过程时短机少。由此对各类旅游形态爆发性的打击，使得各类旅游形态一片狼藉、扭曲无形、惨不忍睹。第二是强烈，破坏程度巨大：超强能量叠加突发，使得负向旅游大事如同大江大河决堤，滚滚洪水漫天而来，洪荒之力剧烈冲击各类旅游形态，造成巨大的破坏。第三是面宽，破坏范围宽广：高能量的负向旅游大事在突发、高速、猛烈的状态之下，集聚着极其强烈的穿透力，对各类旅游形态狂扫猛打，形成全面的破坏性。

综上，旅游大事具有影响性、宽面性和常态性等共性特征，正向旅游大事和以人为主体的负向旅游大事在形成和影响过程中表现出必然性和渐进性的主要特征，以自然为主体的负向旅游大事在形成和影响过程中表现出突发性和破坏性的主要特征。两种类型的旅游大事特征存在的非一致性的个性特征，正是它们影响旅游形态性质不同趋向的根本原因所在。

第三篇

▼

解析

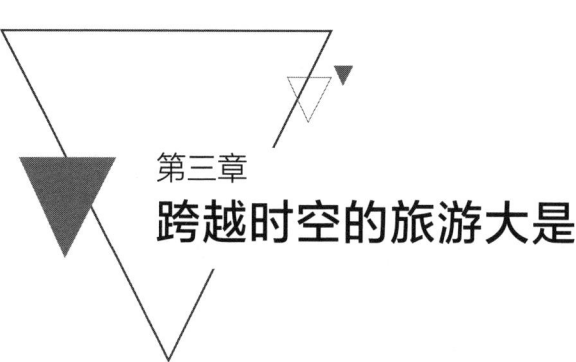

第三章
跨越时空的旅游大是

年鉴学派认为地理环境、日常生活、文化传统等对人类社会发展具有长期影响，是"长时段"的最深层的历史时间。旅游大是为大者为之要而相较为寡，在人类数千年文明和旅游发展历史的长河中，它对人类旅游形态产生着重大而深远之影响，闪烁着人类旅游基因延续进化和时代旅游价值取向积淀存留的绚烂光芒。我们理所当然应从旅游大是的五大本源的表现形式和生产力发展过程入手，找出跨越长时段、全空间的世界层级的旅游大是而透视人类旅游发展之长期未来的确定性，为人类走向旅游未来腾出应有的广袤思考之天空。主要产生于五大本源表现形式之人类社会生活、生产活动、经济活动、社会活动等，尤其是生产力发展过程中长时间尺度和全空间尺度之综合型旅游大是，饱含着人类的旅游基因，对人类旅游形态和旅游发展进程产生着深刻深远的重大影响。有鉴于此，我们选择人类旅游诉求与时代变迁的一致性、人类旅游生活形态之溢出、旅游经济的融合属性、旅游发展的三对力量等四个旅游大是进行研讨，期望揭示旅游大是形成的印迹、影响的密码和人类旅游基因延续进化与时代旅游价值取向演进的辩证统一及其影响人类旅游长期未来的某些确定性，从而张扬人类旅游的能量聚合过程之旅游大是的历史意义、现实意义和未来意义。

第一节 人类旅游诉求与时代变迁的一致性

人类旅游诉求与时代变迁的一致性是基于人类旅游基因对人类旅游需求的影响与时代旅游价值取向演变之间的强烈关联，它使人类旅游诉求在时代的舞台上翩翩起舞。

一、人类旅游基因的延续和进化

人类的旅游诉求从何而来？地球孕育了生命，劳动创造了人类，基因影响着诉求。人类的旅游诉求来自旅游基因。

人类的旅游基因产生于社会生产力发展的过程，又集成为促进生产力发展不可或缺的力量，在人类社会发展的历史进程中扮演着一个不可忽视的重要角色。旅游基因从过去发展而来，影响着旅游的现在，关系着旅游的未来；它关联着几乎所有旅游现象尤其是旅游本质，通常以旅游大是的形式影响着旅游形态、旅游业态、旅游产品的发展和走向；它是把握旅游大是的主要基点，是研判旅游未来的主要支点；它是旅游发展最为底层的基石，是旅游发展的最为底层的动力。面对如此重要而又常常被人们所忽视的人类旅游基因，我们没有理由不去探究并揭开它的朦胧面纱。

经过历史的大浪淘沙和人类行为的进化，回望旅游历史，俯瞰旅游现状，遥视旅游未来，我们可以正视为人类旅游生活发展不断积蓄能量而依然保持着旺盛生命力的旅游基因，按其对旅游"性状"的表现情况，将其分为显性基因和隐性基因。总体而言，人类的旅游基因延续进化至今，最为突出的显性基因当数生活、享受、异地；最为突出的隐性基因即为欲望、收入、闲暇。旅游显性基因反映出旅游的基本属性，是旅游区别于人类其他所有存在和发展活动的主要"性状"即所谓标签或辨识度，也就是旅游之所以为旅游的根本原因所在。对此，我们将在后文"人类旅游生活形态之溢出"中特作专述。旅游隐性基因既是人类所有行为或大部分行为的普适性基因，是人类行为潜在的基本动力或根源，也是旅游基因的重要组成部分，它不一定会表现出旅游的"性状"，但是它对旅游的发展至关重要、不可缺少，甚至有时以显性的特征存在并影响着旅游的发展。对旅游而言，欲望、收入、闲暇自成体系，缺一不可。下面，我们将阐述欲望、收入、闲暇这三个最为突出的旅游隐性基因及其对人类旅行活动、旅游活动和旅游生活的影响。

（一）欲望是旅游的原动力

欲望是由人的本性产生的欲达到某种目的之要求，是人类最原始、最基本的一种本能，是心理到身体的一种渴望、满足，是人存在和发展的必不可少的需求。人类的欲望是由生存欲望、生活欲望、享受欲望、发展欲望、价值欲望等构成的一个复杂的欲望体系，并通过各种相应需要的形式表现出来。一方面，欲望是人类与生俱来的，是一种本能的释放形式，构成了人类行为最内在和最基本的动力。另一方面，人类的欲望随着社会生产力发展背景下的社会环境和生活环境的变化而变化。

欲望永无止境，旅游永不停歇。旅游欲望作为生活欲望、享受欲望、发展欲望和价值欲望等之二级欲望的一个重要组成部分，是人类一切旅游活动的最为原始、最为内在、最为基础的动力。一方面，在旅游欲望的驱动下，人们不断占有旅游的客观对象，从而同自然环境和社会环境形成一定的关系。人类作为旅游主体通过旅游欲望或多或少的满足，把握着旅游客体与旅游环境，与旅游客体及旅游环境取得统一。在这个意义上，旅游欲望是人类进化、社会发展与历史进步的动力之一，也是人类改造世界、改造自己的根本动力之一。另一方面，旅游欲望随着人类社会的发展和生活的发展，不仅不会消逝，反而会在时间的推移和空间的变化中，在新的旅游客体上和新的社会生活中不断繁殖和进化，从而在不同时间、不同地点，以不同方式和形式在旅游客体上和社会生活中尽情地展现，构成了多彩纷呈的旅游世界和千姿百态的旅游人生。

旅游欲望这一普遍性的隐性旅游基因表现出旅游发展过程中的延续与进化的矛盾对立统一。人类相同的旅游欲望驱使着人们不分民族、地域、国籍、文化背景，在经济社会发展的相同阶段，既对商务旅行、研学旅行、休闲度假、观光旅游、康养旅游等绝大多数旅游业态产生了相同的必要或强烈的需求；也表现出对具体旅游活动和具体旅游产品客体对象的旅游诉求上的差异。西欧中世纪人们对求学旅行、洗澡旅行、航海探险旅行的需求，中国隋唐时期人们对释旅、士人之旅、边塞之旅的渴望等，都反映出旅游欲望与时代经济社会的一致性。与此同时，人类的旅游欲望基因在民族、地域、国籍尤其是文化等不同社会背景下进行了不完全相同的进化。其具体表现为：在基本相同的经济社会发展阶段，中国人与欧美人对宗教朝圣、温泉养生、滨海度假、探险旅行、环球旅行等产生了不同程度和不同情景的旅游需求；在经济社会发展的不同阶段，中国人与欧美人既表现出对文化旅游、娱乐旅游、商务旅游等旅游业态和旅游生活品质、旅游娱乐享受等方面持之以恒的坚守，又表现出对文化旅游、娱乐旅游等旅游业态和旅游生活产品、旅游娱乐享受内容与形式的不同理解、感受以及持之以恒坚守次序的差异，也同样反映出与时代经济社会的一致性。正因为如此，旅游欲望恒久驰骋于世界波澜壮阔的旅游发展历史场景中，果实结满旅游前行的道路，让世界旅游既是旅游大是畅快的天下，也是旅游欲望梦想的家园。

（二）收入是旅游的主动力

有旅游欲望和闲暇时间，如果没有旅游所需的金钱，欲望也就只能望洋兴叹，闲暇也就只能另谋出路。在旅游隐性基因系统中，收入以金钱为表现形式。在人类社会发展不同阶段，人们的收入永远是有差异的。这种差异既表现为社会阶层的差异，也表现为社会个人的差异。社会阶层和社会个人收入的不同，是否旅游和旅游需求也就自然不同。当社会阶层或社会个人的收入足以满足或至少基本满足日常生活需要之时，旅游的欲望才可能产生或被激活；在有闲暇时间状况下，拥有旅游欲望的社会阶层和社会个人就成为相应的旅游阶层和旅游者。一般情况下，收入和闲暇像一对孪生兄弟，高收入的社会阶层和社会个人的外出旅游相对于中等收入的可能会多一些；中等收入的社会阶层和社会个人比低收入的外出旅游可能会多点。因此，在人类社会发展过程中，社会阶层和社会个人收入状况决定了旅游的状况，收入的变化必然引起旅游阶层和旅游者群体的变化。

收入作为旅游的隐性基因之一，与人类社会旅游的兴起、发展、繁荣皆有直接的关系。从古至今，是哪一些社会阶层和社会个人影响着旅游的兴起和兴旺呢？无论古埃及、古中国，还是古希腊、古罗马，最先开展旅行活动的都是那些有经济能力的法老、贵族、大夫、官员、军官等上层阶层，中下阶层除部分大中商人和宗教人士之外，人们的收入微乎其微，难以果腹，遑论外出旅行？近代社会生产力发展，社会财富增加，普通产业工人收入提高，满足了基本生活之后，他们随即加入了旅游的队伍。科技推动着现代社会生产力的快速发展，中等收入阶层不断扩大，形成了日益庞大的中产阶层，旅游不再是少数人享受生活的特权，被人们称为"大众旅游"的时代应声而来。由此看来，高中收入阶层兴起了旅行活动，中等收入阶层的扩大带动了旅游的发展，中产阶层的壮大推动了旅游的繁荣。因此，从这个意义上讲，人类社会发展至今的历史表明，旅游的状态和旅游的发展不是由低收入群体决定的，而主要是由中高收入群体决定的。具有世界普遍意义的旅游作为人类生活不可或缺的一部分之前提是人类社会生产力发展到相当高的程度或高度发展阶段，人们的收入水平大幅度提高，低收入人群在较好满足日常生活之后，还有剩余的资金用于旅游，这时候决定旅游发展的将是社会全部阶层，中高收入阶层将依然决定着时代的旅游品质和旅游质量，收入作为旅游隐性基因依然发挥着重要的作用。

收入可分为人均可支配收入和个人可支配收入。前者反映的是一个国家或地区的旅游规模等旅游经济的状况，它是研究宏观旅游的重要因子；后者反映的是个人出游频次和旅游品质需求，是研究旅游者个体旅游行为的主要因子。我们期待着任何时候都可以在人均可支配收入和个人可支配收入方面写上旅游的名字，让收入这个旅游隐性基因延续着人类旅游的主动力和人类旅游发展不竭的澎湃动力。

（三）闲暇是旅游的发动力

现代社会，闲暇是闲暇经济的基石，旅游经济作为闲暇经济的一部分，闲暇的必要性和重要性自不必多言。对旅游而言，闲暇是旅游的前提和必要条件，没有闲暇就不可能有旅游。何为闲暇？马克思认为，闲暇时间是在满足绝对需要的劳动时间之后留下的从事其他活动的剩余时间,是劳动者用于消费和用于从事自由活动的时间,是为全体社会成员本身发展所需要的时间。《社会百科词典》将"闲暇"释义为"个人可自由支配的时间,即自由时间、空闲时间"。由此看来,闲暇是相对于工作时间、学习时间、家务劳动时间等而言的可自由支配的时间。

闲暇古已有之。闲暇大约诞生于两千多年前,尽管它常处于匮乏状态,但却延绵不绝,是人类旅游无可争辩的主要隐性基因之一。人类的旅行活动、旅游活动和旅游生活皆倚仗于闲暇,它们在闲暇的恩赐之中成就了人类一段成长的旅程。从基因意义上讲,人类的旅游发展是建立在人均可支配收入和人均可自由支配时间基础之上的,甚至可以说,一部人类旅游史就是一部闲暇的副产品史。就此而言,闲暇从两条发展路径决定着旅游的发展状况。一条是人类拥有闲暇时间的社会阶层涵盖多寡的状态,它是人类社会旅游发展规模即旅游总人数多少的基础。通常而言,世界、一国、一域有闲暇时间的社会阶层越多,旅游总规模就越大,即旅游总人数越多。另一条则是人均可自由支配时间之长短即人均闲暇时间的长短,它是旅游者在旅游目的地逗留时间长短的基础。对旅游目的地而言,旅游客源地人均可自由支配时间越长,在欲望和人均可支配收入相当或相近的情形下,旅游者逗留时间就越长。

在缺少相关资料的情况下无法研判过往的历朝历代人均可自由支配时间即闲暇长短的状况。但是,可以从现有的历史资料分析研判哪些社会阶层拥有闲暇时间。古希腊拥有较发达的奴隶制,但只有贵族和工商业者即后来借助梭伦改革跻身于贵族行列的工商业贵族才享有充分的闲暇,旅行活动仅是贵族和少数工商业贵族拥有的特权;他们在闲暇时光进行着商务旅行、宗教旅行、求学旅行等,享受着人生亦商、亦学、亦教、亦行的自在时光。在世界古代奴隶制社会旅行全盛时期的古罗马时代，世代把持元老院、充任高级长官的豪门大贵族和"骑士"小贵族是两大拥有自由支配时间的社会阶层，他们的财富和闲暇足以支撑消遣娱乐旅行、滨海旅行和商务旅行；而宗教旅行则是在公元1世纪基督教兴起过程中，由下层劳动者的宗教演化为统治者和富人的宗教而使得闲暇和财富配位之后，才在罗马帝国以前所未有的速度发展起来。在漫长的中世纪，教会占据了绝对的统治地位，人们不眠不休地为工作而工作，哪有能力去获得闲暇时光？虽然在中世纪中后期宗教旅行、商务旅行、求学旅行，特别是休闲旅行和自然观光在特殊阶层的闲暇中兴起，但相对长达千年的时间而言，人类的旅游欲望几乎被淹没在茫茫禁欲之中。文艺复兴、启蒙运动重新高扬人的主体性，用理性之光驱散愚昧的黑暗，尤其是工业革命彻底改变了人类时间的结构，现代科学的兴起和宗教的式微，使得过去只有贵族和僧侣阶层才能享受的闲暇时光从上帝强光的阴影中走出，逐渐在大众中散布开来，让那些普通人也有机会在对世界的观照和倾听中领受那份珍贵的闲暇。

在18—19世纪那个相对于中世纪显得短暂的闲暇黄金时代，闲暇所蕴藏着的巨大旅游价值，在产业工人阶层可自由支配时间不断获取和逐步增加的过程中得以呈现，旅游以它自己的方式赢得了巨大的生存空间。商务旅游在经济发展和交通发达的加持下，从国内走向国际，从散兵游勇成为走向博览会的集团军；自然赏赐人类海滨山川，在闲暇时间累积下，度假旅游的兴旺让闲暇价值大放人性的光彩；保健旅游成为人们改善健康的主要动机和发挥闲暇时光效用的放大器；从自然风光观光到名胜古迹观光，观光旅游的阵地一次次被扩充、一次次被文人骚客所歌颂；而文化旅游则在追寻过去时光的同时，留给未来闲暇时间赋能于人类梦想的奇迹。

青山流水长，毕竟东流去。20世纪50年代以来，人们开始在工作至上的世界中重新发掘闲暇的价值，将闲暇时间以生命的态度重拾和对待，社会各个阶层的闲暇时间在人类社会财富快速积累的过程中，获得了前所未有的普遍拉长，而旅游悄然成为大众闲暇时间皇冠上那颗最耀眼的明珠。被众多中外学者一再认同的大众旅游和后大众旅游在大众闲暇时间的黄金时代，绽放出众多鲜艳夺目的旅游之花。过去那些人们想到或没有想到的旅游项目和旅游场景不断在闲暇时间增长过程中泉涌而出；过去的旅游类型和旅游产品不断在新的闲暇时间状况下和空间变换中换新和焕新；过去的出游方式和交通方式不断在新的出游方式和交通方式更替下延长着闲暇时光，让旅游的时间远胜于旅行的时间。

中华人民共和国成立以来，旅游发展与人们的休息日、节假日和年假等三个主要类型的闲暇时间增长基本处于同步状态。中华人民共和国成立后实行每周休息一天的假日制度，这一制度一直延续至1994年。一周休息一天很难使上班族离开自己生活的城市而出外旅游，尽管"外面的世界很精彩"表达着人们对世界的好奇与向往，但旅游更多是一种美好的梦想。1994年3月，开始实行"大小周末"，在休息两天的大周末，人们兴高采烈地在城市周边旅游，在休息一天的小周末，也有部分市民延续着短程旅游的惯性。从1995年5月1日起，"双休日"实施，旅游热潮欣然而至，中短程旅游成为人们现实的追求。1999年9月，春节、"五一"和"十一"的假日时间与前后双休日拼接形成3个7天长假的"黄金周"欣然而至。第一个"黄金周"，全国旅游人数高达2800万人次，旅游总收入141亿元，假日旅游的热潮迅速席卷整个中国。随后数年，每到"黄金周"，各旅游城市人头攒动、热闹非凡，许多景区游人摩肩接踵，宾馆饭店一床难求，旅游人数同比年年增长，旅游收入不断攀升；出境旅游也逐步火爆，国人似乎在以"包围"全世界著名旅游景点的方式来表达对闲暇的珍视和对旅游的热爱。2008年，"五一"法定假期从3天改为1天，"五一"黄金周被取消，同时增加了清明、端午和中秋假期，不仅假期更为均衡，而且全年节日假期又增加了1天。人们的旅游时间更加从容，传统文化的旅游内涵，特别是节日民俗活动搭上时代列车，在现代社会重新绽放光芒。2013年国务院发布的《国民旅游休闲纲要》明确提出，到2020年全面推行带薪休假制度。5天、10天、15天三档的带薪休假制度在公职人员和国有企业职工中实施，推动了度假旅游业态的快速发展。2015年8月，国家明确鼓励弹性作息，随后，2.5天休假模式开始在一些省市探索试行，为人们周五下午与周末相连外出旅游度假创造了更多的闲暇时间。

全国法定假日和周末休息日从改革开放初期约60天增长至目前的115天，全年占比超过31%，再加上带薪休假的闲暇时间，国人每年有近1/3的闲暇时间可以外出旅游。事实上，随着人均可自由支配闲暇时间的增多和人均可支配收入的增加，旅游人数总规模和旅游收入总规模也在随之增加，人们的旅游生活传播着幸福感信号，这是一个多么美妙的、必然的连环传奇啊，而这，正是闲暇作为旅游发动力的神奇之处。

二、人类旅游活动与时代变迁

旅游是人类发展的需要，时代赋予旅游前行的动力。人类旅游的隐性基因欲望、收入、闲暇和显性基因生活、享受、异地在时代发展中产生、延续和进化，人类的旅游行为和旅游活动皆被旅游基因所驱使所影响，这既是一个与时代共生、共存、共长的过程，也是一个与时代变迁合拍、合奏、合步的过程。人类的旅游目的、旅游内容、旅游方式随着时代变化而发展，表现出与时代变迁的一致性，而呈现出时代旅游价值取向的演进过程。

首先，在旅游目的方面，从经济角度看，从古到今，人类的旅游活动大致经历了带有经济目的的古代旅行阶段、以非经济目的为主导的近代旅游活动阶段和不带经济目的的现代旅游活动阶段。古代的旅行活动建立在社会生产力不发达、社会经济基础薄弱的基础之上，人们外出旅行活动以"行"为主，在行的过程中或到达目的地之后，观赏景物或游山玩水大多只是附带的活动，而以赚取钱财维持生计为目的的旅行活动比比皆是。例如，西欧中世纪的商务旅行以交换贸易为主要目的，探险旅行多是为发现新土地、获得黄金白银；外交旅行的目的是获取国家的最高经济利益；求学旅行则是为了通过拓宽视野、增长知识提高身份地位，以赚取更多的钱财。近代的旅游活动是在工业革命后社会生产力取得巨大进步、生产关系发生深刻变革、社会财富较快增长、城市化进程加快、富有闲暇阶层出现的基础上展开的，人们的旅游活动在"行"之基础上以"游览"为主而追求旅游所带来的享受，非经济目的的旅游活动成为主流。在工业革命始发地的西欧，人们热衷于滨海度假旅游、山地度假旅游、自然风光观光旅游、名胜古迹观光旅游、保健旅游、文化旅游等不带经济目的的旅游活动，旅游的主要属性开始显露。现代旅游活动的目的之旅游属性更为凸显。一方面，第二次世界大战后世界经济快速增长为现代旅游的发展提供了物质基础。战后各国纷纷采取措施发展经济，美国凭借远离欧亚主战场、战争损失最少等有利因素，经济发展迅速，成为世界强国；英国参加了马歇尔的"欧洲复兴计划"，使得经济缓慢发展起来；法国新政府把迅速恢复经济作为工作重点，采取国有化和计划调节等措施，经济很快超过了战前并持续发展；西德新政府坚持自由竞争的市场经济，实行"经济人道主义"的政策，国内生产总值年年攀升。至20世纪60年代，经济的发展使许多国家居民家庭平均收入快速增加，一些国家开始形成一大批富裕阶层，旅游中介组织迅速发展，旅游人群逐渐扩大，在促进"大众旅游"兴起的同时，带有经济目的的旅游活动已基本绝迹。另一方面，随着"大众旅游"的兴起，各国政府均先后不同程度采取了支持旅游业发展的措施，将旅游作为国家发展的一项重要内容，力求人人享有旅游度假的权利，有些国家通过采取由国家、工会、社会团体等提供资助或补助的办法组织收入较低的家庭外出旅游度假；与此同时，不少国家加大旅游资源开发力度，放宽和简化国际旅游者入境手续，释放了旅游作为人类社会生活的基本欲望，促进了旅游非经济活动目的之回归。总之，人类三个不同阶段的旅行和旅游状况所反映的经济属性与非经济属性，与人类社会相应时代的经济发展状况及人们的经济状况是吻合的、一致的。

其次，在旅游内容方面，虽然现代旅游活动的内容是从古代旅行发展演进而来的，但是，人类古代旅行、近代旅游与现代旅游活动的内容与时代经济和社会发展是一致的。古希腊荷马时代海上贸易相对其他地域发达，人们的商业活动遍布地中海和黑海沿岸，倚海谋生，海上商务旅行和航海探险旅行因此而特别发达；古希腊"神人同形同性"的多神宗教和各个城邦都建有神庙，宗教仪式和全希腊欢庆节、泛雅典娜节、奥林匹亚节等在提洛岛、奥林匹斯山等宗教圣地举办，导致宗教旅行异常盛行。与古希腊相仿，古罗马的地理位置、经济发展程度和"条条大路通罗马"的公路发达网络，引致罗马境内与境外国际商务旅行比较活跃。与古希腊不同的是，罗马对外战争的胜利，促进了经济繁荣和奴隶主贵族财富大量积累，享乐的欲望与日俱增，在兴建的多个竞技场观看角斗和斗兽比赛，在精美豪华的浴场享受桑拿蒸熏和土耳其浴,在全国性节庆活动中激情狂欢、疯狂纵欲,如此等等的消遣娱乐旅行的发展可见一斑;古罗马三面环海,绵延数公里的海滩,阳光充沛,沿海地带排列着浴馆和浴场、体育馆和大理石雕刻,是罗马人度假观光的上佳场所。古罗马的社会生产力水平高于古希腊的时代,加之时代文化和社会经济地理环境的变迁,旅行的内容表现出愉悦享乐的特征。西欧中世纪的宗教旅行和商务旅行,一方面,延续了古希腊和古罗马的部分内容;另一方面,人们跋山涉水到遥远的耶路撒冷朝拜圣墓和浩浩荡荡、蔚为壮观地赴罗马觐见教皇,并设计出固定的参观线路与之联系起来,游山玩水,乐享社交,以及频繁的商务旅行活动和远距离的国际商旅范围,反映出当时的生产力水平和时代欲望的特征。而将旅行逐渐视为殷实人家绅士们接受教育环节之一的求学旅行以及以保健为目的的温泉旅行之潮流,在威尼斯圣马可广场举办化装狩猎赛会等民间节日,迪亚士、达·伽马、哥伦布、麦哲伦、德鲁克等连绵不断的海上探险旅行,都在诉说着那个时代人类社会的相关阶层对旅行生活的基本诉求和时代的享受欲望。

  近代旅游活动内容的丰富程度远超古代旅行活动的内容。一是作为至今仍然占有重要地位的会奖旅游组成部分之会议旅游迅速勃兴,留下经济发展必然和国家之间交流诉求的烙印。被旅游学界视为近代旅游活动开端的1841年托马斯·库克包租火车组织第一次团队旅游就是去参加禁酒大会。在1851年英国伦敦举办的为期160天的"万国博览会(世界博览会)"中,约有603万的世界各地的商贸人士、社会名流和旅游者前来观赏;之后,美国纽约、法国巴黎等地举办的世博会延续着参加人数的海量和逐步增长的趋势。经济发展和国际交流促进博览会、工作年会、交流会、发布会等层出不穷。二是度假旅游作为一种旅游产品出现在旅游的历史舞台,顺应了当时的现实状况及需求状况:工业革命大机器流水线生产带给普通劳动者收入较大幅度增加，高强度劳作之后人们有休闲调整需求，以及带薪休假制度逐渐形成。美国的罗德岛新港、意大利亚平宁山脉东侧沙滩、法国的尼斯等滨海度假旅游，阿尔卑斯山区的多个滑雪场与山景、雪景、云景交相辉映的山地度假旅游，都会让人领略到近代社会人们度假生活的需要。三是以温泉为主要载体的保健旅游，表达了人们对身体健康的时代诉求。四是自然风光观光旅游的潮流，反映了人类进入机械化生产时代后，渴望亲近大自然回归大自然的诉求；而城市风光观光旅游则反映出人们对近代社会城市化进程加快的感知和探究的心理需要。五是以博物馆为主体的文化旅游的兴盛，折射出人们对人类发展过程特别是文艺复兴过程的好奇和感慨。

每当人类社会发展到新的阶段都会有新的事物出现。人类进入现代社会，旅游活动内容一再刷新。其一，曾在近代火热的观光旅游呈现出观光农业和乡村旅游等新内容。第二次世界大战后，欧美国家旅游产品供给者把观光旅游与农业农村结合起来，向旅游市场推出观光农园、森林公园、科普农园、民俗观光村等新型旅游产品，满足了城市人口在人类社会快速城市化后对农业自然资源和农村人文资源的陌生并由此激起的浓厚兴趣，受到人们的热捧。其二，遗产旅游的兴起，反映出人们对人类社会文化和大自然再认识的新要求。1972年《保护世界文化和自然遗产公约》通过之后，进入《世界遗产名录》之地，对旅游者产生了极大的吸引力，并逐步形成具有广泛市场需求的世界级旅游地。欧美国家政府纷纷聚力开发遗产旅游产品，举办一系列的以参观游览世界遗产为主要内容的主题活动，招徕了大批旅游者，并拔得了头筹。其三，体育旅游的发展，满足了人们对提高身体素质的新要求。20世纪七八十年代，高尔夫运动在欧美流行，人们把高尔夫运动与旅游联系起来，促进了高尔夫运动的大众化；大型运动会如奥运会等吸引了对运动感兴趣的旅游者前往举办地观看比赛并参加相关旅游活动，形成了体育旅游。其四，美食旅游盛行，反映出人们对美好生活的追求。自20世纪90年代以来，享受生活的需求在旅游活动中得到充分的释放，人们不再把游览作为唯一重要的旅游活动内容，诸如美食也进入了旅游活动的必备菜单。在被誉为"欧洲大陆烹饪之始祖"的意大利，在最负盛名的西餐代表国家法国，每年都举办美食旅游节，让人们感受着生活丰富的味道。其五，邮轮旅游让旅游者生活在梦想的家园。邮轮上超日常生活的设施应有尽有，既是旅游地又是交通工具的奢华服务之"移动旅游综合体"，满足了人们对享乐生活的热爱和追求。

最后，在旅游方式方面，古代、近代、现代的人们跟着时代的旅游环境选择了自行旅行、跟团旅游、自助旅游、自驾旅游等旅游方式。在古代，经济基础羸弱，社会分工不全，未出现旅游中介，人们旅行活动所涉及的吃住行游等只能依靠自己和同行人一并处理和组织，旅行活动的快感因而无法充分释放。近代之后，经济发展，供给增加，旅游中介组织大量产生，人们以购买服务的方式跟着旅游团队一揽子解决吃住行游购娱等几乎所有的旅游需求，旅游应有的享受等诸多属性在跟团旅游活动之中显露无遗。现代社会的物质文明以前所未有的丰腴为人类旅游活动个性化的张扬铺设了坦途，人们在不满足于千篇一律的大众化跟团旅游的情景下，依托发达的旅游资讯渠道、发达的旅游交通体系和发达的旅游服务体系，要么自行安排旅游行程、购买交通乘票、预订住宿酒店和景点门票等，让自己的旅游自由自在；要么驾乘自家车辆与家人亲朋畅享旅途美丽的风光和旅游生活的惬意，让自助旅游和自驾旅游的勃兴阐释着个性和人性的释放，以及预示着跟团旅游式微的时代即将来临。

三、人类旅游诉求的时代映象

人类旅游基因的延续过程表现出旅游基因对人类旅游诉求的永恒影响，而人类旅游基因的进化过程却显示出人类旅游诉求的时代映象，表达着时代旅游价值取向的信息。在人类旅游发展过程中，"海外大旅游"的时代之风、温泉旅游的时代之印、托马斯·库克的时代之举以及从游乐园到主题公园的时代之拍，十分典型地表达出人类旅游诉求的时代映象。

（一）"海外大旅游"的时代之风

发端于16世纪英国的"海外大旅游"，在17—18世纪盛行于欧洲。在英国女王伊丽莎白一世时期，英国贵族纷纷将自己的子女送往欧洲大陆接受新思想、学习新文化、研究新政治体系。人们普遍按照三年时间安排欧洲大陆旅行：首先到法国巴黎等地作长时间旅行，然后再到意大利逗留一年，最后经过德国、荷兰、比利时、卢森堡和瑞士。这一以贵族们接受教育为目的的最为流行的路线，被商人、学者、外交人员等中产阶级效仿，他们纷纷开始欧洲"海外大旅游"，目的地覆盖巴黎、罗马、佛罗伦萨等文化发达的城市。

为什么会出现"海外大旅游"现象？首先，它是欧洲宗教改革后的时代产物。欧洲宗教改革之后，资本主义制度已在欧洲一些国家确立，新的社会生产关系促进了社会生产力的发展、增加了社会财富，出现了既能够自由支配可观收入又有闲暇时间的社会阶层；与此同时，新文化、新艺术、新知识不断涌现、层出不穷，人们为此充满着好奇。于是，以长长见识、学学知识为目的的"海外大旅游"应运而生。其次，它是教育世俗化的时代产物。在社会改革时期，社会地位高的贵族希望子孙后代能够继承祖业，新兴的中产阶层渴望进阶上位，旅行的教育功能在许多名人身上有效显现，让人们看到了求学求知，领略欧洲大陆的建筑、艺术和礼仪，使人变得更加有教养、有素养，回来之后成为身价倍增的医生和律师的新希望。于是，那些希望步入管理阶层、军队的年轻人，希望提高声望的政界、学界的名人纷纷加入"海外大旅游"的队伍。最后，它是社会对旅游求学求知功能认识的时代产物。时人沙夫茨伯里勋爵描述"海外大旅游"的意义为："世界知识指的是提供观察了解其他国家的风俗习惯；了解他们的政策、政府、宗教。总之，就是要研究和了解各式各样的人。因为在这个世界大舞台上，他们以各种各样的方式和面貌展示自己，这是一门非常重要的学科，每个绅士都应该掌握。但这是在我们学校里学习不到的。"[①] 这反映了当时人们对海外旅游功能认识的普遍心声和社会环境。

（二）温泉旅游的时代之印

在人类旅游史上，欧洲的温泉旅行和旅游活动留下了醒目的时代印记。从古罗马到中世纪，到近代，再到现代社会，温泉旅游一直将人们享受生活的欲望与时代的新需求紧密地联系在一起。

在古罗马，以休闲为目的的"洗澡旅行"颇为流行。罗马大军进占英国后，就把英格兰西南部的巴斯温泉开辟为古罗马时代最著名的浴场。它比罗马城内的16个富丽堂皇的浴场更为华丽大气，成为达官显贵享受人生休闲时光的可心场所，每天都有上

[①] 伦纳德·J.利克里什，卡森·L.詹金斯.旅游学通论[M].程尽能，等译.北京：中国旅游出版社，2002：16.

千人前来"洗澡"。它反映出古罗马帝国的强盛,以及战争掠夺的大量财富成为滋生上层社会享乐生活的土壤。

从13世纪开始,西欧兴起了以保健娱乐为主要目的的"洗澡旅行"。这个项目起初只是供一些有钱的贵族享用,后来有些收入过得去的普通市民也加入其中。16世纪中叶,一位名叫威廉·特纳的英国医生编写出版了一本关于天然温泉能有效治疗多种体痛病症的书籍,引起轰动,体痛患者纷纷慕名前往温泉,大批身体健康者也蜂拥而至,形成了温泉旅行的热潮。"在文艺复兴时代,洗澡几乎是唯一可能成为极致娱乐的一种娱乐方式,于是疗养地顺理成章地成为当时的社交活动中心。"温泉疗养地也"逐渐成了时髦的、奢侈的幽会地点"[①]。中世纪后期,意大利的威尼斯、佛罗伦萨等城市的一些市民,在闲暇时间或携妻带子或邀约好友共赴温泉疗养,温泉旅行也在欧洲大陆多个国家流行开来。这种现象不仅与当时部分人的财富增加有关,而且也反映出人们对身体健康的珍视和乐享生活的人生态度等时代特征。

近代和现代的欧美温泉旅游承袭着中世纪的保健目的。19世纪,世界各地的旅游者络绎不绝地来到英国的巴斯,既悠闲地观赏典雅豪华的罗马浴场,也纵情地在罗马建筑风格的露天泳池戏水畅游,寻求快乐和健康;英国维多利亚时代开发的哈罗格特也成为风靡欧洲的温泉疗养胜地。美国18、19世纪开发的弗吉尼亚的白色硫黄温泉、纽约的萨拉托加温泉、阿肯色州温泉城的各种温泉等也在泡温泉、治病痛的活动中受到旅游者的热情追捧。20世纪80年代,意大利全国有4300多家矿泉疗养区,接待国际旅游者占总数的4%;德国有260多个度假区提供各种不同的矿

---

① 爱德华·博克斯.欧洲风化史[M].移然,译.沈阳:辽宁教育出版社,2000:473.

泉疗养，旅游者在疗养区平均停留时间超过 12 天。近现代温泉旅游的发展过程其实是温泉旅游大众化、温泉旅游生活化的体现和表达。

温泉旅行和温泉旅游的发展历程就像一串由小及大的珍珠项链，与人类经济发展规模从小到大的进程和时代发展中人们对身体健康等生活品质的需求从弱到强相契合，也与人们的经济收入增长和闲暇时间增加所产生的时代养生需求相契合。

（三）托马斯·库克的时代之举

托马斯·库克，一个人类旅游史上闪亮的名字，因其与近代旅游业诞生的关联而在历史上留下了深刻的时代烙印。

托马斯·库克生活在 19 世纪的英国，这一时期，英国工业革命促进了社会生产力大幅提高，经济空前繁荣，社会财富巨大提升，产业工人在社会财富分配中的收入水平远超过去，开始有能力支付旅行费用了；同时，要求享有假日权利的斗争也迫使资本家做出了有限的让步。收入和闲暇叠加激起了人们旅游消遣和度假放松的欲望，引致旅游人数大为增加。但是，这必将使传统旅游的做法面临许多新问题和新挑战。一是旅游者从何处获得旅游信息以及如何办理旅行手续、如何了解旅游地的风景和习俗？二是旅游地的语言是否存在障碍，遇到了问题如何处理？三是到异国旅行如何兑换货币而顺利购买物品？要解决这些问题，适应时代的需求，唯有建立相应的旅游中介服务机构。托马斯·库克清晰而敏锐地看到了商机，毫不犹豫地抢抓时代所需，组织了一系列具有时代意义的旅游活动。

1841 年 7 月 5 日，托马斯·库克组织了 570 人的大规模团队，乘坐由莱斯特前往洛赫伯勒的包租火车，参加在当地举办的禁酒大会。该次团队旅游专列行程为单程 20 千米，每人支付往返票价一先令。这一次的活动被人们广泛地视为近代旅游及旅游业开端的标志，原因是它具有过往旅行旅游没有的特点：其一，具有广泛的公共性。来自各行各业的人员包括家庭妇女等为旅游走到一起，结束后回到原有的生活空间，这与现代旅行社组织的团队旅游的状况基本相同。其二，商业目的明显。专门贴出海报宣传招徕人员，是第一次商业旅游活动，此举解决了旅游者无信息来源的问题。其三，开创随团照顾的先例。托马斯·库克不仅发起、筹备、组织本次旅游活动，而且自始至终跟团陪同照顾团员，解决了团队在异地旅游过程中可能出现的问题。

1845年8月4日，托马斯·库克组织了350人的团队从莱斯特到利物浦开展旅游活动。此次旅游活动的线路考察、产品组织、广告宣传、招徕组团、全陪地陪设置等都具有现代旅行社的基本业务的特点，开创了旅行社团队旅游业务的基本模式，标志着近代旅游活动的开始。

1845年，托马斯·库克在英格兰的莱斯特创办了世界第一家商业旅行社。1846年，托马斯·库克创办的旅行社组织了350人，乘火车和轮船到苏格兰旅游；1851年，组织16.5万人参观大展览；1855年，组织了从英国莱斯特到法国巴黎的旅游；1865年，组织了赴美国的旅游；1872—1873年，为英国旅游者组织了历时20天的首次环球旅行。这一系列的旅游活动，不断拓展新领域、新业务，如发给团员旅游活动日程表、采用一次性包价旅游、乘坐轮船旅游、出国旅游、环球旅行等，适应了市场和旅游者的需求。

托马斯·库克的时代之举，表明旅游基因的延续进化与时代旅游价值取向相连相通。旅游为时代之表达，时代选择了时人，正所谓时势造旅游、时势造英雄。

（四）从游乐园到主题公园的时代之拍

娱乐是人类的天性，旅游是娱乐的重要载体。旅游中的娱乐是旅游者普遍的需求，把娱乐演绎成旅游产品是旅游发展的必然现象，而从游乐园演进而来的主题乐园，是旅游娱乐发展过程中的时代杰作。

用音乐、舞蹈、博彩游戏、魔术表演等形式来营造热闹愉悦的气氛以吸引顾客，古希腊、古罗马时代是从集市杂耍开始（中国民间也是如此），随着贸易形态的转变和人们需求的变化，逐渐演变成户外游乐场。17世纪初，欧洲兴起了以绿地、花园、广场与设施结合，再配以背景音乐，开展展览和表演等活动的娱乐花园。之后，随着机械工业的发展而逐渐加入了一些机械游具，喧哗和刺激的元素渐渐显露，游乐园雏形已现，以巡回式、多元性、自主性、互动性为主要特点，以营造快乐、奉献快乐为主要内容的环球嘉年华等游乐品牌相继诞生。1873年，维也纳世界博览会上多种机械娱乐设施的展示引动欧美各地纷纷使用，气氛温和轻松的娱乐花园最终演变成为以机械游具为主、追求喧哗刺激的游乐园。19世纪末机械工业大举进军娱乐业，迫使游乐园彻底摒弃了表演和游人自娱的形式，转而完全依赖机械设施来满足游人对刺激的需求；尤其是1893年大转盘在芝加哥纪念哥伦布的博览会上使用后，加快了游乐园朝着设备大型、机械游具充满惊险性的方向发展，1910年至1930年是机械化游乐园的黄金时代。

时代的巨人不停歇地向前行，业态的矮子不停脚地忙转换。在遭受了20世纪30年代经济大萧条而仍然支撑下来的游乐园，终究挡不住科技发展和经济繁荣所带来的需求改变。第二次世界大战后，一部分人开始厌倦被动式的机械游乐方式，私家车拥有量不断增多和交通条件的较大改善，让人们希望到离家更远的地方去娱乐度假，致使到访游乐园的人数不断下降，由此出现恶性循环，引致游乐园品质不断下降，竞争力逐渐被电影院、溜冰场、赌场等其他娱乐行业所超越。与此同时，顺应城市逐渐向外扩展所带来的地价及税收不断上涨的趋势，一些游乐园业主把位于市郊的游乐园改建为住宅或购物中心，以求获得更高利润。至20世纪50年代中期，美国只剩下少数的游乐园还在苦苦支撑。

游乐园的衰落并不意味着人们对娱乐需求的放弃，只不过表示他们需要一种与时代相符的全新的娱乐形式。世界的舞台总是留给那些把握时代脉搏、顺应时代潮流的人。电影动画师沃尔特·迪士尼以其丰富的想象构想着一种让人暂时忘却日常生活的枯燥烦恼、工作压力以及污浊环境而沉湎于梦幻的奇妙世界，他为此创造出主题园这种形式。1955年，他在加利福尼亚州成功建成了世界上第一个主题园——迪士尼乐园。他将以往制作动画电影时所应用的色彩、娱乐、梦幻、刺激、惊悚和游乐园的特性融合起来，使游乐形式以一种戏剧化、舞台化的方式表现出来，并借助电影的IP，用主题情节暗示并贯穿各个游乐项目，使旅游者很容易进入角色而沉浸于"英雄"或"坏蛋"的体验中，从而极大地改变了游乐方式。迪士尼乐园开幕后引起巨大轰动，旅游者纷至沓来，主题园这种形态很快风靡美国。对美国而言，20世纪50到60年代是极为特殊时期，人们生活在朝鲜战争、越南战争、核威胁、东西冷战的阴影之下，对现实生活感到失望、厌倦甚至恐惧，转而对迪士尼乐园这种梦幻世界倾注了极大的热情。迪士尼企业主抓住机遇，于1971年在佛罗里达州奥兰多开创了全世界最大的主题园——迪士尼世界。2018年，奥兰多迪士尼世界主题园接待旅游者5831万人次。

迪士尼主题园的巨大成功，带动了许多大型企业投资主题园。环球影城、六旗集团、雪松会娱乐、海洋世界娱乐公司的主题园在美国攻城略地。美国式主题园的概念也泛及世界各地，在与各国文化传统、自然特色和经济状况结合中产生了许多新的类型。

娱乐需求是人类旅游活动的基本需求。从娱乐花园的兴盛到衰落，从游乐园转换到主题公园，从主题公园的美国独唱到世界合唱，表象是娱乐业态在改变，实则是旅游者的娱乐需求在改变，是时代环境和时代生活方式在改变。娱乐业态跟着市场需求走，市场需求跟着时代变化走，在旅游娱乐业态的演化过程中，人类旅游的娱乐诉求随着时代的节拍舞动，这是一个多么生动的人类旅游基因延续的进化力量与时代旅游价值取向演进的时代力量之辩证统一的场景啊。

四、影响人类旅游的时代力量

时代呼唤着旅游的光彩，时代力量影响着旅游的荣光。在诸多时代力量影响人类旅游荣光之壮美华章中，出行方式和支付方式演进的时代力量赫然在目，人们感佩这两大时代力量的神功伟力时，也为人类旅游发展额手相庆。

（一）出行方式演进的时代力量

自古至今，人类的出行主要依赖于人力、畜力、风力、机械力等类型的交通工具，交通工具的发展和变化改变着人类的出行方式，人类出行方式的演进推动着人类旅游的发展。由此而来，人类的旅游发展历史也是人类的交通发展历史。

人类的出行方式对旅游方式起着支配作用。人们的出行方式几乎完全与时代的交通系统和交通工具相吻合，由此推动着旅游方式的演化和发展。古希腊内陆交通不够发达，人们旅行或乘坐马车或徒步行走；而海上交通十分发达，各类大小船只承载着旅行者的热望。古罗马晚期，陆地上建设了阿庇乌斯路、弗拉米尼乌斯路等多条"罗马之路"，并与多国陆上和水上交通相连，形成了四通八达的陆地交通网络，马车作为重要的交通工具载着商务旅行者活跃在罗马人精心建造的道路上；在地中海成为罗马帝国"内湖"之后，各式各样大小体量的商用货船，在地中海频繁航行，海上运输兴旺带动商务旅行的异常活跃。西欧中世纪初期，交通网络和交通工具发展非常缓慢，人们从陆路进行长途旅行所依赖的交通工具主要是牲口，富者骑马，穷者骑驴，旅行因此而衰微；"文艺复兴"时期，马车制造业兴盛，双轴四轮马车增强了旅行者的舒适感，旅行者的队伍因此而扩充；船作为人们出行的主要交通工具之一，在中世纪后期发展迅速，商船、航海船以及海战船、海盗船等——大量建造，推动着人们商旅和远航探险之旅的前进步伐。

近代交通在古代交通的基础上发生了根本变化，交通工具的发展带来了出行方式的改变，出行方式的改变带动了旅游的发展。伴随着工业革命的进程，陆上蒸汽汽车、蒸汽火车陆续发明，为适应交通工具的需要，产生了近代意义上的公路和铁路，并逐步形成了公路网络和铁路网络，人们的旅游活动因出行方式的进步而从单人多人到团队团体、从近程到中程不断发展变化；内燃机与汽油汽车、柴油汽车的诞生，特别是飞机的发明和使用，使人类快捷便利的出行方式踏着时代的节奏，推动旅游活动从慢行到快进、从中程到远程，旅游半径被数倍扩大，旅游中的快乐享受被数倍放大，为旅游业的确立迎来了革命性的变革。战后的现代社会经济蓬勃发展，交通网络日益完善，交通工具快速进步，交通体系逐步建立和完善，汽车、火车、轮船、飞机"四位一体"的旅游交通格局逐渐形成，人类的出行方式因此而演进得如此丰富多彩和舒适便捷。汽车作为近中程长时间段的旅游交通工具，火车作为中远程中时间段的旅游交通工具，轮船作为近中远程长时间段的旅游交通工具，飞机主要作为中远程短时间段的旅游交通工具，满足着不同群体不同阶层的不同旅游需求，叙述着人类旅游出行方式的巨大演进力量，进而推动着人类旅游的巨大发展。

交通工具和交通设施的进步是人类出行方式发展和变化的先导，人类出行方式的演进之时代力量推动着旅游的发展和变化。畜力交通工具和设施的发展推动了古代旅行活动的诞生和发展，风力交通工具和设施的发展拓展了人们旅行活动的交通途径和空间尺度，人们追求远方异景异事之梦想的同时，也在努力把异地食住生活日常化。蒸汽火车和轮船的发明以及大规模的使用，不仅使人们的旅途变得更加便捷，而且扩大了旅游商业价值的空间，促进了旅游地为满足旅游者需求生活化而营造着充满旅游生活气息的空间。喷气大飞机的大规模广泛使用，让人们站在飞机舱门悬梯上惬意挥手向蓝天的洒脱出行方式之时代力量加快了旅游发展的现代化进程。

（二）支付方式演进的时代力量

旅游作为支付工具使用的重要领域，支付工具的发展促进着旅游支付方式的演进，旅游支付方式的演进推动着人类旅游的发展。旅游支付方式的演进，记载着旅游支付方式的时代化，体现着推动旅游发展的时代力量。

旅游支付方式已经历和正在经历着旅行支票、信用卡支付、移动支付三个阶段，未来也必将走向数字支付的新阶段，而每一个阶段都与整个时代的经济社会生态环境及其旅游发展生态环境相关联，反映着人类的时代旅游诉求。

在时代的呼唤中，旅行支票应运而生。旅行支票支付方式的产生过程是一个伟大的探索创新过程。

旅游作为在异地异国的观光游览、食宿购物、消遣娱乐等一系列的相关活动，即使是全包价也不能完全解决旅游者在旅游活动过程中费用支付不便也不安全的问题。为此，1867年，托马斯·库克设想饭店担保之后，随即发行一种可以被饭店接受、代替现金的凭证，旅游者先行付款获得保证书即可用于指定饭店支付费用，接着再由库克公司与饭店进行结算。1874年，库克公司再接再厉顺利地推出了流通券，在相关饭店、商店、餐厅、银行使用。这种流通券实际上是近现代旅行支票的前身。

1850年美国运通公司开始兼营旅行代理业务并于1891年发行旅行支票，主要面向经常旅行的高端旅游者。20世纪50年代中期，运通公司抓住旅游者的时代需求，顺势推出使用范围更为广泛的旅行支票；1958年，运通公司推出第一张签账卡，17 000多个商户签约入网，美国旅馆联盟的15万个卡户和4500个成员旅馆加入，标志着美国主流商界开始接受银行卡。20世纪70年代，一些国家放松外币兑换限制之后，运通公司又突破了在旅行社内部发行旅行支票的限制，开始在银行体系内发行旅行支票，旅行支票因此在市场上获得了更快的发展，并在世界主要货币支付中占据主导位置。

1964年，美国航空公司开发SABRE计算机订票系统（CRS），促进了依托计算机进行旅行支付的发展。1994年，整个旅途费用除临时费用外都可以通过信用卡支付，无论多么复杂的旅行需求，都可以打电话通过全球计算机订票系统得到相关航空公司、邮轮、当地汽车租赁以及观光旅游等服务。1996年，美国阿拉斯加航空公司通过因特网进行结算，为依托互联网支付旅游费用奠定了基础。

旅行支票的旅游支付方式诞生和发展响应了旅游者对旅游支付过程中的安全性、便捷性、经济性的时代诉求。旅游者无论游到世界何方，只需持有一张旅行支票就可以"一网打尽"，省却了携带大量现金而可能遗失、被盗等不必要的担忧和烦恼，也减少了旅游过程中反复兑换货币的时间成本和经济成本，更获得了时代发展所赋予人类旅游活动的安全、便捷、效益等福祉。

随着人类社会特别是经济的发展，旅行支票先期付款购买和覆盖旅游场景开始显得有些捉襟见肘，尤其是烦琐的签名过程已经不能完全满足人们生活和旅游便捷性的需求了，新的支付工具和支付方式必将在时代催促下适时诞生，银行信用卡支付如期而至，人类社会迈进信用卡主导支付方式的时代。

20世纪40年代末期，一些美国银行开始发行购物券，在当地商店作为货币使用；1950年，美国大莱公司在纽约创立了大莱卡，"大莱俱乐部"的会员凭卡可以在餐馆记账消费，由大莱公司做支付中介，信用卡的雏形由此诞生。1951年，美国纽约富兰克林国家银行将此应用规范化，推出了第一个现代信用卡。之后，美洲银行将这一做法推广到全美国，并于1960年推出了Bank Americard卡，银行支付卡服务迅速发展起来。1976年，Bank Americard卡更名为VISA卡。几年后，一批没有被委托经营卡的美国银行家建立了自己的网络，接受另外一种本地信用卡。1961年，日本国际信用卡组织发行了JCB卡。1966年8月，日本一批银行组成了"跨行卡协会（ICA）"，致力于开创联合的全球性网络，以此实现跨行授权、清算、结算等交换功能；后来，ICA就成为万事达卡国际组织；1988年，万事达卡成为第一个进入中国的国际支付公司。2002年1月，中国五大国有银行以及华夏、招商、广发、深发等股份制商业银行率先在北京、上海、广州、深圳、杭州等五个城市推出带有"银联"标识的银行卡；3月，由80多家国内金融机构共同发起成立了中国银联；2018年5月，银联卡延伸到168个国家和地区，覆盖5000万家商户和260万台ATM。

在旅游支付工具和支付方式的演进过程中，建立在信用时代基础上的银行信用卡发行及其支付方式对人类经济社会的进步和发展发挥了极为重要的作用。在经济发展和个人收入稳定增长的预期情形下，银行信用卡支付方式的时代力量，激发了旅游者提前旅游消费的欲望，拓展了快捷支付消费场景的覆盖面，加快了旅游业的国际化现代化进程和旅游业发展的速度。

互联网的诞生促进了人类的发展，移动互联网改变了人们的生活方式及其旅游方式。20世纪90年代，易趣、卓越、亚马逊、阿里巴巴等B2B、C2C平台奔跑在把线下购物搬到线上的路上。自此，网上购物、在线交易成为一股新经济浪潮席卷全球，作为在线交易媒介的第三方支付也就应运而生。1998年，中国首家第三方支付平台——首易信支付成立。2003年，阿里巴巴成立了支付宝业务部；2004年年底正式推出第三方支付应用支付宝，买家付款后款项先打到支付宝平台上，等交易完成顾客满意之后，款项再转到卖家手里。支付宝实际上是充当着信用中介功能的虚拟账户，其目的是降低买家交易风险、保证电子商务环境安全，从而推动电商平台线上交易的快速成长。随着时代发展的需要，第三方支付不断更新迭代，很快发展成为集网上支付、电话支付、电子支付、充值卡支付、代收代付等具有清算和融资多功能于一身的支付平台。2011年5月，中国人民银行正式发放首批27家的第三方支付牌照，之后多批次发放了267家。2013年8月，财付通与微信合作推出微信支付，微信支付正式上线，为个人用户创造多种便民服务和应用场景。在接下来的短短几年里，支付宝支付、微信支付、扫码支付、网银支付、手机银行支付一次次刷新着人们的认知，第三方支付给世界带来翻天覆地的变化。更具有科幻大片色彩的是，2019年人脸识别支付伴随着5G时代的来临呈现出如火如荼的态势，第三方支付、各大银行纷纷抢占刷脸支付的市场份额，各个消费场景也纷纷进行刷脸消费的尝试，为人们的生活和旅游消费带来了极大的便利。

移动支付呼应了互联网和移动智能通信技术成熟的时代背景，响应了"大众旅游"时代旅游支付方式的时代力量，人们已普遍习惯享受移动支付带来的旅游生活便利和通畅。未来，旅游数字支付必将在区块链、物联网、5G等新数字技术日臻成熟的基础上，依托人类社会生活生态环境和社会经济技术生态环境顺势而出、如期而至。

第二节　人类旅游生活形态之溢出

如果我们从旅游生活演进过程察看人类旅游发展的过程，那么，当旅游不再是贵人富人等少数人享有的特权而成为人类社会一种生活形态时，划时代的标志就会出现，人类旅游就会进入一个崭新的发展阶段。其实，人类旅游发展的过程也是旅游生活化的演进过程，从旅行活动到旅游活动再到旅游生活是人类旅游发展的必然之路和旅游活动发展的必然归属。因为人类社会生产力的发展推动着旅行和旅游朝着旅游生活从日常生活中溢出的方向在发展。从生活角度看，数千年的人类旅行和旅游发展过程就是日常生活溢出旅游生活的过程，而这一过程正是人类旅游基因延续进化与时代旅游价值取向演进的历史的辩证统一之过程。

综观当今世界，发达国家的人们旅游生活已相继形成，而中等收入国家的占比越来越大，中产阶层占世界人口总数之比越来越高，大部分人口大国已实现脱贫和正在脱贫，大部分发展中国家特别是中国的旅游生活已初步成形；未来，覆盖的国家和地区将进一步扩大，旅游新阶段的旅游生活将进一步走向成熟，这是人类旅游的必然和归属。这一确定性的旅游大是必将延续数百年甚至数千年并深刻影响着人类社会进步和人类全面发展。

一、以生活属性为首位的旅游基本属性

中外学者从旅游的本质、功能、特征等多个不同角度对旅游进行了很多颇有意义的定义。例如，德国的蒙根·罗德认为旅游是为了满足生活和文化等的需要，而暂时离开自己的住地，作为经济和文化商品的消费者逗留在异地与人交往；美国的百特·麦金托什强调旅游引发的各种现象和关系的综合性；中国经济学家于光远认为旅游是现代社会中居民的一种短期性的特殊生活方式，其特点是异地性、业余性和享受性。国际旅游机构和统计机构从统计学的角度对旅游进行了具有现实意义的定义。1942年，瑞士学者亨齐克和克拉普夫提出，旅游是非定居者的旅行和暂时住居而引起的现象和关系的总和，他们不会长期定居，也不会从事任何赚钱活动。这一定义于1970年被旅游科学专家国际联合会（IASET）采纳，并因此称之为"艾斯特"定义。此定义强调非长期的"暂时居住"和"不赚钱"的特征，透出生活的气息和非工作的性质。1991年，世界旅游组织将旅游定义为，一个人旅行到其惯常住居环境以外的地方，并逗留不超过一定时间的活

动，主要目的是在到访地从事某种不获取报酬的活动，该定义于1993年被联合国统计委员会采纳而表述在《1993年国际旅游统计建议》中。此定义突出了旅游的异地性、时间性和非工作性的特征。《2008年国际旅游统计建议》中将"旅游"定义为，一种社会、文化和经济现象，涉及人员向其惯常住居地以外的地方移动，通常以娱乐为动机；并由此确定了游客所从事的各项活动，把"游客"定义为符合某些条件的旅行者，在持续时间不足一年内出行到其惯常环境之外某个主要目的地的旅行者，出行的目的包括休闲度假、娱乐、探亲访友、专业访问、健康医疗、教育商务六大类型。这个定义沿袭了前面几个定义的主要内涵，持续强调旅游是"非惯常住居地"的活动而意涵异地生活的内容；同时，对旅游的"娱乐"目的和旅游主要类型做了强调表述。

  综合来看，对旅游的定义主要集中在旅游与社会等方面的关系、出游的目的、旅行的距离、逗留的时间等维度，它们一方面反映出人们试图从人类旅游的生活、享受、异地等显性基因思考旅游的本质，另一方面反映出人们依循旅游显性基因而把握旅游的多重属性尤其是旅游的核心基本属性的愿望。那么，何为旅游的核心基本属性呢？我们可以先从最具现实意义和时代特征、最具旅游历史纵深、最具旅游本质等维度出发，在多个属性中找出基本属性。上述关于旅游的多个定义中，明显具有人类旅游显性基因的生活属性、享受属性、异地属性最具代表性。再从其中寻找出核心的基本属性。享受属性不仅旅游活动具备，其他诸多活动甚至相关状态也都具备，因而非核心基本属性；几乎所有异地活动包括异地工作状态也同样具备异地属性，因而异地属性亦不是核心基本属性；而生活属性在住居地生活和在异地旅游活动中皆具备，但异地的旅游生活超越了住居地的生活，且住居地的生活不具异地性。因此，旅游的生活属性才是旅游核心的基本属性，旅游的享受属性和异地属性对旅游进行界定性描述的同时，也从不同的角度阐释旅游生活属性的本质和特征，即：享受属性是旅游生活属性最突出的本质之一，异地属性是旅游生活区别于日常生活的最为显著特征之一。

第一，旅游的生活属性。人类生活大致包括物质生活、精神生活和社会生活三大类型，人类生活的进步是生产力发展水平的表现形式，旅游的生活属性也是随着生产力发展而逐步显现出来的。自人类旅行活动始，旅游的生活属性就初显端倪，并随着其发展而不断发展。始于原始社会末期的旅行活动是一小部分人在物质生活相对稳定的条件下，开始有意识地涉足本地之外的异地旅行，在异地满足必要的物质生活的同时，也追求满足愉悦的精神生活；随着参与旅行或旅游活动的社会阶层逐渐扩大，衣食住行用等物质生活异地化，旅游精神愉悦扩大化，社会生活需求更为突出，旅游的生活属性在旅行活动演进过程中逐步增强。近现代旅游活动的生活属性更加明显，人们在旅游活动中，追求异地品质化的物质生活，甚至追求异地物质生活超越本地物质生活，奢华的高星级饭店遍布全球就充分表现出人们追求异地物质生活品质化的心态；在此基础上，人们更加热衷于旅游中的精神生活需求，期待旅游过程中应有的愉悦性，希望在诸如邮轮旅游、娱乐旅游、康养旅游的愉悦过程中消除某些对自己盲目存在的不安，甚至在诸如研学旅行、宗教旅游中寻求生命存在的体验和生命的意义；与此同时，人们在旅游活动中乐于参与和他人交往的社交活动、团体活动、集体活动等，以满足自己的社会生活需要。从人类旅游生活化进程和生活化程度看，旅游的生活属性首先表现为物质生活，其次表现为精神生活，最后表现为社会生活；旅游的生活属性在享受属性和异地属性叠加的情景下，在运动发展中依然保持着应有的核心地位。

第二，旅游的享受属性。人类以赚钱为目的的工作活动不受地域限制，可以在生活本地，也可以在非生活地的异地。而旅游以非赚钱为目的的异地活动排除了工作存在的可能。非工作状态的生活形态天然具有享受属性，而旅游作为非工作活动的一种生活状态，其享受属性与生俱来且随着人类社会发展和进步逐渐彰显而出。享受是人类的天性，也是人类社会进步的原始动力之一。其实，享受属性并非人类的消极属性，而是人类积极向上追求生活美好而非动物本能的一种特色标签。因此，从这个意义看，旅游的享受属性本质就是人们对美好旅游生活的追求。旅游的享受属性主要体现为人们在旅游活动过程中感官和精神体验上的满足感。与日常生活享受属性特别是工业产品带来的享受属性有所区别的是，人们旅游消费过程的享受属性主要来自旅游活动体验过程中满足感所引发的情感因素。因为不仅旅游产品的主要功能本身就包含着享受属性，旅游活动所承载的生活内容的品质越来越超越日常生活。正因为如此，旅游者对旅游体验过程的满意度评价往往为情感因素所左右。为此，围绕快乐、愉悦、好奇、感恩、爱心、温情、热情、振奋、活力等正面情绪的旅游体验之塑造就显得尤为重要了。看来，旅游满意度的评价对张扬旅游享受属性具有特别重要的意义，而旅游满意度的评价遵循享受属性的底层逻辑也必定是题中应有之义，走入歧途的旅游满意度评价则是毫无意义。

第三，旅游的异地属性。旅游定义中的离开"惯常住居地"之"住居地"指的是旅游者住居的地域，而非住居场所或住居空间。异地属性反映的是旅游者旅游活动的地域范围，即旅游活动是旅游者离开惯常生活地域到异域观光游览等的活动；一切非异域的本地域观光游览活动并非旅游活动，而只是在本地空间范围内的移动。这一属性与人类旅游活动源于人类旅行活动直接关联，人类的旅行活动是依托交通工具或个体行走运动而实现的，旅行本身是一个有意识、有目的的空间移动过程，其意识和目的均蕴含着异地域这一基本属性。异地域是相对于本地域而言的，本地域空间以外空间皆为异地域。因此，界定异地域空间范围应首先界定本地域空间范围。判断人类本地域生活空间应遵循发展的观点和人类本地域生活空间的半径变化和发展轨迹。总体看来，人类聚落形成初期，聚落人口少，规模较小，本地域生活空间相对狭小。随着聚落不断发展，聚落人口越来越多，规模越来越大，本地域生活空间由此变得越来越大。从乡村到集镇，从集镇到城镇，从城镇到小城市，从小城市到大城市，从大城市到特大城市和超大城市，在聚落这一演进的发展过程中，人们的本地域生活空间半径越来越大。表象上看，人类本地域生活空间半径的扩张可能是地理位置优越等因素所形成的聚居效应；本质上看，它是随着生产力水平提高而不断拓展扩大的。因此，在旅游空间异地性范畴的语境下，人们在本地域空间的活动不应作为旅游活动，即便现代社会人们离开自己居住空间到本地相关空间开展购物、餐饮、住宿和观光等也不应看作旅游活动，而应看作本地域日常生活的一部分，并以居住空间之外的休闲等方式表现出来。在此，我们感到对旅游异地属性的异地范围界定将会产生对世界上不少国家有关"一日游"概念和统计逻辑的质疑，这的确就是旅游异地属性的基本范畴。总之，旅游的异地属性不仅使旅游生活空间范围与本地域生活和工作空间范围区分开来，而且使旅游生活属性的基础因此更加牢固。

总体而言，旅游的生活属性、享受属性和异地属性同构着与本地域日常生活存在差异的旅游生活。旅游的生活属性是旅游的核心基本属性，它既决定着旅游活动时间的延续和空间的拓展，又决定着旅游活动内容的丰富、提升和形式的新鲜度、焕新感，还突出了人类享受生活的天性和必然性；与此同时，非工作状态下的异地属性增添了旅游过程中享受生活的必然性，使得享受属性成为提升旅游品质和推动旅游活动品质化的不竭动力，进而使得以实现人类美好生活需求为基本动力的旅游业将真正成为永久性的朝阳产业。

二、人类旅游生活形态溢出的必由之路

人类的旅游生活形态是社会生产力发展到一定阶段的必然产物，是旅游活动发展的必然结果，旅游活动发展的过程也是旅游生活形态形成的过程。在人类社会发展过程中，旅游生活出现于人类的生活形态之中，并非无源之水、无本之木，也非与生俱来、一蹴而就的，而是在漫长的人类社会发展过程中，不断地演进和进化，最终从日常生活中溢出的。在人类生活形态发展的过程中，旅游活动最初作为日常生活形态的一个组成部分，对人类社会的进步和发展起到了一定的推动作用；随着人类社会生产力的发展及旅游活动在人类日常生活形态中所占的分量越来越重，旅游作为一种主要的生活形态逐步形成；当生产力发展到一定的程度，旅游作为一种生活形态呈现出与日常生活同等重要而又有别于日常生活形态时，旅游生活形态就必然从日常生活形态中溢出，成为人类的主要生活形态。从旅游生活形态形成的视域看，人类社会旅游发展大致经历了和正在经历着旅行活动、旅游活动、旅游生活三个阶段。在这三个阶段中，旅游的生活属性程度呈现出从低到高、循序渐进的特点，最终水到渠成，基本形成了现代意义上的旅游生活；未来可期的生产力大发展，人们的收入和闲暇将更加丰盈，人类时代旅游价值取向需求的欲望将得到充分满足，而必将推动旅游生活形态更加丰富多彩，发展速度更

快，促进人类旅游生活形态日趋成熟并至更高层级，这是人类旅游生活形成过程的一条必由之路。旅游吸引物、旅游产品、住宿设施等生活化的演进过程从一个侧面反映出旅游生活的形成过程，也从一个侧面反映出生产力的发展推动了旅游生活形态的形成，而旅游生活形态形成的过程又反过来促进着人类社会生产力的发展和人类的全面发展。

（一）旅游吸引物生活化的过程

当人类有意识地开展大规模旅游活动时，旅游作为有利可图的领域而受到市场的重视并成为经营者逐利的阵地。于是，旅游地政府和旅游经营者将旅游吸引物作为吸引旅游者前来旅游的核心要件。旅游业在近代产生后，围绕提高旅游吸引物的吸引度、辨识度而开展宣传推广、营销促销的做法不胜枚举，而随着时代的节奏把旅游吸引物生活化的做法显得十分耀眼。西方发达国家在此先行一步，无论是将自然界的阳光、沙滩、海浪的滨海场景生活化，将森林、草原、湿地的山岳原野生活化，还是将交通设施、住宿设施、餐饮设施、娱乐设施生活化，都是在市场的需求下，完成了一次次的提升和焕新。而改革开放之后的中国，社会生产力大解放大提高，人们的经济条件和闲暇条件大为改善，外出旅游的欲望逐渐强烈，旅游市场规模越做越大，围绕旅游吸引物大做文章的要求越来越高，政府以及市场主体争先恐后地将旅游吸引物作为旅游竞争的主要抓手而表现出极大的热情。

从 21 世纪 10 年代开始，我国国家旅游局从旅游发展的实际出发，审时度势地研判旅游发展形态的大趋势，预判旅游作为一种生活方式并成为生活的主要形态的发展正在加速，旗帜鲜明地表达了对旅游生活的赞美态度。2011 年 3 月 30 日，国务院常务会议通过决议正式将每年的 5 月 19 日设立为中国旅游日，当年中国旅游日的主题是"爱旅游、爱生活",明确宣称着旅游与生活的关系,似在宣告旅游生活的到来。2017年,国家旅游局确定年度的旅游宣传口号为"旅游让生活更幸福",进一步阐释了旅游生活属性的特征。同年10月,党的十九大报告指出,我国社会主要矛盾已经转化为人民日益增长的美好生活需要和不平衡不充分的发展之间的矛盾,要把为人民谋取"美好生活"作为我们党的奋斗目标。紧接着,国家连续多年强调创造美好旅游生活的工作方向和创造美好旅游生活的切入点和发力点:2018年,国家确定年度的旅游宣传口号为"全域旅游·美好生活";2019年为"文旅融合·美好生活";2021年为"绿色发展·美好生活"。全域旅游、文旅融合、绿色发展既说明了旅游工作的重点领域,也明确了旅游生活应该具有的内涵。一连串的显性操作,使初步形成的旅游生活形态在经济社会全面发展的基础上浮出水面并扑面而来。2022年7月26日,文化和旅游部启动了"美丽中国·美好生活"2022畅游一夏旅游宣传推广季活动,旅游生活的主题一再延续、一再成长。地方政府也敏锐地感到旅游生活形态正在到来,从打造旅游目的地和包装、营销城市的角度挖掘旅游生活的内涵、宣传旅游生活的魅力。北京、上海等城市毫不吝啬地对旅游生活开展实践和宣扬。最为突出的是我国著名的滨海旅游城市——厦门市,从2021年起连续几年以"有一种生活叫厦门"作为城市旅游吸引物,在旅游产品形态的宣传推广和旅游产品的生活属性等方面进行了深层的挖掘。厦门市根据市民热情友善、从容淡定、温文尔雅等性格特征所形成的城市生活特质和生活调性,把城市特有的生活肌理、市民在地生活内涵和生活方式作为旅游产品,于2021年包装了"四季生活之旅"系列产品、2022年包装了"潮旅生活之旅"系列产品、2023年包装了"乐活生活之旅"系列产品并进行全面的宣传推广,打破了以景区为主要吸引物的藩篱，突出了旅游生活异地、民间、暂时等基本属性和时代阶段的底层逻辑，彰显了城市生活文化作为重要的旅游吸引物的魅力和城市生活文化个性化的无穷魅力。让人惊叹的是，大批三四线旅游城市甚至县镇也在"旅游叫生活"的宣传队伍中摇旗呐喊。2016年，江西省宜春市靖安县提出有"一种生活叫靖安"；2019年，山东日照市提出"有一种生活，叫日照"；云南大理于2021年初发布了"有一种生活叫大理"的旅游口号，并2022年2月发布国际形象宣传片；江苏省苏州市周庄镇也以"有一种生活叫周庄"的口号进行宣传。这一旅游生活宣传的现象级，不仅表明旅游部门挖掘出旅游地生活特质和民间生活方式使之成为旅游核心吸引物的锐利眼光，更表明我国国民的旅游活动已经初步进入旅游生活阶段。这显然不是偶然，而是旅游发展的必然。占世界人口21.5%的中国，旅游生活已然初步形成，彻底改变了世界旅游生活格局的版图。

（二）旅游产品生活化的主题演进

旅游产品来源于日常生活，又高于日常生活，它是日常生活在旅游形态上的体现。旅游产品作为旅游生活形态的主要载体，充分反映着旅游生活的内容和旅游生活的方式。在旅行活动向旅游活动再向旅游生活演进的过程中，市场需求使得时代性的日常生活如影随形，以至于时代性日常生活的高级形态成为诸多旅游产品开发的蓝本，进而呈现出旅游产品演化过程与时代性日常生活演进过程同呼吸共命运的格局。而正是市场需求的伟大力量成就着旅游产品生活化全过程的历史辉煌。

在欧洲旅游史上，无论是古希腊和古罗马的商务旅游、海上探险旅游，还是中世纪中后期的宗教旅游、求学旅游；无论是欧洲近代的度假旅游、观光旅游，还是第二次世界大战后兴起的保健旅游、文化旅游等，都是时代旅游需求超越人类日常生活需求的表现和延伸。虽然作为超越日常生活的旅行或旅游活动及其表现形式的旅游产品许多时候看上去并非与日常生活直接关联，且距离当今越久远其直接关联度就越低。但是，人类日常生活的底层需求一直引致着旅游产品生活化的演进逻辑，随着旅游从少数特殊阶层的特权享受演进为社会各个阶层普通大众均能享受的旅游生活，这种逻辑就越来越清晰明了。因此，从这个角度看，承载着旅游生活的旅游产品生活化的过程，不仅表达着旅游产品天然与日常生活有着必然的联系，而且反映着旅游从小众到中众再到大众的发展过程，其实就是旅游逐步生活化的一个唯有如此的历程。

当今中国，旅游生活形态趋向浓烈，旅游生活化的色彩鲜艳。人们已经厌倦了旅游活动如同日常生活般简单重复和重叠，希望旅游像在自家一样轻松自然的同时，营造出一种类似于日常生活但又超越日常生活的更高级、更有文化含量的美好生活场景。乡村旅游似乎十分应景，那种提供一种迥然于城市单调生活的、具有乡村气息又有城市居住配套功能的产品，契合了当代人对乡村质朴生活的渴望。乡村酒店一晚3000元的房价可能已经打破了许多人的认知，但却稀松平常、一房难求。因为许多城市的年轻人周末到访乡村，不是为了看景区，而是为了发呆；不是为了研学知识，而是为了安放心灵、恬静地生活着。更有甚者，人们已经在时代潮流中努力构建时代所需的多姿多彩的旅游生活：在那些传统场所中搭建起现代生活，在那些高科技应用之中打造标签化的场景生活，在那些匹配的物料中建造精致的品质生活，在那些良好的生态环境中贯彻着低碳生活，在那些人文和谐区域中创建主客共享的社区生活，在那些文化遗产和民俗活动中托出契合价值观的文艺生活，在那些童话畅想氛围中塑造安放亲情的亲子生活。这些时尚潮流的旅游生活产品彰显着旅游产品生活化的常态化和时代化，蔚然成风的美好旅游生活产品正在成为时代的宠儿和市场追逐的对象。

浙江乌镇也许是时代宠儿中的典型代表。为什么浙江乌镇开业以来旅游者一直络绎不绝？其实"生活化"是其产品充满活力和魅力的核心和精髓。乌镇这个水乡生活景区，源于生活，超越于生活，那种江南水乡生活的意境，表达着水乡生活的诗意和内涵。乌镇是成功的，它的成功在于他们以原生活形态进行的再创造，创造者的高明之处在于他们打造的建筑、景观等硬环境比自然状态的水乡更有水乡生活的意境，比原有的生活更有味道、更具生活气息。整个乌镇景区的各种业态以居家方式进驻，每个餐饮小店、商品小铺、民俗小居，都有匹配的招聘和选择；经营者们携家带口，按照水乡生活的传统方式生活并且经营着。精心设计和营造生活化的意境是乌镇成功的重要因素，它呼应了当今社会现代都市人在紧张工作情景下的生活需要，一方面希冀枕水而居、伴水而眠，过原生态的生活；另一方面乐于享受精品住宿及文学戏剧、互联网等现代生活方式观照下的现代生活。看来，现代生活要素和传统生活意境的融通是乌镇的要义，是现代旅游生活美学的上品境界。

（三）住宿设施生活之魂的主题演绎

住宿设施作为人类旅行活动、旅游活动和旅游生活的最基本和最重要的设施之一，其生活化的过程既传达出社会生产力发展的水平，也彰显着旅行活动、旅游活动和旅游生活演进过程中诸多信息以及旅游生活发展的必然规律。人们普遍认为，世界饭店发展主要经历了客栈时期、大饭店时期、商业饭店时期、现代新型饭店四个阶段。这四个发展阶段与其说是饭店使用功能的发展提升过程，不如说是饭店生活功能及其生活服务水平的发展提升过程，它反映着人类总是希望外出旅游消费时的住宿生活享受超过居家住所生活的享受，由此而使得饭店生活化依循着以人为本的方向发展。

古希腊旅行者的住宿设施——客栈，只为旅行者提供晚上的休息场所，如果客人想洗澡，只能自备毛巾到街道上的公共浴室。客栈生活化水平十分低下。

罗马帝国时期的旅店是在四通八达的交通沿途由政府设置的驿站的基础上发展起来的。每隔三十公里一个驿站，设施较为齐全，有餐厅供应饭菜和糕点；有供暖系统可保旅客安然过夜；有为马车服务的"停车场"等。最初仅供皇帝使臣或政府公职人员住宿和公务中途歇息，后来开始接待民间普通旅客。随着旅行者不断增多，政府又在沿路开设了官办旅店，满足旅客吃、住等方面的需求。旅店生活化水平明显高于古希腊的客栈。

西欧进入黑暗的中世纪后的初期几百年间，旅行住宿设施生活化水平在罗马帝国时代因路网遭到毁坏而大幅下降，住宿设施很不发达，整个欧洲的客栈寥寥无几，"以致旅行者不得不随身带着粮食和取火匣，有时还要露天睡觉"[①]。11世纪，旅馆开始在英国伦敦出现；十字军东征刺激了旅馆业的发展，公路上，每隔十英里或十五英里就有一家旅馆，但房间比较拥挤，有时候两个旅客合睡一张床。中世纪后期，客栈、客店、旅馆、大旅馆以及豪华的接待大厦等不同层次的旅行住宿设施陆续出现，满足着不同层级的旅客需要，住宿条件有了很大的改善。在欧洲城里，除了旅馆之外，还有娱乐场所、休闲场所、公共浴室、酒

---

① （美）汤普逊.中世纪经济社会史（下）[M].耿淡如，译.北京：商务印书馆，1984：171.

店、公园、赌场甚至妓院供旅行者享用；在新大陆，美国第一家客栈——白马客栈，增加了啤酒柜、保龄球、草坪等富有吸引力的设施，并以超前水平的服务，初现超越家庭住所日常生活的端倪。

18世纪后期，资本主义制度已在欧洲基本确立，社会财富大量增加，欧美国家开始走出客栈时代的设施简陋、经营粗放的窠臼，兴建了一批规模较大档次较高的饭店。19世纪，既有为富有旅游者服务的大型豪华饭店，也有满足普通旅游者需求的商业饭店。而铁路时代的到来，一改过去沿着公路建设客栈的习惯，引发起在城市中心建设饭店的热潮，城市良好的配套设施为旅游者的旅游活动增添了更为丰富的色彩。如此等等，住宿设施朝着超越日常生活发展的路径更为清晰。

19世纪初，在美国波士顿兴建的特里蒙特饭店被誉为"现代饭店业的始祖"。它设置了前厅登记入住和行旅服务，首创开设单人房间和双人房间，房间里备有脸盆、水罐和免费肥皂，提供法式餐饮，尤其是对饭店服务人员进行相关培训等，在许多方面超出了日常的家庭生活。之后，类似的饭店在美国各地竞相涌现，各旅游胜地的饭店建设也在加快速度，仅在宾夕法尼亚一地，游乐胜地的饭店一度多达30多个。

20世纪初大批商业饭店涌现。美国是当时商业饭店最多、规模最大的国家。1908年，第一家斯塔特拉饭店在布法罗开业，每套房间都设有浴室，冰水供应、通宵洗衣、送报上门、客服电话等服务项目一应俱全，特别是饭店将服务标准统一规范化，推行到所有的斯塔特拉饭店，"顾客第一"的服务理念崭露头角，生活化的演进加速增值。

20世纪50年代后，旅游住宿设施在旅游者大幅增长的背景下，发展迅速，饭店功能依然依循着满足人们在外生活品质高于家庭生活品质需求的逻辑向前发展。以 1952 年在美国旧金山开业和 1963 年在美国纽约落成的希尔顿饭店为代表的综合型饭店，就是高端生活功能扩展的典型。综合性饭店功能除满足旅游者对食、住、安全等基本的生活要求之外，还进一步拓展家庭日常生活的内涵和外延，休闲、娱乐、社交等功能增强。建设在海边、湖边、山地等环境优良地及风景名胜区的度假型饭店，除了进一步在室内拓展休闲、娱乐等生活内容，如乐队表演、狂欢节目等之外，还特别依托优质的沙滩和广阔的大海、优美的景色和荡漾的湖面、优良的空气和山体景观，增设了游乐园、游泳池、运动场、滑雪场、观景地等，强化了各种户外娱乐功能，为崇尚高品质休闲度假的旅游者带来不同凡响的生活体验，以及天人合一、人与自然融于一体的天然生活境界。与此同时，适应不同圈层人群外出生活的需求，汽车旅馆、青年旅馆、分时度假饭店等业态相继出现，生活化的功能依然最为突出。这一个时代，饭店服务作为旅游生活品质最重要的组成部分之一，比以往任何时期的发展都要迅速。世界发达国家着眼于服务质量的标准化，推出了星级饭店评定的做法，促进了旅游生活形态的形成。

21 世纪以来，旅游生活的逻辑引致着住宿设施继续向前发展。商务型饭店针对一般旅游者和商务旅游者的体面、精致、舒适的要求，创造着非凡的品质生活空间，满足旅游者的高端生活的需求；度假型饭店针对休闲度假旅游者的轻松和放松、恬静和休憩、放心和舒心的需求，营造出跨越日常生活的无作尚息的理想生活状态，让休闲度假者享受人生的静默时光和生活的美好；会议型饭店针对会议和展览旅游者参会参展后的旅游需求，打造热络、开放、社交的生活场景，使会展旅游者旅游生活丰富多彩。这些饭店以人类生活的基本逻辑演绎着宾至如归、品质精致、静谧惬意、社交娱乐的生活气息，不仅满足着旅游者的美好旅游生活的大部分需要，而且承载着人们心灵休憩的港湾效用和人们对人生一方净土的渴望。

2010年以来，中国民宿遍地开花。在城市，人们把空闲的房屋整理成为具有地方文化特色的温馨住宿场所供旅游者使用；在乡村，人们按照城里人爱好洁净的生活习惯，把多余的房屋装扮成在地民间风格，使用地道的地方食材，用民间特有的烹饪方法，为旅游者捧出诚意满满的饭菜；在山地，依山而建的山居民宿，让旅游者浸泡在民间文化奇妙的调性之中和水墨丹青式的诗意生活意境之中；在湖边水边，水的灵魂和时代气息融会贯通于整个民宿所有场景，旅游者在心泊彼岸而流连忘返之中感叹着惬意的人生旅游生活；在海边，民宿环顾着沙滩、海鸥、浪花和千百年的海洋文化，迎来一批批旅游者，他们迎着星辰大海踏浪而来。如此等等，唯美的民宿演绎着国人对美好旅游生活的理解和思考，表达着旅游者对自然而然的文化生活气息的崇尚。住宿设施生活化在中国的民宿不仅演绎为民宿生活文化，而且正在演绎成一个个生动的生活故事。

未来如何，我们可能无法准确预见，但旅游住宿设施生活之魂的演绎将是永远不变的主题。

三、人类旅游生活形态的文化、美化和娱乐化

人类的旅游生活经过了生活旅游化和旅游生活化而与日常生活相对而存，表现出自身特有的文化、美化和娱乐化的特征。

一是旅游生活的文化（文化在这里作为动词使用，表达人类旅游生活形态"被文化"的现象）。旅游生活的文化是旅游生活从日常生活溢出的关键因素之一，它是旅游生活发展过程中被文

化的过程。以柴米油盐酱醋茶为基本要素的日常生活被浸泡在人类年复一年日复一日的发展进程中。然而，人们并不满足如此生存型的平淡生活赋予日常生活的文化味道，让日常生活被"草根文化"所文化。日常生活被文化的含量和质量与旅游生活被文化的含量和质量相比，虽然明显占有先发优势，其厚重深沉使相关论述汗牛充栋。但是，从赛道转换的角度看，后发者并不一定是弱者，二者可能各有千秋、各领风骚。日常生活被文化的内容是以民间文化和民间习俗为主的"草根文化"，旅游生活被文化的文化内容基本上是"顶流文化"。

　　旅游生活被顶流文化影响而文化的过程集中表现在三个方面。首先，作为旅游生活主要载体之一的文化旅游产品，它所包含的顶流文化IP一直以来就始终贯穿在人类旅行和旅游活动中。在古埃及、古中国、古希腊、古罗马的人们旅行活动中，那些名胜古迹、名人名山、亭台楼阁、神庙人像、广场竞技场等都是旅游产品中的常客且处于核心位置；近代社会人们的旅游活动热衷于博物馆、宗教场所、古代建筑等十分突出文化IP的景观，它们在旅游产品中处在C位；在现代的旅游活动中，历史文化景区更是人们旅游活动中的必选项目，故宫、长城、兵马俑、黄鹤楼、岳阳楼等，几乎都是当地的头牌旅游产品，几乎是每一个中国旅游者旅游生活之始的追求。因此，旅游产品的文化过程随着人类文明程度进步而不断强化并显示出不可阻挡之势。其次，人们在旅游活动过程中甄选的文化景点几乎都是旅游目的地最具代表性、最具特色的文化IP。在出国旅游期间，赴法国旅游，必到卢浮宫博物馆、香榭丽舍大街、凯旋门、埃菲尔铁塔、巴黎圣母院等文化IP处，感受灿烂的法国文化；赴俄罗斯旅游，一定会到克里姆林宫、莫斯科红场、圣彼得堡冬宫、彼得大帝夏宫、基督复活教堂等历史文化IP处，感叹特色的俄罗斯文化，徜徉在旅游所在国最为突出的文化海洋里。在国内旅游期间，到西藏旅游，必去布达拉宫、大昭寺、白居寺、扎什伦布寺、桑耶寺等藏传佛教文化 IP 景点，感知厚重的藏传佛教文化；到河南旅游，理所当然要去龙门石窟、嵩山少林寺、清明上河园、开封府、包公祠等历史文化 IP 景点，感悟中华悠久的历史文化，翱翔在旅游目的地浩瀚文化的天空里。这些承载着文化基因的景区让旅游者的旅游生活充满着浓郁的文化气息，旅游者的旅游生活就这样被强烈地文化着。最后，旅游目的地的那些极具魅力的顶流民间文化和民俗文化从来都是旅游活动过程中不可缺失的标签内容。人们总是怀着好奇和崇尚的心情，一次次走进世界非物质文化遗产和国家非物质文化遗产发源地和孕育地，沉浸在民间文化和民俗文化的历史印象中，感悟浩如烟海灿若星辰的人类文明的基因。许多欧美发达国家的旅游者在游览中国的过程中，世界非物质文化遗产如昆曲、京剧、书法、针灸、珠算等与世界文化遗产一样，同样是他们感受中国传统文化的坚定选择；而国人在旅游过程中越来越把体验在地国家和地方非物质文化遗产作为旅游生活的主要内容。厦门的中秋博饼民俗文化活动吸引了全国大批的旅游者在农历八月到访体验，好运文化温暖着旅游者，传递着民俗文化兴盛的信息，旅游者因而乐此不疲、流连忘返。

　　旅游生活过程中的旅游文化活动滋润着旅游者，旅游者的旅游生活几乎整个浸泡在"顶流文化"之中，旅游生活被强烈地文化着，因而旅游者文化的获得感和满足感必然不同于日常生活中对"草根文化"的感觉，由此，旅游生活的文化成为旅游生活溢出于日常生活的关键因素之一。

　　二是旅游生活的美化。旅游生活的过程就是旅游者作为生活主体对旅游食住行游购娱等客体的情感观照和心理体验。因此，当美化旅游生活、提高旅游主体美好心理体验和主客体情感交流成为旅游生活应有之义时,旅游生活的美化就成为旅游生活溢出于日常生活的主要因素之一而脱颖而出。在旅游生活美化的体验过程中,作为旅游生活主体的旅游者置身于由旅游生活供给者营造的景观和场景等客体之中,主体的个人情感在景观和场景等客体中产生共振并得到释放,形成旅游生活主体和客体共同塑造着旅游生活景观和场景之美,进而产生一种主客之间的情景交融,赋予客体景观和场景诗性的文化人格和深厚的文化内涵,使旅游生活的主体和客体在双向的情感交流中获得愉悦体验。所以,人类旅游生活的主要环节即旅游活动作为旅游生活体验中的最为基本内容,总是被不断赋予了美化的需求和美化的含义。其一,美化旅游活动的过程,既是旅游客体景观和场景的供给者为适应市场需求抢占市场份额的需要,也是旅游主体对旅游生活美于日常生活的希冀。从旅游生活主体对旅游产品的需求和旅游客体的产品供给者对旅游产品的态度看,旅游产品的研发、开发、包装过程,已经对旅游产品进行了应有的适配性的美化;旅游产品供给过程的诸多环节尤其是营销前的包装环节,美化的手笔会不遗余力,甚至可能锦上添花;旅游产品的消费环节,旅游者对旅游产品审美感受的情感反映决定着对旅游生活相应产品的满意程度。故此,从这个角度看,旅游者期望的旅游生活既是一种生活美化的审美体验,更是一种生活美化的审美实践。其二,旅游生活美化随着经济社会发展和人的生活趣味以及审美品位的提升,艺术化的审美逐渐进入大众阶层,出现了"生活美化"和"美化生活"的融合,在生活旅游化与旅游生活化的相互交织的进程中形成了时代潮流的趋势。人们在旅游活动过程中,以审美的趣味审视着旅游客体的方方面面,希望在非日常生活环境中能够获得与日常生活不一样的旅游生活审美体验。这种审美需求贯穿旅游活动的全部过程,涉及几乎所有景观场景和食住行游购娱等多个环节,呈现出人类对美好旅游生活需求的内在要求和现实反映。其三,旅游生活的美化是旅游生活品质化的必然要求。在相同时间尺度下,旅游生活异地性和短期性的特征使得旅游生活所花费的费用高出日常生活数倍,这决定了旅游者对旅游生活品质的要求超过对日常生活的要求,而美化旅游生活产品和景观场景就成为供给者必然的选择。旅游生活的美化功能将随着人类日常生活和旅游生活的不断发展而被强化、被表现、被呈现,而满足旅游者美化旅游生活需求的供给者,必将得到旅游市场精彩和有效的反馈。

由此可见,旅游生活美化既是旅游生活化的必然体现,也是旅游生活品质的必然要求。在旅游生活美化的过程中,人们所看到的不仅是旅游生活美化的呈现形式,而且获得了旅游生活审美的情感升华。

三是旅游生活的娱乐化。旅游生活的娱乐化是旅游生活溢出于日常生活的核心要素之一。第一,旅游生活娱乐化以聚集性集中式的旅游娱乐供给为基本特点。与日常生活间歇性的娱乐方式不同的是,旅游生活短期高花费的特点使得旅游者普遍要求在有限的时间内尽可能享受更多的娱乐项目和娱乐内容。邮轮上的娱乐项目在空间上的聚集和在时间上的延展很好地满足了旅游者的娱乐需求;美国拉斯维加斯、大西洋城和摩纳哥公国、中国澳门等类型的娱乐型旅游城市,把多种娱乐项目聚集性集中式供给发挥到了极致;而迪士尼主题乐园、方特主题乐园、长隆动物园、环球影城、欧洲主题公园、布希公园乐天世界、太阳马戏城等娱乐公园以点状聚集集中娱乐的方式,充实着旅游者的旅游生活;体育比赛和体育节事活动、演出和演艺、文化艺术等,汇集集中于旅游者的旅游生活中。第二,娱乐是人们外出旅游的主要动机和动力之一,是推动旅游活动娱乐化的主要力量,表现于旅游活动的全过程。人们总是希望外出旅游具有娱乐性而轻松愉快，旅游过程的娱乐化即是实现娱乐旅游动机的主要手段。因此，除旅游六要素之一的"娱"为明显的娱乐标签之外，旅游景观、旅游场景、旅游产品、旅游活动等在设计、开发、包装过程中根据市场需求也被不同程度地娱乐化。人们在旅游中可以看到飞流直下三千尺的安赫尔瀑布，也可以观赏静静的贝加尔湖；人们可以沉浸在厦门鼓浪屿的万国建筑街巷之中，也可以聆听悠扬的钢琴声从一幢幢鼓浪屿别墅的窗口飘出。娱乐在旅游者的观赏感受中扇动着天使般的翅膀飞进人们的心房。第三，在非旅游活动时间和空间里旅游者表现出与日常生活不太相同的娱乐需求，如旅游者在旅游过程中对桑拿、SPA、推拿、足浴等保健性娱乐活动和卡拉OK、歌舞厅、夜场等娱乐活动的需求旺盛，而在住居地进行这类活动则多少有点躲躲闪闪，原因主要是异地的私密性高过居住地。

总之，旅游生活的娱乐化源于旅游者的旅游动机和旅游期间的特殊需求，而表现出聚集性集中式旅游娱乐供给的基本特点，旅游生活在娱乐化之深厚土壤中根系更加发达和开阔。

四、人类旅游生活形态成熟的三维推力

人类的旅游生活已基本形成，未来必将逐步走向成熟。在众多推动人类旅游生活走向成熟的力量中，科学技术的进步力量最为强劲，其中，虚拟空间技术、人工智能技术和交通工具技术发展进步的"三维推力"最为耀眼。

（一）"元宇宙"构筑着旅游生活的"时空隧道"

近几十年来，人类社会的互联网技术、通信技术和新数字技

术空前发展，给人类生活带来前所未有的巨大进步，其中，新的"元宇宙"观念的提出和世界相关科技资源加速集聚于此，特别是新数字技术加速发展，将强力促动人类旅游生活非同寻常的显著演进和跃升，人类旅游生活的空间将从实体空间向虚实融合空间转变，人类旅游生活的时间将从现实时间向过去时间、现在时间和将来时间的融通时间转变，旅游生活的"时空隧道"将满足人类绝大部分的愿望和需求，"旅游"的生活属性可能会因此消失而旅游也将可能被重新定义。

互联网的发明和普及应用，形成了"互联网 + 旅游"模式，促进了旅游生活的基本形成。在线旅行社形式的 OTA 和在线平台及团购的 B2C 销售模式，扩大了旅游者遴选旅游产品的范围和旅游生活的自由空间；旅游产品供应商通过聚合旅游大数据而精准判定旅游者的需求，进而把旅游产品精确配置给旅游者的 C2B 预定模式，提升了满足旅游者个性化旅游生活需求的程度；通过互联网将部分旅游消费者转换为销售者，把闲置的产品销售给有需要的旅游者，实现线上线下融合 C2C 的商业模式，拓展了旅游生活体验角色的体验融合空间。

移动智能通信技术的广泛应用，推动了移动互联网深入全面地渗入旅游业，改变着旅游传统的商业模式，促动着旅游生活的演变和成型。移动智能技术的快速发展使在线旅游得以真正形成，使得人类旅游生活转型。在移动智能技术广泛应用之前，"在线旅游"行为仅发生在旅游前与旅游后，而"游中"环节一直缺失；旅游中充满着意外和惊喜，没人可以面面俱到提前计划在目的地所有的"吃住行游娱购"。其实，旅游者一旦到达目的地，消费的欲望会在各种因素刺激下产生很多计划外的选择与购买，而这一旅游中多变且琐碎的需求却一直未能得到真正的满足。智能手机的出现，移动互联网的崛起，让人们找到了解决这个难题的方法。移动智能通信技术在途服务的广泛应用，使旅游者当时当地的移动化、位置化、个性化、自助化的"吃住行游娱购"之需求得到了很好的满足。

2021年，扎克伯格宣布将Facebook改名为Meta，元宇宙的概念引起了社会各界的广泛关注。在当代科技和生产力生态背景下，"元宇宙"这一预划而尚未清晰的未来图景，犹如超级磁铁甚至"宇宙黑洞"，吸引着多领域、高层级的资源和资本集聚于此，从而大大加速它的发展及其相关技术的应用。未来，在时代科技生态的优化之下，大数据、云计算、物联网、区块链、人工智能等新数字技术必将狂飙突进，而5G的应用、6G和7G的研发以及星链的发展必将促进新的通信技术高速发展，各种信息包括图、文、声、像等处理技术以及AR、VR、XR、MR等综合音像技术将一日千里并日趋成熟，"元宇宙"的图景将提前数十年奔向人类，人类的学习、生活、工作将发生巨大的改变，而旅游生活将在成熟的征程中焕发出青春的光芒。

从时间维度看，"元宇宙"将可能为人类的旅游生活打通过去、现在和未来的时间通道，现实的现在、重置的过去和虚拟的未来之三维时光在同一空间同构着时间穿越的感官感受和心理体验。许多旅游吸引物和旅游景观将依旅游者之意愿在人类三维时光里以自由切换的方式呈现；旅游活动和旅游住宿将可能在现实时光里安放旅游者需要的其他时光维度的感知和体验。"元宇宙"可能让人们的旅游生活时光漫步在自我个性化的空间里。

从空间维度看，"元宇宙"所要构建的虚拟空间将与实体空间相平行、相融合，旅游生活的文化、美化和娱乐化将在虚实空间上得到无限的拓展，而这一切将以人们的意志为转移。换言之，旅游生活文化、美化和娱乐化的形态和层级多样多变，满足着不同旅游者的不同文化、美化和娱乐化的生活需求。同时，虚实空间平行和融合必将导致异地旅游空间本地化，旅游者足不出城就可以在本地感受和体验远方的诗。这将不仅仅是从实体空间到虚实空间的变化和转换，而且是旅游生活场景表达方式和体现形式的主导者之变化和转换。

以人为本将是未来"元宇宙"所构建旅游生活之"时空隧道"的出发点和立脚点，人类的旅游生活将在享受属性极力放大的基础上迈进成熟阶段，而异地旅游生活属性将受到旅游生活享受的挑战，以至于可能开启旅游定义的新赛道。

（二）人工智能促进旅游生活时变、景变和感变

2016年开始，全球掀起了以人工智能为热词的新一轮技术和应用热潮。以模拟人的某些思维过程和智能行为为主要特征的人工智能迅猛发展并将逐步趋向成熟，在不久的未来必将大量和普遍应用于包括人类旅游生活在内的诸多方面，推动人类的旅游生活"时变"、"景变"和"感变"，从而促进旅游生活走向成熟。

人类旅游生活的时间将在人工智能推动下发生"时变"。旅游生活时间充盈是旅游生活成熟的重要标志之一。人工智能的发展和广泛应用必将大幅度提高劳动生产率，减少人们的劳动时间，工作时间和工作日将逐步缩短，而非劳动的闲暇时间将不断增加。在人工智能带动生产力突进的背景下，经济社会全面发展，人们的外出旅游时间必然增加，人们的旅游生活时间必然变长。未来，人类社会的旅游生活时间长度必与日常生活相媲美，甚至可能还会带来意想不到的惊喜，从而笃定地促进着人类的全面发展。

人工智能普遍应用于旅游生活全过程而呈现出以景区、景点、景观、场景为核心的食住行游购娱诸多方面的旅游生活要素的变化。这个"景变"是人工智能引致人类旅游生活变化的重要

环节，它是人类旅游生活"智变"的表现形式。没有旅游生活要素的变化，就没有旅游生活感受的成熟。未来，人工智能广泛应用于旅游生活六要素，将使得：吃的内容呈现大众标准化和圈层个性化特色，吃的环境新颖化和舒适化；住的环境场景化和娱乐化、住的空间精致化和智慧化；行的进程流畅化和快速化、行的设施便利化和智慧化；游、购、娱的人性化、智慧化和所有旅游生活要素服务的流程化和温馨化。这些变化都必将有力推动人类旅游生活成熟而昌盛。

"感变"是人类在旅游生活过程中的感受在人工智能下发生的变化。这种"感变"是基于人工智能渗透在旅游产品的方方面面，使得人们对旅游吸引物，以及旅游过程中的饮食、住宿、交通、游览、购物、娱乐等感受发生了以人为本的较大变化。一方面，人工智能在各种旅游产品和各种旅游空间的表现和表达随处可见、随处可感，新奇、细致、妥帖以及标准化和个性化融合的服务让人拍案叫绝；另一方面，人工智能的许多服务取代了人工服务，这对许多旅游者感受变化的适应性提出了匹配性要求。同时，最为重要的是市场规律将促使旅游产品的供给者对旅游者的旅游生活提供适配性方案，将从"按有而需"到"按需而有"的巨大转变，人工智能应用于包括旅游服务在内的旅游产品之中，人性化、个性化、定制化将是旅游供给侧的主要形式，人们旅游生活的舒适度将与旅游生活成本相匹配，这种"按需而有"的个性化旅游生活将极大地提升人们真实需求的满足感，旅游生活的体验度由此大幅度跃升。

人工智能对旅游生活形态影响之"三变"，使人类的旅游生活形态越变越有人性，越变越有品质，越变越有智慧，人类的旅游生活将在"三变"中走向成熟。

（三）交通工具突进使人类旅游生活时空倍增

随着科技发展的步伐进一步加快，以人为本的交通工具发展路径必然延续，交通工具的突进将是一个必然的趋势。人类交通工具将进一步依循提高速度、提升舒适度和扩大应用范围的三个主要路径朝前发展，从而推动人类的旅游生活走向成熟的康庄大道。

交通工具的速度大提升，对旅游生活的影响有三点：其一，缩短了人们旅游生活的空间距离。据有关报道，美国正在研究一种全新的交通工具——胶囊列车，车行速度将是飞机的两倍以上，从纽约至北京仅需2小时，环球旅行只需6小时，人们单位小时的旅游半径将被放大数倍，旅游生活的幸福感也将因此倍增。其二，增加了人们旅游生活的时间。即便在交通如此发达的现代社会，人们旅游所花在旅途中的时间仍然不少，旅行交通时间的缩短，意味着旅游生活时间的增长，人们的获得感增加。其三，提升了旅游生活的频次。快速的旅游交通工具，让人们说走就走的旅游梦想变为现实，旅游生活变得如同平常，与日常生活时间平分秋色的可能性大为增加。

交通工具的舒适度大提升主要表现为对旅游生活品质的影响。现代社会的旅游交通工具主要为飞机、火车、汽车、船只等，它们舒适度之高低除速度之外主要取决于活动空间大小和设施设备优劣和多寡。邮轮既作为旅游目的地又作为旅游交通工具，其活动空间和设施设备高度生活化使得它的舒适度较高；高速铁路列车设施设备远好于普通列车，舒适度明显高于普通列车。未来交通工具的发展路径除速度维度之外，舒适度也将是一个一如既往的基本维度。依靠实体空间来提升空间有效率十分有限，虚拟空间能有效平衡实体空间的不足，很可能是未来的主要方向。虚拟空间的无限延展性,让人类旅行的美好生活充满着无限的遐想。

交通工具升级和旅游应用将拓展人类旅游生活空间。目前,地球陆地上绝大部分空间已为旅游生活空间,而南极和北极、雪山和沙漠将在交通工具升级和拓宽旅游应用的背景下,逐一成为新的旅游生活空间。海洋空间也将是人类旅游生活空间拓展的下一个新空间,而海洋交通工具特别是潜水交通工具的升级和旅游应用将促进非军事海洋空间的旅游生活化。天空、太空甚至月球在宇宙飞船等旅游化应用下,也可能成为人类的旅游生活新空间,在未来翱翔于苍穹可能不再是梦想。

第三节 旅游经济之融合属性

所谓一业兴百业兴、一业带百业,既反映出旅游产业对其他产业的影响和作用,也反映出旅游产业与其他产业的高度关联性。互换位置就会发现旅游产业的兴旺某种程度上是"百业"兴旺的表现。"一业兴而百业衰"与旅游产业高度关联性相悖,尽管在某些特殊时段或某些特殊的经济背景下,旅游产业可能出现"一枝独秀"的现象,但并不是其自身底层逻辑使然。换言之,百业兴旅业兴,百业带旅业。它说明了旅游产业与其他相关产业发展高度关联,旅游产业"高关联度"正是旅游经济具有鲜明"融合属性"特征的关键和依据。旅游经济之融合属性是影响人类旅游长期未来的重要确定性。

一、旅游经济融合属性的基因

旅游产业的"高关联度"是旅游经济融合属性的天然基因。

人类旅行活动兴起之时，就直接关联着吃、住、行多个要素；旅游活动兴旺，伴随着吃、住、行和游、购、娱多种要素的发展；旅游生活被溢出，固然为人类社会生产力发展所赐，但更是各种产业及其物资高度融会贯通的结果。近代以来，随着旅游产业的形成和发展，旅游经济走上主要经济门类的舞台，而"高关联度"作为旅游产业形成和发展过程中一条鲜明的主线，使得旅游产业及旅游经济发展的进程充满着融合属性的鲜明色彩。

旅游产业及旅游经济尚未独立于其他产业和其他经济之前，融合已在人类的旅行和旅游活动中悄然发生着。在人类旅行活动初始时期，人们有意识地把日常生活的吃住等基本活动移至异地，或在异地就地取材而延续着日常生活的吃住等内容。人们初始旅行活动中以游历为核心的日常生活消耗牵涉多种产品，如食物、用品、耗材等；涉及多种初始经济形态，如初始餐饮经济、住宿经济、农业经济、手工业经济等；牵引着与之相关联的多种初始经济形态产生变化和发展，推动了初始农业、手工业等向前发展。在此过程中，仿佛有一只无形之手牵引初始旅行活动多方融合，而这只无形之手就是各种事物的黏合剂"高关联度"，它即是人类初始旅行活动的原始基因。"高关联度"这一初始旅行活动融合多种行业的原始基因，在人类的旅游活动演化过程中代代相传，不断促进着、推动着旅游产业的融合发展和旅游经济融合属性的日益显现。

人类旅游活动兴旺复制了"高关联度"这一原始基因，使得以旅游为核心的旅游活动之"高关联度"基因的外延和内涵逐步拓展。在18世纪60年代至19世纪中期工业革命时期,欧洲部分国家的经济取得了前所未有的发展,加上蒸汽火车的出现带动旅游人口大幅增长,人类真正意义上有组织的旅游活动兴起和兴旺,推动了餐饮业、住宿业、交通业、娱乐业、商业等围绕着旅游游览活动不断聚集和黏合,旅游与相关产业之间的关联度逐步提高,在有力推动着旅游经济走向成型的同时,也进一步强化了"高关联度"基因在旅游活动中的进化,使得旅游经济在成型之前已经显现出融合属性的某些特征。

人类旅游生活的溢出推动着旅游经济融合属性光芒闪耀。第二次世界大战之后,世界经济高速发展和民用大飞机大发展促使人类旅游方式发生着质的变化,旅游日渐成为广大民众生活中的一部分,人们的旅游活动逐渐从日常生活中溢出,旅游经济进入了成型期并逐步趋于成熟。在此进程中,旅游产业与相关产业的关联度不仅没有削弱反而进一步提升。特别是互联网以及数字技术在旅游领域和相关领域的广泛应用,移动智能通信的普及,人们旅游生活的便捷度、舒适度、自由度大为提高,旅游产业"高关联度"基因朝着更深层次、更广阔空间与相关产业相互渗透和融合的方向进化,旅游经济携手相关经济在"+旅游"和"旅游+"融合发展的道路上越来越显得突出和耀眼,旅游经济的融合属性已然定格在人类旅游发展的历史上和人类经济发展的历史上。

二、旅游经济融合属性的表征

旅游产业"高关联度"基因在人类旅游活动的历史岁月中延续和进化,在萌生、发生、发展和促进旅游经济走向成熟的过程中,"高关联度"始终发挥着重要的不可替代的作用。在此过程中,旅游经济的融合属性逐步凸显,由融合特征彰显为融合属性,这在人类社会经济发展史上是罕见的。当今旅游经济鲜明的融合属性正在加速强化,表现为旅游要素间和旅游产品间的融合度仍在加速提升,旅游产业和旅游区域的融合仍在加速前行,它们将在加速度中寻找属于自己的内在联系的方位和外在的表达形式。

旅游要素间的融合进程是旅游经济融合属性耀眼的核心。在生产力和经济发展水平提高的过程中,旅游要素间的高关联度不断提升和彰显,吃住行游购娱成为旅游者旅游生活的必选和必备内容和项目,一项都不能少已然成为绝大多数旅游者的自觉追求和不自觉的习惯。以旅游者消费为核心的旅游要素的聚合程度在高关联度高黏性黏合下,一次一次被刷新、被焕新,整体性旅游消费逐步代替零散性旅游消费,联动性的旅游消费不断取代孤立性的旅游消费,流动性的旅游消费时常碾压静态性的旅游消费,高端性的旅游消费空间抢占低端性的旅游消费空间,它们反映出旅游要素融合的广度和深度,人们面对如此融合的程度似乎沉浸其中。旅游大项目成为追逐旅游者的温柔阵地,旅游消费项目捆绑成为运营者运营的惯常方式,大量的综合性旅游项目泉涌而出,众多的旅游综合体企图一网打尽旅游者的所有消费欲望,它们诠释着旅游投资者对旅游要素间"高关联度"的认识和运用,预示着旅游经济融合属性将在人们融合型的旅游消费活动中光芒万丈。

旅游产品间的融合进程是旅游经济融合属性耀眼的关键。无论是观光旅游产品与度假旅游产品、专项旅游产品、生态旅游产品,还是观光旅游产品类型的自然风光、城市风光、名胜古迹,都在开发者和运营者的操盘下,日益走在你中有我、我中有你的界限模糊的融合道路之中,尤其是在互联网和新数字技术快速发展的当下，旅游产品线上线下融通，旅游产品虚实融合，旅游消费场所被"融化"，旅游产品的泛化和泛化的旅游产品，在模糊了旅游消费的同时也模糊了旅游产品的供给。它们体现了旅游产品开发和经营者适应旅游者需求的时代特征和消费变化的时代逻辑，也反映了旅游"高关联度"基因延续过程的时代气息和历史纵深的进化。

旅游产业与关联产业间的融合是旅游经济融合属性耀眼的必然结果。旅游经济高关联度不仅表现在旅游产业的内在联系上，而且也表现在旅游产业与关联产业之间的联系性上。如果说旅游要素间和旅游产品间的融合是旅游经济融合属性的内在联系的表现形式，那么，旅游产业与关联产业间的融合就是旅游经济融合属性的内在＋外在联系的表现形式。旅游＋和＋旅游的实质就是旅游"高关联度"基因作用于旅游产业与关联产业之间内外联系的具体表现形式。文化旅游业态、农业旅游业态、体育旅游业态和康养旅游业态等皆是在旅游"高关联度"基因的影响下，完成了本源产业与载体产业之间的融合，形成了内外联系兼备的产业形态。而"高关联度"基因在高科技应用的加持下，进化得越来越强大和普适。互联网和新数字技术深化了旅游产业与关联产业的关联性，提升了横向融合的水平，拓展了融合的宽度和深度。在可预见的将来，泛旅游产业和泛旅游生活将会达到新的高度，以更新的姿态呈现在世人面前而被人们激情地演说。

旅游区域间的融合是旅游经济融合属性耀眼的外溢于地域的表现。以城市为中心的区域旅游融合是旅游经济融合属性强化的明显趋势。城市作为一个大型的人类聚居地，其通达性、便利性、服务性和生活融合性，使得它不仅顺理成章地成为区域旅游的支点和集散地，而且在以旅游资源和旅游产品为有效触达半径的旅游习惯中，旅游者无意识地模糊了行政区域而强化了城市中心地位。旅游者在对旅游宣传推广的感知和对旅游区域的认知上，往往是以城市为中心的旅游认识遮蔽了以省州县或省区市为中心的认识，从而产生了旅游区域上对省州等的区域概念比较模糊，而对城市区域则相对清晰，这一点在国外旅游者那里表现得尤为突出。出现如此现象的底层逻辑是城市既是旅游各要素高关联度的重要驱动力，也是高关联度糅合城市辐射区域旅游要素的主要力量。由此可见，旅游经济融合属性的力量弱化了旅游者对行政区划的旅游区域认知，而强化了城市在旅游区域融合中的核心地位。这种旅游区域的融合既有旅游产业"高关联度"基因作用的痕迹，又有社会生产力发展过程中的力量，但无论如何旅游区域融合也同样是旅游经济融合属性的一种由内而外的表现形式。

三、旅游经济融合属性的投射

旅游产业"高关联度"基因形成的旅游产业与相关产业融合而引致旅游经济融合属性投射于旅游活动及旅游经济活动，不仅使其融合之状灿灿然而表现出基因的进化力量，而且使其结果之状昭昭然而反映出丰盈多彩的信息。而在诸多反映旅游活动结果和旅游经济活动信息的形式中，旅游统计的表现形式显得特别突出和显眼。

世界旅游卫星账户的实践过程实质就是旅游经济融合属性投射在旅游活动结果和旅游经济活动信息上的某种反映形式。

1983年，世界贸易组织（WTO）提出建立一套科学衡量旅游业对国民经济贡献的系统。此后，经济合作与发展组织（OECD）开始着手建立国际标准来衡量旅游业的经济影响，同时提出从相关产业中提取旅游收入比例的"旅游卫星账户"观念；1991年，世贸组织召开了"旅游统计会议"，达成了计量旅游活动的相关观念和方法以及开发 TSA 等共识；1993 年，联合国、国际货币基金组织等联合通过了新的国民账户系统并建议设置卫星账户；1994 年，联合国和世贸组织共同发布了《旅游统计建议稿》，系统地定义了旅游统计中的基本概念；1999 年，世贸组织召开了"关于旅游对经济影响的度量方法"国际会议，研讨旅游业对经济影响的测算；其后，世贸组织、经合组织、联合国统计署、欧共体统计署合作编制了《旅游卫星账户：建议的方法框架》；2000 年，联合国统计委员会正式批准 TSA 的编制方法；2008 年，联合国统计署、经合组织和世界旅游组织向联合国统计委员会第 39 次会议提交了《旅游卫星账户：建议的方法框架 2008》（TSA:RMF2008）[1]，特别明确不再区分旅游特征产业和旅游相关产业[2]，统称为旅游产业，其背后的逻辑其实就是要解决旅游经济融合属性反映在旅游统计上的难题。

经过多年探索、完善和发展，旅游卫星账户被越来越多的国家认可和采用。我国是比较早应用 TSA 的国家，在国家旅游管理部门的倡导和部署下，从 1997 年开始，广西壮族自治区、福建省厦门市、江苏省、浙江省、北京市等先后对编制 TSA 进行了有意义的尝试和探索；云南省、贵州省、广东省广州市等借鉴了 TSA 的编制方法，测算旅游产业对地区国民经济的直接贡献。2006 年，国家旅游局与国家统计局联合启动了"中国国家级旅游卫星账户"的研究和编制工作，并于 2008 年公布了旅游业增加值初步核算结果及其与总体集聚的关系。2015 年为更准确地计算旅游产业对国民经济的贡献，国家发展和改革委员会、国家统计

---

[1] 广东省旅游卫星账户（GDTSA—2010）构建与编制 [M].北京：中国旅游出版社，2013：20-21.

[2] 广东省旅游卫星账户（GDTSA—2010）构建与编制 [M].北京：中国旅游出版社，2013：42.

局和国家旅游局联合对 2014 年旅游收入进行统计，以收入法统计旅游业总收入，用"旅游及相关产业增加值"表达着"旅游卫星账户"。

我国旅游统计调查制度是旅游经济融合属性在获取旅游活动结果之经济信息的具体体现形式。多年来，旅游统计数据被吐槽为"横向不可比，纵向不可加"，从统计技术和方法看，其原因一方面是由于国家有关部门和各省区市旅游行政管理部门按照其统计范围、方法、口径组织实施旅游统计工作，执行的调查制度不完全统一。国家公布的国内旅游数据是文化和旅游部与国家统计局通过开展中国城镇居民、农村居民国内旅游抽样调查测算而来；而各省则是参照《旅游统计调查制度》开展旅游统计的。另一方面是旅游产业测算数据与其他产业测算数据路径不一致，导致旅游统计数据与其他行业统计数据不可比。从统计行为的底层逻辑看，其实质是旅游经济融合属性投射过程的某种反映形式，目前仍然无法从根本上解决旅游业从相关产业中提取旅游收入比例的问题。

人们没有必要为旅游业的地位与实不符而打抱不平，也没有必要在纵横经纬对比中耿耿于怀，更需要明了的是当今旅游统计之于旅游经济融合属性投射过程的反映，而为旅游经济融合属性正名，并厘清其纵横经纬的脉络和流淌的血液。

第四节　旅游发展的三对力量

在人类社会发展过程中，生产力作为推动旅游发展的根本力量，其表现形式的具体推动力量在不同阶段皆不尽相同。近代以来，生产力这一根本力量呈现出旅游蓝海与旅游红海、旅游"市长"[①]与旅游市场、旅游质量与旅游数量三对辩证统一的推动力量，经过数百年积淀、延续和进化，它们业已成为人类旅游发展的"力量基因"，是多种显性推动力量的突出的、典型的代表。这三对力量在人类旅游发展过程中总体表现为辩证统一过程的集中爆发，但它们的支点却各不相同，即：旅游蓝海与旅游红海之力量凸显为对立统一的"矛盾"之中，即"矛盾力量"；旅游"市长"与旅游市场之力量突出为对立统一的"协同"之中，即"协同力量"；旅游数量与旅游质量之力量彰显为对立统一的"关联"之中，即"关联力量"。这三对力量聚合形成的"力量基因"将在自身多重维度的延续进化和未来旅游发展的道路上定力满血至少数百年。

一、旅游蓝海与旅游红海之力量

近代旅游的发展主要表现为旅游市场的发展，旅游市场发展的内生动力主要来自旅游市场本身。从旅游市场要素聚集生成时

[①] "市长"泛指旅游发展过程中政府及其政府职能部门。

间次序看，先有旅游红海领域，再有旅游蓝海领域。旅游红海领域是那些竞争非常激烈的市场，市场空间容量有限，市场蛋糕的分配此消彼长，从竞争中胜出是多切蛋糕的唯一途径。旅游蓝海领域是那些尚未展开竞争的市场和未知的市场空间，市场空间容量大或尚未被占据，正确研判和进入是抢占蛋糕的唯一利器。旅游红海领域和旅游蓝海领域构成旅游市场整体，它们是旅游市场一个矛盾的两个方面，旅游红海领域的规模大于旅游蓝海领域，因而一般占据着矛盾的主要方面，而旅游蓝海领域则居于矛盾的次要方面，但在条件充分的情况下，它们位居矛盾的主次可能出现转化，它们在对立统一的"矛盾力量"中协同推动着旅游产业发展。

旅游红海领域推动旅游产业发展的核心机制是竞争。竞争是红海战略的永恒主题，是旅游产业发展的动力源泉，旅游产业发展史就是旅游市场主体的竞争史，旅游产业的发展是旅游市场主体着眼于市场供给竞争的结果。一方面，旅游红海领域既是旅游产业发展的基础，也是旅游市场主体竞争的主阵地。旅游红海作为旅游市场相对成熟的规模体量，其市场供给质量如何、供给发展水平如何直接体现着旅游产业的现状和基础。旅游市场主体搏杀于旅游红海的出发点和立脚点就是通过旅游有效供给提升市场的占有率和利润率，为其生存和发展而围绕已知领域提高市场质量、降低市场成本、扩大市场份额等展开全方位或错位的激烈竞争，从而推动旅游产业稳步发展。另一方面，旅游产业发展基于市场主体能够不断创新，而旅游红海领域供给的老业态、老产品、老模式的基本属性，决定了旅游市场主体供给在研判发展趋势、需求趋势的基础上，要展开竞争以力求不败，创新品质、功能、价格、模式，创造附加价值，投入资源扩大再生产，从而推动旅游发展保持着不竭的动力。

旅游蓝海领域推动旅游产业发展的核心机制是创新。旅游蓝海领域意味着必有未开垦的旅游市场空间和旅游需求的创造以及利润高速增长的机会。价值创新是旅游市场主体实施蓝海战略的基础，实施蓝海战略的市场主体认为旅游市场中一定存在尚未开发的需求，关键是要努力发现这些需求，在旅游市场的边界并不存在、不受既存市场结构限制的思维方式下，摒弃红海领域的内卷，着力开辟一个全新的、非竞争性的旅游市场空间。因此，蓝海战略实施主体的着眼点应从供给转向需求、从竞争转向发现新需求的价值创造，通过刺激需求和价值创新，扩大旅游市场，创造旅游市场，从而增强旅游市场的活力，进而推动旅游实现跨越式发展。

旅游红海与旅游蓝海相互联系、相互影响、相互补充、相互排斥，在辩证统一和矛盾主次转换的过程中，合力推动旅游产业的发展。其一，旅游红海着眼于旅游供给而旅游蓝海着眼于旅游需求，创新旅游产品供给的附加值，创造旅游者消费的需求，形成了旅游供给侧与旅游需求侧"两侧两创"之辩证统一的生动局面，为旅游产业发展提供了不竭的澎湃动力。其二，虽然多数时候旅游红海与旅游蓝海分别为旅游市场矛盾的主要方面和次要方面，但在科技大突破等条件下，旅游蓝海也会转化为矛盾的主要方面，而旅游红海则退居矛盾的次要方面。此转换过程意味着旅游市场在创造需求中迅速扩大，它不仅为旅游市场腾挪了发展空间，也为旅游产业发展提供了强劲的动力，进而推动着人类社会的旅游不断前行。

二、旅游"市长"与旅游市场之力量

市场经济体制确立以来，"市长"与市场在旅游发展中相互对立、相互作用、相互依存、相互影响的对立统一之"协同力量"逐步形成而推动着旅游向上发展。无论是中国特色社会主义市场经济体制,还是资本主义市场经济体制,代表政府旅游职能的"市长"和代表旅游生产要素配置和产品供需关系的市场,在对立统一中发挥着重要的甚至是决定性的作用。旅游"市长"更多的是以有形之手从宏观方面促进旅游产业朝与城市相匹配的方向发展,补齐或纠正旅游发展的短板或偏向,增强旅游发展的能量从而避免或减轻旅游发展过程中的停顿或失速,实现旅游与城市共生共荣。旅游市场在旅游发展过程中则更多的是按照平均利润率的资源流动之逻辑,无数个旅游市场主体聚合着,以无形之手从市场细胞等微观方面出发,实现旅游资源有效配置,保持旅游市场供需平衡,影响旅游产业的发展。事实上,宏观的有形之手与微观的无形之手在对立统一中形成"协同力量",完成和必将长期完成旅游发展史上的一次次行稳致远。

(一)旅游"市长"的"三板斧"

在旅游发展进程中,无论是近代社会市场经济制度确立最早的欧美国家的旅游"市长",还是现代社会新兴的市场经济国家的旅游"市长",都基本上是根据市场经济的逻辑,从所处时代的旅游发展状况出发,以时代的表现形式或轻或重、或实或虚、或急或缓地主要从政策、资源、规范三个方面入手,推动旅游产业升级,提升旅游竞争能力,规范旅游市场运行,从而稳步促进旅游发展。

第一,以政策为手段,发挥旅游产业政策的推动作用。时代不同,国别不同,旅游发展之状况不同,旅游"市长"制定政策的侧重点自然不尽相同,但推动旅游发展的目标却是相同的。当代,旅游"市长"特别是中国的旅游"市长"主要是制定包括旅游发展综合政策、专项政策、特殊扶持政策三种类型的政策。这三种类型政策的出发点和解决问题的侧重点有所不同。综合政策主要是聚焦城市总体旅游发展,主要解决的是阻碍城市旅游稳定和长期发展的问题;专项政策推动的是城市旅游发展的重点方向,解决的是旅游发展中的短板问题或旅游特色不突出的问题;特殊扶持政策主要是扶持新兴旅游业态或特殊时期的旅游企业,解决旅游发展阶段性特殊性和旅游企业生存及其发展的问题。

综合政策主要包括产业准入政策、资金扶持政策、税收减免政策、土地支持政策、金融支持政策等普惠性的政策。它们从不同方面发力支持和引导旅游市场主体发展,主要是通过引导旅游生产要素聚集到旅游产业相关的领域,促进和稳定旅游产业相关领域的发展,从而引领旅游发展的方向。具体而言,其一,综合政策是政府对旅游产业及其旅游细分产业支持及力度大小的风向标。这一风向标强力昭示的作用在于,必然引起社会相关生产要素依旅游产业政策指向而聚集,引导着社会市场要素投入旅游产业的发展方向;同时,综合政策支持旅游产业发展的力度大小决定着社会相关生产要素聚集旅游领域的多寡和快慢。当扶持和支持整体旅游产业或旅游细分产业发展的力度较大,相应的社会生产要素必然大量快速聚集;如果力度较小,社会生产要素聚集量相应少且速度慢。其二,综合政策营造的宽松环境必然促进旅游发展,环境越宽松,旅游发展速度就越快;反之就越慢。与此同时,政策营造的宽松环境力度大小对旅游发展速度有明显的影响,当政策宽松力度较大,旅游发展速度就会较快,反之就会较慢。

专项政策包括旅游产业细分领域的产业政策,如旅游度假区发展政策、5A级旅游景区发展政策、高星级酒店发展政策、航空航线开通奖励政策、旅游包机奖励政策等,主要作用是针对性地补短板，引导社会生产要素集聚相关短板的领域，从而有力地引导旅游产业发展方向和巩固发展的基础。前些年，我国二线城市竞相出台开通国际航线的补助和奖励政策，三线城市争先恐后地制定开通国内主要城市航线的补助和奖励政策，旅游大交通因此得到了空前的改善，国际旅游者和国内旅游者到访明显增加。近几年，对获评5A级旅游景区的奖励政策是诸多城市专项政策的重点，全国5A级旅游景区从首批66家到2022年7月318家，不能不说有旅游"市长"一诺千金的功劳，也反映出现阶段5A级旅游景区对吸引观光旅游者的作用巨大。只是随着旅游吸引物和旅游产品外延和内涵的不断扩大，"旅游景区"的概念似乎已不合时宜，而"旅游区"的概念则有与时俱进之风范，而以此"风向标"引导旅游业态、旅游产品有效转型的效用必将逐渐显现。

特殊扶持政策是针对旅游市场刚刚兴起且前景较好的旅游业态以及为缓解特殊事件对旅游产业的冲击而制定的，它具有鲜明阶段性的特点。新冠疫情来袭，各国对冲疫情影响的扶持政策之出发点基本相同，即主要是使旅游产业保持基本稳定，但政策发力路径和切入点却存在着一定的差异。政策发力主要分为稳定市场主体和鼓励消费兼顾、突出鼓励消费、突出稳定市场主体三种路径。我国中央政府出于宏观层面考量主要采取的是直接保市场主体即稳定市场主体的路径，而地方政府则更多采取直接稳定市场主体和鼓励消费而间接保市场主体并重的政策取向。以旅游消费券的形式促使旅游者增加出游频次和增加旅游消费，其实质仍然是保市场主体。既直接保市场主体又保市场消费而间接保市场主体的双管齐下之政策取向的效果是快速和明显的，而效果快速明显的关键是把握时机。

从以上政策的目标取向看，它们在集聚生产要素、引导产业发展方向、补齐发展短板、突出城市特色、保护市场主体等方面侧重点有所差别，但聚焦于推动旅游稳步发展的目标却是一致的，也是清晰而坚定的。关键是旅游政策的精准性和有效性之效用最大化，才是政策制定和实施之价值所在和关键所在。

第二，以资源为导向，发挥生产要素对旅游发展的推动作用。旅游"市长"掌握着部分旅游生产要素资源，从政策资源到规划资源、从实体资源到资本资源、从土地资源到资产资源、从人才资源到数据资源等，随着时代变迁而不断增减和变化。虽然各国的政治制度有别，土地资源、资产资源、人才资源等掌握的程度和形式差别不小，但旅游"市长"都或多或少、或直接或间接地拥有但不限于这些资源。旅游"市长"集聚生产要素资源于旅游领域主要有三种方式。其一，以旅游产业政策的方式引导社会生产要素空间流向和时间流速。例如：以税收减免政策引导社会相关资源流向旅游产业或政策指向的旅游细分产业，促使旅游产业按城市预设的方向发展；以城市产业空间布局规划配置土地资源，促进旅游产业生产要素资源空间流向；以人才政策吸引旅游人才流入城市旅游产业相关领域，增强旅游产业核心竞争力；以加大政策支持力度，提高社会生产要素资源集聚旅游产业的速度，加快旅游产业扩大再生产。如此等等，许多旅游"市长"把政策资源的作用发挥得淋漓尽致，可圈可点。其二，以政府实体资源投入的方式增加旅游市场生产要素。旅游市场竞争十分充分，旅游"市长"以国有资源、资产、资本直接投入旅游产业只能依循市场竞争的方式，才能事半功倍地达到增加产业生产要素提升城市旅游竞争力的目的，否则就会事倍功半，甚至扭曲市场生产要素供需格局，引起产业发展的波动。以国有实体资源为支撑的国有旅游企业在旅游产业发展过程中发挥市场稳定器的作用应是其首要职能。事实上，许多旅游"市长"就是依此方向以国有企业为依托实施实体资源投入的。其三,以资金引导旅游产业的发展。近几年,除了制定实施补助和奖励资金的政策之外,我国旅游"市长"还采取了 PPP 模式和产业引导基金模式,政府和社会资本合作建设和运作旅游发展的公共基础设施,对有前景的旅游项目投入一定比例的基金以支持社会资本投资旅游领域,撬动社会资本流入旅游市场意在培育的旅游产业板块,为旅游持续稳定发展奠定应有的基础。同时,近年来我国部分城市旅游"市长"已经开始探索以提升全要素生产率的方式促进旅游持续稳定发展。

第三,以规范为抓手,发挥旅游市场有序竞争的推动作用。旅游市场有序有效竞争是旅游健康稳定发展的重要基础。为此,当代各国旅游"市长"主要从法律规范、标准规范、秩序规范等方面着手激发并规范旅游市场有序有效竞争。在法律规范旅游市场竞争方面,旅游"市长"按本国政治制度运行规则,适配制定法律、法规、规章和规范性文件等,调整竞争主体各方利益关系,监督市场主体遵守法律法规,促使市场主体的运行走在市场规范竞争的框架之内。在标准规范市场竞争方面,既要求旅游市场主体对照各层级的行业标准规范自己的经营行为和服务行为,又以此推动旅游行业经营和服务的标准化和规范化,让市场主体走在不断提高品质和品牌的道路上。在规范市场秩序方面,信用制度和信用体系发挥着关键性的、治本的核心作用,发达国家走在了前面,发展中国家正在迎头赶上。以信用制度及体系和主客共享理念及方法为主的两轮驱动方式,是治理当前"旅游乱象"和今后旅游市场失序的最为有效的根本方法,也是治本的必然之路,舍其则无其他良法。旅游购物店、旅游餐馆、旅游休闲店等旅游场所,为市民和旅游者主客共享,去掉"旅游"之冠名,在信用制度之下,要堵住无治的怪现象。评比、检查、处罚、曝光等行政手段在我国广泛使用；而旅游行业协会倡导和督促会员企业自律的潜力仍然在挖掘之中。总之，有序有效的旅游市场竞争是旅游稳定发展的重要保障。

（二）旅游之市场机制

市场经济体制是以市场机制作为基本手段配置社会资源的一种经济体制，是在18世纪后期欧美各国相继完成工业革命之后开始出现的，并在以后的几百年中逐步形成为一种比较成熟的经济体制。旅游市场与旅游"市长"随同市场经济体制的确立，在对立统一的"协同力量"中对旅游产业和旅游经济的形成和发展起着不可替代的作用。我国社会主义市场经济体制是在改革开放过程中逐步确立和逐步完善的，旅游"市长"与旅游市场之对立统一的"协同力量"在旅游产业发展过程中的不二作用越来越显得"霸道"。旅游市场通过无形之手配置着旅游生产要素的流动和流向，激发自由竞争、释放市场活力、激活微观主体、实现效率最大化、提高产业前行动力，进而推动着旅游发展向上阶飞跃。

在市场经济体制中，市场机制以配置旅游生产要素的相关资源为核心，企业主体、利益动力、直接传递、动态调整等按市场机制的规则运行，使得"市场"的巨大作用在旅游产业发展过程中表现得十分精彩和美妙无穷。

旅游生产要素资源配置的主体是"市场机制"，而非"市长机制"，这是二者关键性的区别。市场经济体制是以企业为本的体制，旅游企业是旅游市场的基本主体。旅游市场的旅游企业，既有原有的企业，也有新增的企业，这些企业根据旅游市场价格状况和变化情况决定开发生产什么样的旅游产品、开发生产多少旅游产品及怎样开发生产旅游产品，并明确投资旅游项目的方向，抉择投资旅游项目的规模等。市场机制畅通有效的资源配置将使旅游供给与旅游需求相适应从可能变为现实。

旅游生产要素资源配置的动力大小决定于市场机制的有效性。资源配置动力建立在企业重视效率与追求利益的基础之上，企业追求利润最大化使得企业主动在追逐利益过程中充分关注和捕捉市场的实时信息，及时调整经营状况，充分调动员工的积极性，以促进市场机制形成配置旅游生产要素的动力并将之落在实处，从而在宏观控制与协调之下形成一个相互兼顾的利益体系和高效能动的动力网络。这一动力网络使旅游产业稳定发展充满着无限可能。

旅游生产要素资源配置的传递通畅有效是市场机制在非人为因素之下的一种理想之常态，市场机制失灵主要是旅游生产要素资源配置不畅通或配置无效所形成的特殊的、偶然的现象。市场机制的旅游资源配置传递方式以横向为主，主要通过市场，旅游供给与需求多方直接见面，在竞争中实现人财物各旅游生产要素的自由组合，适应着社会化旅游大生产和旅游商品交换的要求，为旅游产业稳定发展做了资源配置有效性的技术支撑。

旅游生产要素资源配置的调整是在运动状况之中实现的。旅游市场机制的运行过程其实就是旅游市场生产要素围绕着利润和利润率不断运动的过程，从而使得旅游资源配置处在不停的运动变化之中，生产要素处在不停的自由流动之中，形成了生产要素及时反馈、及时调整、自动组合的动态循环系统。这种开放性的生态链以闭环方式运动的自我调整功能为旅游产业稳定发展增添了必要的动能。

旅游生产要素资源动态配置的市场机制，以最大利益激励着企业，以最小的损失约束着企业，在激励机制与约束机制并存之中，迫使旅游企业面向市场、面向需求、面向旅游者而进行科学合理的资源配置，完成预期的利润和利益目标，为旅游企业稳定发展积蓄着后续的能量,从而为整个旅游产业稳定发展筑牢了坚实的基础。

(三)旅游"市长"与旅游市场之对立统一

旅游"市长"与旅游市场是矛盾的两个方面,是对立统一的辩证关系。之所以"对立",是因为旅游"市长"对旅游的关注点和重视点在于旅游产业的稳定发展和旅游经济的长期繁荣,而旅游市场的主体的出发点和立脚点是经营利润和企业利益最大化。一方面,旅游"市长"关注和重视之点建立在旅游市场的有序竞争和秩序规范的基础之上,因而运用法治等强制手段制约和规范企业的经营行为;另一方面,旅游市场主体把企业的利润和利益奉为圭臬,无视甚至践踏旅游"市长"有序秩序的要求、占法律法规空子的冲动,时时潜在,时时不灭。这种对立矛盾的两个方面是长期的、必然的,并在旅游发展的不同阶段,矛盾的主要方面与矛盾的次要方面可能相互转化,而且随着时代的变迁可能改变着矛盾的具体方式。与此同时,旅游"市长"与旅游市场又是统一的。旅游"市长"的城市旅游发展计划、措施、政策的实施必然以旅游市场为背景,尽力为旅游企业创造出一个良好的经营环境和发展环境,与旅游企业持续稳定获取企业利润和利益诉求是相向而行的;旅游市场主体的利润和利益诉求满足的过程其实就是旅游产业发展的表现形式,以企业利润和利益为前提的旅游企业高质量发展是城市旅游高质量发展的题中应有之义,旅游产业高质量稳定发展的基础就是旅游市场主体的利润和利益诉求得到合理合法的满足。由此可见,旅游"市长"与旅游市场对立统一的"协同力量"是平衡旅游产业发展过程中不稳定因素的根本所在,是旅游产业稳定发展的稳定器。

旅游"市长"的顺向不为少为和逆向的要为善为的辩证统

一,为旅游产业稳定发展起到了至关重要的平衡作用。旅游经济周期基本与整个经济周期合拍同步,有繁荣期,也有衰退期,这既是旅游市场的市场机制自身运行的结果,也是旅游事物发展的必然规律。在旅游经济有起有伏的过程中,旅游"市长"如何与旅游市场在辩证统一中因势而为、因势施策,稳定旅游产业的发展,就显得特别重要和必要了。市场经济体制确立以来,在中国,在欧美一些国家,不少的旅游"市长"在旅游经济繁荣期顺势不为、顺势少为,避免旅游经济过热,保持旅游产业稳步发展的势头;在旅游经济衰退期,实施旅游促进政策,避免旅游经济过冷,特别是凯恩斯的宏观调控理论为旅游"市长"接受之后,旅游宏观调控政策更像及时雨或大、或中、或小适时而来,避免和减少了旅游经济的大起大落。但是,也有不少旅游"市长"没能很好地领悟把握旅游发展过程中的顺向不为少为、逆向要为善为的宏观调控的基本逻辑。改革开放以来,我国旅游发展极为迅速,旅游"市长"的作用自不待言、也不可不言。在美国次贷金融危机袭来之际,我国许多城市推出了"救市"的旅游政策,旅游经济似有"一枝独秀"之感,旅游发展态势依然气势如虹。然而,个别旅游"市长"把城市旅游产业发展竞争与旅游市场竞争混为一谈,以城市旅游竞争代替旅游市场竞争。在旅游经济年度短周期中,在火爆的"黄金周"假期,出台"火上浇油"的旅游招徕优惠政策,免费、半价、折扣铺天盖地,而在旅游淡季却静若处子、无为而为,雷声雨点寥若晨星。

作为旅游发展"力量基因"的主要组成之"协同力量"将长期不会改变,但未来旅游"市长"的"三板斧"随着时代的变迁必将以时代的表达方式增添花样花式,旅游市场的机制亦将与时俱进,以适应旅游"市长"与旅游市场的"协同力量"和人类旅游发展"力量基因"进化要求。

三、旅游数量与旅游质量之力量

旅游发展水平状况一般体现在旅游数量和旅游质量等指标上。旅游数量指标主要是指那些与旅游人数有关的指标，它反映的是旅游发展的规模；旅游质量指标主要指那些与旅游消费有关的可以按照百分比计算的指标，它反映的是旅游发展的质量。旅游数量和旅游质量是旅游发展状况的主要反映形式，它们是一个矛盾的两个方面，既相互对立、相互排斥，又相互联系、相互依存，在对立统一的"关联力量"中，平衡着旅游发展过程中不健康的因素。

在人类社会发展的不同阶段，人们对旅游数量与旅游质量的关注和重视程度是不同的；旅游地的经济社会发展程度不同，也会导致人们对旅游数量和旅游质量的关注和重视程度不同；解读旅游发展目的的不同，也会导致对旅游数量和旅游质量的解析结构和方法不同。因而，旅游数量与旅游质量孰为矛盾的主要方面或次要方面是随着特定情景的变化而变化的。正因为如此，人们往往借此对那些有关旅游数量和旅游质量的有失偏颇的认识和实践抱着容忍的态度，而使得在旅游发展的路径选择上，旅游数量和旅游质量畸轻畸重的现象时有发生。但是，旅游数量与旅游质量辩证统一的"关联力量"总是在平衡着旅游发展过程中可能出现的偏差。此种"关联力量"的平衡效用既反映着旅游发展的时代特征，也反映着生产力发展水平对旅游发展的客观制约。

旅游发展历程证明，旅游发展阶段不同，旅游数量与旅游质量"关联力量"平衡旅游发展的状况也不尽相同。在旅游发展的低层级阶段，旅游数量通常是人们追求的主要目标，而旅游质量位居次要矛盾。在中层级阶段，人们开始重视甚至非常重视旅游发展质量，旅游质量多半会作为旅游发展的主要目标，但旅游数量许多时候也依然是旅游发展的主要目标；旅游数量和旅游质量孰重孰轻要看阶段所处的前期后期和旅游"市长"及旅游市场的状况。在高层级阶段，人们主要追求旅游发展的质量，而旅游数量则退居为次要矛盾。问题是，在中高层级阶段，旅游数量是不是会被抛弃，而不与旅游质量"关联"同行平衡着旅游的发展。

在低层级阶段，旅游产业处在社会生产力相对落后的背景下，旅游生产要素参差不齐且配置效率不高，旅游产业以粗放型的方式发展，旅游产品单一低端，旅游服务简单粗俗，旅游配套缺乏稀少，旅游环境杂乱无序，以致旅游产品价格低廉，旅游者人均花费较低，旅游收入必然较低。人们不得不追求旅游人数规模，以增加旅游数量而增加旅游收入，从而做大旅游总量，而旅游质量作为矛盾的次要方面而被"冷落"。在中层级阶段，社会生产力发展水平已大为提高，旅游要素市场基本成型且资源配置基本有效，旅游产业从粗放型发展向集约型发展转变，旅游产品丰富起来，旅游服务水平提高，旅游配套日益齐备，旅游环境良好有序，旅游产品价格匹配适中，旅游者人均花费稳步升高，旅游收入不断刷新，旅游质量被重视，其地位快速上升，人们在看重旅游人数规模的同时，越来越重视旅游质量，开始追求内涵式的发展路子。在高层级阶段，社会生产力处在较高水平，旅游要素市场成熟并且资源配置顺畅有效，全生产要素有效率较高，旅游产业集约发展，旅游产品丰富多彩，旅游服务精准个性，旅游配套完善丰盈，旅游环境优美怡人，旅游产品价质相符，旅游者人均花费处在高位，旅游收入水平与期待相宜，内涵式的高质量发展彰显着生动活泼的活力，旅游质量作为矛盾的主要方面表现得酣畅淋漓。尽管旅游质量业已成为人们追求的主要目标，但是，人们依然看重旅游数量对旅游质量的影响，无法忽视更不可能抛弃旅游数量。因此，在人类旅游发展的过程中，旅游数量和旅游质量从来都不曾缺席，旅游数量一直与旅游质量辩证统一关联同行，不断地平衡着旅游发展。

在旅游发展的过程中，人们对反映旅游数量和旅游质量指标的态度发生着变化。旅游数量与旅游质量之间辩证统一的关系一直反映和表现在旅游经济指标之中。旅游经济指标中的旅游人数反映着到访旅游者的总数量即接待旅游总人次，它是国内旅游人次与境外旅游人次的总和。它既包括以是否在到访城市过夜为统计口径的旅游过夜人次和一日游人次；也包括以是否为境内旅游者为统计口径的境外旅游者和国内旅游者。旅游统计的数量数据映射着旅游质量数据的某些状况。其实，旅游质量数据根本不可能离开旅游数量数据而产生，就像旅游总收入依托于旅游总人次、旅游者人均旅游花费一样，旅游质量总是依旅游数量而存在；同时，没有旅游质量的旅游数量是不完整的，也是没有太多意义的，它反映出旅游数量与旅游质量在辩证统一过程中担当旅游产业发展平衡者的价值和意义。

2010年前后，有些旅游地的旅游部门对外公布了旅游收入增长快于旅游人数增长的情况。这与其说是旅游发展过程中数量与质量先后次序显现规律如此，不如说是其中含有应时应景的人为游戏的成分，超越旅游发展的阶段，尽管其中确有旅游演进过程中时代留下的旅游消费提振的印迹。好在人们意识到其中的问题，旅游人数类别的旅游数量在不断充填着与旅游质量之间的沟壑，人们调整旅游数量的过程充满着旅游统计的情商和智慧，旅游数量渐渐合拍于旅游质量前进的步伐。旅游统计实践反复证明还在继续证明旅游数量是旅游质量之基础，没有旅游数量就没有旅游质量，即便旅游数量是绿叶，旅游质量是花朵，此景也无法改变旅游数量在当时仍然是矛盾主要方面的现实。

旅游发展矛盾的主要方面与次要方面的转换永远是时代的命题。旅游质量贯穿旅游发展的全过程，只不过是旅游发展阶段不同其所处的位置不同罢了。一方面，人类生产力发展到一定阶段必然反映在旅游发展的质量上，旅游质量成为旅游发展的主题和重点也是必然的现象，旅游生产要素聚集以旅游发展质量为中心将是旅游质量成为旅游发展主要矛盾的必然选择；另一方面，当旅游经济指标中所反映出的旅游质量指标真实地连续多年呈现出旅游质量指标增长快于旅游数量指标增长时，就表明旅游发展进入了旅游质量发展的时代，距离旅游高质量发展时代也就越来越近了。旅游质量反映在旅游经济指标上主要体现为旅游收入。旅游收入包括旅游总收入及国内旅游收入、境外旅游收入。正常的情况下，旅游收入指标连续多年增长背后的逻辑是经济持续增长，人均可支配收入持续增长，人均旅游消费持续增长，反映了支撑旅游消费持续增长的是旅游产品供给结构持续改善，旅游产品品质持续提升，旅游消费价值持续放大，旅游发展的质量时代顺势而来。

超越生产力发展阶段以及旅游发展阶段，违背旅游数量和旅游质量辩证统一的做法，必然受到旅游大是对其实践行为的惩罚。当代，我国旅游发展处在中层级阶段，旅游数量与旅游质量处于基本平衡期，应当在旅游数量与旅游质量辩证统一关联力量的平衡中朝着高质量发展的方向前进。然而，当前仍然有不少人士痴迷于旅游数量，与时代的现状和要求不甚合拍。一是有的在对社会公布旅游经济指标时，对位列公布次序首位的旅游人数总是表现得格外的重视，两位数的增长悉如平常、竞相攀比，甚至根据横向对比和纵向增长的需要自我调节；二是有的在推介和介绍城市时往往沾沾自喜堂而皇之对旅游总人数大加炫耀，结果可能在一片质疑声中灰头土脸；三是有的在测算投资旅游项目之未来经济效益收益时,坚信和坚定地使用城市接待旅游总人数而有意无意地忽视了更具研判价值的高质量的过夜旅游人数的数据,其结果可能是蒙混过关拿到了自己心仪的土地,但往后更多的只会是赔了夫人又折兵。然而,这些现象终将是过眼云烟,旅游数量与旅游质量之"关联力量"终将平衡着旅游发展的进阶跃升。

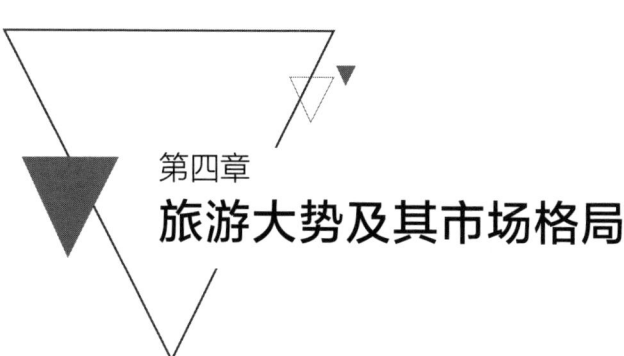

第四章
旅游大势及其市场格局

在年鉴学派看来，在"中时段"出现的相对稳定的经济结构和社会结构，具有"周期性波动"特点，对历史发展产生一定的影响。旅游大势作为一定影响"长时段"和显著影响"中时段"的人类旅游形态之高能级旅游趋势，在旅游经济和旅游格局形态上主要表现为旅游市场格局，呈现出旅游供给与旅游需求在时空维度上的时间关系。换言之，旅游市场格局是旅游大势的主要表现形式之一。旅游市场格局是旅游供给与旅游需求在时间维度上的空间关系的总和，它反映着旅游供需关系及其相关要素较为稳定的均势状态。旅游市场则是旅游商品进入市场流通的旅游产品供需关系的总和，它是旅游供需关系及其相关要素即时变化的状态。旅游供给和旅游需求是旅游大势及其市场格局和旅游市场的两个主要要素，扮演着其形成和演化的主要角色。旅游供给是在一定时期以一定价格向旅游市场提供的旅游产品的状况，旅游需求则是旅游者对旅游产品购买的有效欲望和能力；而旅游供给侧是指旅游供给方，旅游需求侧是指旅游需求方，它们担当着旅游大势及其市场格局之主要栋梁。

世界和中国旅游大势反映着时代旅游发展的未来趋向，将在一个相当长的时期内影响着人类的旅游未来，而旅游市场将承担着其能量赋能之表达；而旅游大势及其市场格局的供需关系演化不仅反映着旅游大是之人类旅游基因及其能量的投射和赋能过程之进化力量，也反映着时代旅游价值取向演进时空状况之时代力量，其确定性的能量和力量、势能和效用必然在其时空尺度内影响人类旅游的中期未来。

第一节 世界旅游大势

今日之世界旅游已站在人类社会的新起点、新方位,人类的旅游隐性基因、显性基因、高关联度基因、力量基因强烈地影响着世界的旅游未来,并在社会生产力极大跃升的过程中呈现出缤纷多彩的形式,而科技大进步、交通大发展、精神追求大供需在旅游基因延续和时代旅游价值取向演进过程中的作用显得更为凸显,多维聚合铸就未来人类共同的旅游语言、旅游黄金时代和旅游市场之新格局,其兴之势焉,其势之勃焉,必久盛于世矣。

一、人类共同的旅游语言之大势

旅游语言是在人类旅游活动高级阶段产生的特有的沟通交流的表达方式。在旅游者独占鳌头的跨区域、跨国界流动的时代背景下,人类旅游生活之溢出在互联网强力加持下,为特有的旅游沟通交流表达方式厚植了沃土。事实上,人类的旅行和旅游活动一直在空间位移规模不断扩大之中渴望和呼唤着共同语境下的表达方式。20世纪就已开始使用的世界各国公共信息图形符号的有意识对接和连接的实践,已如冬日暖阳让众多的旅游者无论母语何种、身处何方,在相同和相近的公共信息图形符号含义引导下,实现驰游于世界各国的梦想。但是,相较当今旅游之地位,人类共同旅游语言之塑造刚刚开始,可喜的是互联网早已打开了人类通往共同旅游语言之门。

据华安证券研报，2021年全球使用互联网用户规模超过49亿，互联网渗透率达62.5%，而5G正在为万物互联加油打气，人人网络互联业已成为社会的新生态，人们随时随地相互联络和沟通的曙光已照亮了人类旅游语言的共塑之路。首先，人人互联和万物互联将逐步无情淘汰业已存在数百年的旅游中介组织，旅游供需双方直接以互联网的方式连通，因此产生的新的供需关系必然为人类共同的旅游产品、旅游服务和旅游体验等滋生旅游语言的环境提供强大的能量。其次，以旅游者的位移流动为特征的旅游活动依托互联网强大的触角和覆盖能量，用旅游自有的方式和互联网沟通交流的逻辑忘却人类意识形态的烙印和纷争，无意识地摈弃国别和区域个性张扬的区隔和有形，让世界无论在旅游供给的时空尺度，还是在旅游需求的时空尺度，都将变得更为通畅和无形，都将在高度自由的空间里设计和营造属于旅游的语境空间。最后，巨量的旅游者位移流动在互联网尤其是移动互联网的关照下，使旅游对人类社会的经济社会诸多方面强烈影响作用之时空尺度区隔效应日渐式微，这必然引致旅游之共性沟通交流时空尺度逐渐放大，因而旅游语境的空间将在互联网及其移动互联网的不断拓展和提质之下，绽放出无穷的能量和魅力，这必将是未来之势。

人人互联和万物互联催生着旅游产品在类型和品种等多个维度进行全球标准化的构造或再造，以适应旅游产品供给从对旅游中介集中式供应到对旅游者分散式供应的转变，扁平化的旅游供需关系的语境空间，为旅游语言的形成和发展输入了必要而充足的养分。旅游产品的全球标准化构造之进程将在旅游商品交换过程中被世界旅游市场竞争的力量所推动，与诸多力量聚合而完成一次次的语境空间升级和旅游语言的创新；而旅游产品标准化再造将在新的旅游供需关系势能下，以旅游供应链再塑造和再完善为主要之推动力量,这虽是一个渐进的甚至曲折的过程,但其势锐不可当。

旅游服务将在个性化、特色化、民族化之强调和强势的高声量中,被时代旅游价值取向的力量完美地催促和鞭策,颇有韧性地寻找着属于人类未来普适的线下情形和语境空间,而使旅游服务将在无旅游中介组织情形和文化背景差异之下减少进程中的尴尬和不适,让世界性的标准化旅游服务在大众化的旺盛需求下生成并最终结出怡人的果实。

旅游体验既属于旅游者个体本身的范畴,更属于大众旅游者共情的天地,如此之世界网络共享将在一派歌舞升平或一片吐槽声中徐徐拉开互动的语境空间,唯此于旅游产品和旅游服务之铺陈而更显众乐乐之势,在万马齐鸣奔腾于旅游的天幕之中,悄然而至的人类旅游语言大势将呼之欲出。

二、世界旅游黄金时代之大势

人类旅游原动力之欲望在人均可支配收入和闲暇时间持续增长的时代背景下,正在被极大地激发,人们已将旅游生活作为不可或缺的生活形态而进行着常态化的安排,世界旅游黄金时代正在跌跌撞撞走来。尽管反人类反发展的思潮和行为有时大占上风甚至大行其道,使得旅游黄金时代被一时的乌云所遮蔽,但是,科学的大步突进和新技术的广泛应用、经济全球化的兴盛和广泛触达、世界交通网络的构成和互联互通,人类精神共需之追求,碾压一切倒行逆施之风和污浊的行为,强势增添旅游负重前行的力量,为人类旅游黄金时代的到来铺设大道坦途。

据史学家麦迪森的估算,公元元年时,世界人均GDP按1990年美元计算大约为445美元,到1820年上升到667美元,

1800多年里只增长了50%。但是，从工业革命之1820年到2001年的180年里，世界人均GDP增长到6049美元。据世界银行发布的人均GDP排行榜数据显示，2021年全球人均GDP为12 263美元。是什么力量猛然提高了人类社会经济发展速度？是科技的发展。未来的科技将以更快的速度、更大的范围、更深的层次极大发展而推动生产力水平极大提高，必将引致人类财富积累及人类可支配收入和可支配闲暇时间超过过去的300多年，从而必将极大推动旅游的空前繁荣和巨大发展。

经济全球化的兴盛加快了世界经济发展的步伐，增加了人类社会的财富积累，为旅游之昌盛奠定了坚实的基础，其强大的穿透力让世界各国各地经济和旅游紧密相连，让旅游者的流动变得更加通畅和自由，世界旅游的总规模必将持续再跃新台阶。在逆全球化的供应链重塑的风暴中，旅游的非显性意识形态和非技术壁垒之供应链的特征，将可能是唯一的避风港而获得世界绝大多数国家的鼓励和青睐，旅游供应链的稳定和良性重塑，将是旅游黄金时代不可动摇的重要基石之一。世界上人员流动最大的旅游行业之旅游者将日益遍布世界各地的每一个角落，使世界第一大产业之旅游业在时代旅游价值取向势能的烘焙下，完成一次又一次旅游发展之成熟探索和尝试，促进旅游载体空间不断拓展和延续挺进，极力推动旅游经济不断壮大和繁荣。经济的全球化必然带来旅游经济的全球化，造就旅游地球村形成的新局面。未来旅游将在全球旅游规模快速增长之中迎来属于自己的黄金时代。

旅游地球村既是无形之网——互联网的成就，也是有形之网——世界交通网络的塑造。如今，飞机、火车、轮船、汽车等主要交通工具和航线、铁道、公路、航道所构成的全球立体交通网络，特别是全球航空的互联和不同交通工具之间的接驳，使得全球的旅游者自由穿梭于世界各主要的旅游目的地，而未来交通工具和交通网络的大跃进,必将支撑起世界旅游黄金时代的那片碧海蓝天。

人人互联和万物互联以及经济快速发展、财富快速增加的未来世界,将使人们的物质生活享受得到空前的体验和满足。与此同时,社会日新月异的变化和世界不断涌现的多种冲突和激烈竞争所引致的焦虑心理,使得人类需要精神安抚来适应和平衡与过往相差甚远的现实和无奈,人们的精神需求从来没有像今天这样普遍而迫切,并将在不远的未来愈演愈烈,而诗的美好和远方的憧憬之完美融合的旅游活动几乎是人们最为有效的自度和他度的坦途,人们将期盼为此赋予旅游多种功能,并无时无刻不在把精神享受作为最大公约数的硬核,在诸多的旅游内容和形式之中,让阶层的隔阂和年龄的代沟几无例外地被情绪的年轮所模糊,而时尚和潮流、第一和唯一、休闲和度假、仪式和典礼,物质文化遗产和非物质文化遗产,将在烘干人们潮湿的心灵之中重拾被时间遗忘的永恒价值。如此之发展,人类社会的荆棘丛生和波折扭曲将被旅游黄金时代的力量所战胜。充满无限激情的未来旅游黄金时代必将属于全人类。

三、世界旅游市场新格局之大势

近代旅游产生之后,特别是国际旅游较大范围的兴起,使世界旅游市场格局伴随着世界旅游产业的发展而逐步形成。工业革命后,欧美经济快速发展,近代旅游强劲勃起,英国、美国、法国等国家逐渐成为世界旅游的中心。虽然其时尚无旅游统计,无法用相关旅游数据实证它们位居世界旅游的中心,但根据有关经济数据基本可以研判其本国旅游、入境旅游和出国旅游均位居世界前列的实际状况。如果对世界旅游市场格局进行历史划分的话，那么近代以来至第二次世界大战结束可以视为是人类社会的第一个世界旅游市场格局；第二次世界大战后至今即为第二个世界旅游市场格局。

第二次世界大战后，社会生产力和生产生活迅速恢复和发展，世界旅游现代化和国际化发展态势如日中天，世界旅游市场格局在竞争力量不断变化中日益优化。第二个世界旅游市场格局大致分为三个阶段。第一个阶段是以西班牙、德国、意大利、荷兰、葡萄牙、瑞士等具有代表性的欧洲国家旅游崛起和强势进入世界经济中央为标志。20世纪80年代以后，亚洲的日本、新加坡、韩国、中国香港和中国台湾等国家和地区，以及加拿大、澳大利亚和北欧等国家旅游经济快速发展，形成了旅游新势力而进入第二个阶段。新世纪以后，以中国、俄罗斯和东南亚国家等为代表的新兴经济体的旅游发展日新月异，旅游经济总量节节攀升，成为世界旅游市场的新兴势力，从而重新组合优化，呈现为西班牙、法国、美国、德国、英国、瑞士、澳大利亚、意大利、中国、日本、俄罗斯、加拿大、新加坡、奥地利、荷兰、葡萄牙、新西兰、丹麦、挪威、韩国、马来西亚、泰国，以及中国香港和中国台湾等多极势力并存的新阶段，即为第三个阶段。

当今世界旅游市场格局是世界各国综合国力尤其是旅游竞争力量经过长期不断的消长变化和分化组合而形成相对稳定的均势状态。尽管其过程中量变优化不断发生，相关国家旅游位次时有变化，但仍然处于相对稳定的阶段。

主要国家旅游竞争力量的持续较大变化最终必然发生巨大的空间效应进而打破原有格局的均势状态，引发主要旅游国家重新排列组合而形成世界旅游市场新格局。未来引动世界跨入第三个世界旅游市场格局之质变因素有两种。一是中国旅游竞争力量持续增强带动新兴国家共强而引起空间效应。二是世界旅游市场格局中位居前列的主要国家由于某些缘故旅游竞争力量锐减而导致此消彼长，从而引致世界主要国家的旅游市场位次大幅度大范围地重新排列组合。

综合来看，以中国为代表的新兴经济体快速崛起正在形成强大的旅游竞争力。中国旅游经济的体量决定着在实现层级跨越之时，必然引起世界旅游市场格局的质变；中国作为新兴旅游经济体在入境旅游规模和收入等核心指标上的进一步提升正在持续和加快，世界旅游市场均势状态的被打破正在临近；中国综合国力持续上升必然带动包括产品竞争、品牌竞争、吸引物竞争、企业竞争、人才竞争等的旅游竞争力量的持续跃升，并必然带动其他新兴旅游经济体一道逐步盛装趋强。

第二节　中国旅游大势

旅游大势乃是旅游供给与旅游需求在时空维度上的时间关系，所以空间维度既定之后，时间维度的始点成为研判旅游大势的关键基点。立足中国当今旅游之现状，回看20世纪80年代旅游兴起之时，研判未来旅游大势，实为时空维度上的时间关系之于旅游大势应有确定性的应有之道。

一、中国旅游之发轫

（一）旅游的兴起

1949年11月，新中国第一家国营旅行社——华侨服务社在福建厦门成立；1954年4月，中国国际旅行社在北京成立；1964年7月，成立了中国旅行游览事业管理局，与中国国际旅行社合署办公，直属国务院领导，隶属于外交部。中国国际旅行社及其分社、华侨服务社及其分社，分别承担着外事和华侨接待事务；而国内客人则基本按照被安排、受指定、按章办事的方式接待；住宿以国营旅馆和招待所为主体。

1978年12月十一届三中全会拉开了改革开放的大幕。1979年，邓小平提出"旅游事业大有文章可做，要突出地搞，加快地搞"，为旅游业的发展开了一扇门，为世界旅游者打开了一扇窗。在1979年第一批中外合资项目中，北京建国饭店、长城饭店和北京航空食品有限公司榜上有名。1983年11月，25位内地公民从广州出发前往香港旅游探亲，香港媒体称之为"新中国第一出境旅游团"。1984年中国第一家外国管理集团管理的合资企业——建国饭店成立。此时期，黄山、泰山、长江三峡等名山大川成为人们旅游的首选，北京、西安等成了少数几个热门的旅游城市，中国旅游在一声春雷中欣然兴起。

（二）旅游市场的雏形

旅游的门窗虽已打开，但发展却循序渐进。尤其是把旅游业定位为改革开放突破口，就注定了20世纪80年代成为中国旅游市场雏形形成之时。

20世纪80年代初，国内旅游以小规模的差旅和公务活动为主，国民人均出游只有 0.2 次，并多以不超过 500 公里的"顺道游"为主，人们出门旅游通常要拿着出差证明，自备每日半斤全国粮票，在小旅社或单位招待所四五人挤一间房。随着人们收入逐渐提高，旅游意识不断增强，外出旅游也就渐渐纳入家庭消费预算。

"吃、住、游、购、娱"等旅游产品开始供给。吃的方面，宾馆、招待所、餐馆、餐厅等设施开始增多，菜品多以蔬菜猪肉等基础农业食材为主，花色品种增加，但山珍海味稀少；咖啡馆、酒吧等场所寥若晨星。住的方面，清一色的国营招待所和旅馆在 20 世纪 80 年代后期有所改观，但脏乱差和服务僵硬普遍存在。1990 年，广州的白天鹅宾馆、中国大酒店、花园酒店第一次被评定为五星级酒店，酒店品质拓荒开始影响整个中国大地。游的方面，老天爷留下的自然风光和老祖宗留下的历史遗迹之"二老"资源产品是主要供给和旅游者的主要选择。购的方面，境外旅游者拿着"外汇券"只能买到土特产品，工业产品缺乏魅力，旅游商品基本没有踪迹。娱的方面，少数旅游者享受着高雅音乐会的"特权"，港台流行音乐大行其道，卡拉 OK 在 80 年代中后期开始在大城市快速生长。

出于创汇目的，这时期旅游业发展方针为优先发展入境旅游，工作重点就是推动入境旅游发展。因而，在旅游产品粗放开发包装以及宣传营销上，立足和瞄准的是入境旅游者，而以兑换"外汇券"的方式满足入境旅游者的货币需求。对国内旅游则采取不提倡、不宣传、不反对的"三不政策"。直到 20 世纪 80 年代后期才开始出现针对国内旅游者的旅游产品打造和包装以及宣传营销。对出境旅游实际上是采取不鼓励、不支持、不放开的"三不做法"，仅囿于港澳探亲访友的狭窄空间。直至 1990 年 10 月，才放开公民赴新加坡、马来西亚、泰国出国探亲、旅游。

总体来看，20 世纪 80 年代入境旅游市场一枝独秀，国内旅游初步发展，出国旅游一片空白，旅游市场的雏形已现。

（三）旅游市场雏形之特征

20 世纪 80 年代，中国国内旅游市场呈现出观光旅游、跟团旅游、白天旅游、旅游服务和旅游交通不完善等特征。

观光旅游独占鳌头。入境旅游者对中国的自然风光、人文古迹、民俗风情等充满兴趣和好奇。国内旅游者大多直奔泰山、华山、黄山、长江、黄河等名山大川和天安门、长城、故宫、黄鹤楼、岳阳楼等名胜古迹。其原因是旅游者对这些名山大川早已心驰神往，而观光游览的时间成本和经济成本既与可支配收入相匹配，也吻合了"多走多看"的时代旅游价值取向。于是，观光旅游一枝独秀、独占鳌头。

跟团旅游和参观旅游是主要的旅游方式。自费旅游者以跟团全包价的方式进行，旅行社全程为旅游者提供食住行游购娱服务。主因是当时的交通和资讯等社会化服务体系远没有成型，旅游公共服务体系尚未建立，人们外出旅游不得不依赖旅行社。公职人员出差期间参观参访考察旅游，主要是由当地对口接待单位安排和组织，很少委托当地的旅行社承接。

白天"到此一游"释放心理渴望。打开国门之后人们的激动心情和羞涩的钱包不相匹配，因而没有出现白昼和夜晚同步旅游的冲动，夜间场景几乎无处安放旅游者那颗兴奋的心，旅游者也就只好"白天看庙、晚上睡觉"。直到 80 年代中期，才陆续出现以上海黄浦江、广州珠江晚间游览和以武汉汉正街、广州高第街等商业街夜市为代表的夜间旅游业态。即便如此，人们白天走马观花多看一些景区景点，"到此一游"式地领略祖国大好河山，释放沉睡已久的旅游欲望，仍不失为旅游萌发的显现。

旅游服务"百花齐放"。旅游服务行业标准体系还没有建立，旅游接待单位按本单位的服务守则以及服务规范，要求服务人员开展按部就班的接待服务。一个单位一套服务守则和规范，呈现出百花齐放的局面。以单位为单元的服务，其服务出发点为非人性化的理念，因此与个性化服务相差甚远。

普通公路和铁路为旅游的主要交通方式。坑坑洼洼的马路、摇摇晃晃的巴士、慢慢悠悠的绿皮火车是20世纪80年代旅行的真实写照。旅行时间每小时都在一百公里以内，晚点晚班到达旅游地的现象十分普遍，旅游交通时间占总体旅游时间的比重相当之大。大多数旅游者只能在巴士和火车之间二选一；一小部分有经济支撑的旅游者乘坐飞机，但须持有县团级以上的单位证明方能买到机票。旅游的通达性为20世纪80年代的旅游做了一个与之匹配的注释。

二、中国旅游大势之勃发

20世纪80年代至今日，人类的旅游基因在默默表演，时代旅游价值取向在轻声吟唱，消费升级、科技发展、+旅游如火如荼，形成一系列的旅游大势，必将深刻影响着中国旅游的中期未来。

（一）消费升级之5大势

中国的GDP从20世纪80年代开始保持年均10%左右的增长率，直到21世纪10年代增长率仍然高于7%，国民人均可支配收入也因此保持着持续稳定增长，21世纪20年代初的新冠疫情也基本没有改变持续增长预期，旅游消费升级必然稳定前行，引致旅游需求不断迭代，进而推动相应的旅游大势必然形成。

1. 从观光旅游到休闲度假旅游

如果从人类欲望、收入、闲暇的旅游隐性基因进行分析，就会发现当代中国从观光旅游发展到休闲度假旅游的必然性。

欲望之于休闲度假旅游。人类的原始欲和某些天性需要铸就了人类休闲、度假、享乐的心理基础，而休闲度假旅游恰好承载着这一心理需求。从现实欲望来看，伴随经济社会的发展，人们已不再把劳动作为生活的唯一选择，特别是泛Z世代工作之余，更关注生活质量，更关注挣钱和休闲度假之间的平衡协调。时代促进了人们消费观念的转变，增强了休闲度假旅游的欲望，无处不在市场的触角引导着市场供应休闲度假产品。从刺激欲望来看，《国民旅游休闲纲要（2013—2020年）》出台后，整个社会休闲度假氛围渐浓；新近出台的《国民旅游休闲纲要（2022—2030年）》进一步刺激着人们的休闲度假欲望，也必然带动越来越多的供给者主动创新休闲度假产品，主动激发和引导休闲度假的新需求和新欲望。同时，基于满足人民群众对美好生活的新需要和促进消费发展经济的职责，各级政府将出台更多有利于休闲度假旅游发展的产业政策，进一步推动休闲度假产业的快速发展。人们休闲度假的欲望在政策刺激下正向强烈，休闲度假旅游的市场需求也必然正向增强。这一正向的循环呼应，将有力助推休闲度假产业发展合力加快形成，从而促进休闲度假产业再上新台阶。

收入之于休闲度假旅游。学界认为，当人均GDP超过1000美元，旅游主要以观光为主；当人均GDP超过2000美元，旅游逐渐向休闲转变；当人均GDP超过3000美元，旅游逐渐向度假升级[①]。我们可以依此观点梳理我国休闲度假旅游的形成过程。1996年，国家旅游局确定当年招徕境外旅游者的宣传口号为

---

① 杨振之.论度假旅游资源的分类与评价［J］.旅游学刊，2005（6）：30-34.

"'96中国：崭新的度假天地"，从此拉开了休闲度假旅游的序幕。1996年中国人均GDP为709美元，离2000美元有很大的差距，距离3000美元更加遥远。客观来看，当时的国家旅游局抓住了旅游市场趋向基于经济基础的规律，以此举引导旅游市场休闲度假产品和消费，特别是对招徕国外旅游者来中国度假具有积极意义。但是，当时的国内旅游市场和旅游消费还没有相当的能量促使休闲度假旅游大势形成。2006年，中国人均GDP为2099美元，突破2000美元而迈进向休闲旅游形态转变的门槛；2008年中国人均GDP达到3468美元，突破3000美元，休闲度假旅游如期而至。中产阶层一般收入比较稳定，是旅游消费的主体。休闲度假以中产阶层为基础和先导，逐渐向普通大众阶层蔓延，休闲度假作为较高层次的旅游消费行为，遵循着"少数到大众、普及化到惯常生活方式"的发展规律[①]。2021年，中国人均GDP超过12500美元，开启了休闲度假的新篇章。特别是在新冠疫情肆虐全球的背景下，我国经济连续多年实现正增长，中国休闲度假旅游在世界休闲度假旅游格局中的比重将会大幅度提升；与此同时，中国经济稳步增长而迈进世界银行公布的发达国家人均GDP12600美元的行列，经济支撑消费升级从而带动休闲度假旅游朝着更高层次进发。

闲暇之于休闲度假旅游。中华人民共和国成立后，1949年至1994年每年的法定公共假期为59天；1994年至1995年为104天；1999年，增加到114天；2007年之后为115天。目前，我国公众公共假期处在世界中等水平，与欧美发达国家还有一定的差距。在个人年假方面按累计满工作时间情况安排年休假，分别为

---

① 杨振之，马琳.旅游功能区：从概念到规划实践［N］.中国旅游报，2012-02-08（1）.

5天、10天、15天。随着我国已经全面建成小康社会，科学技术飞速发展，生产效率快速提高，循序渐进增加公共法定假期和个人年假充满着可期的想象空间。

综上，我国休闲度假旅游已然成势，未来必将呈现如下"四化"特点。

第一，休闲度假旅游市场的"演进化"。新冠疫情结束之后，中国休闲度假旅游市场将出现"国内化"—"国外化"—"国内外基本均衡化"的演进过程。疫后一段时间，中国休闲度假旅游市场将会表现出"国内化"特点。2021年、2022年在疫情常态化防控下，尽管"德尔塔"和"奥密克戎"等新冠变异病毒不停袭扰中国大地，但人们休闲度假的热情依然不减，疫情缓解期间高热度的中短程休闲度假旅游表现得淋漓尽致。当省外市外出现中高风险区域时，休闲度假主选省内市内；当省外市外没有中高风险区域时，部分旅游者选择省外市外。之后的一两年，惯性习惯和心理作用将使国内的休闲度假继续扮演着重要的角色，每年超过1万亿元的出境游消费需求将大部分释放在国内，形成休闲度假旅游市场的"国内化"。当世界新冠疫情基本缓解或消退后的一年半载，国人到国外休闲度假的欲望可能重燃，出现休闲度假"国外化"的热潮。这种局面终究会出现，只是时间问题。一是很多人太久没有到国外了，需求长期积压，此时异国的吸引力盎然而兴；二是相当数量中产阶层消费没有降维，他们仍然会支撑着出境旅游的天空，而经济持续发展和部分国民人均可支配收入持续增长的预期，也会推动国外休闲度假市场的热络。当国外休闲度假热度持续两三年后，国外休闲度假成为常态，国内休闲度假也为常态，将会出现"国内外基本均衡化"。其主要逻辑是一部分国人到国外休闲度假的热情已经燃烧殆尽，而国内的休闲度假产品已基本完成升级，可以满足多层次消费需求；同时，新兴休闲度假消费群体不断产生,到国外休闲度假依然大有市场。因此,如果没有其他重大事件发生,"国内国外均衡化"将长期存在。

第二,休闲度假旅游消费的"分层化"。收入决定消费,可支配收入的量级决定休闲度假旅游的层级。城镇与农村、发达地区与非发达地区、高收入与中收入的居民之休闲度假消费层级差异显著;同时,发达与非发达地区因劳动力价格和物价水平等多项经营成本的差异而将长期存在休闲度假产品品质和价格层次的差别,且市场的推力将会促使同一区域产生不同层级的休闲度假产品,致使休闲度假出现"分层化"。从群体来看,近几年中低收入群体可用于休闲度假旅游的支出不足,较低收入群体对大众化休闲度假产品价格高度敏感。据美团发布的信息,2021年"五一"期间及前后,休闲度假类产品的单价在下降;而主要面向中高消费群体的高品质休闲度假产品在周末或节假日出现短缺的现象。携程发布的数据显示,2021年"五一"期间,滨海度假酒店、市郊度假酒店以及主题乐园高端酒店成为消费者的主要选择;面向中高端市场的私家团订单量对比2019年同期增长约230%。未来高端休闲度假旅游市场将被催生出更多高品质、个性化的休闲度假旅游产品。从区域来看,携程发布的数据显示,2021年度上半年,休闲度假旅游人均消费指数在1300元以上,但不同的旅游目的地差异较大,经济发达的东部地区以及中西部经济发达城市依然是休闲度假旅游热点区域。同一区域不同层级的休闲度假旅游产品在民宿产品上表现尤为突出。近几年高端乡野民宿被高端消费群体视为珍馐,呈现出东部发达地区生机勃勃、中西部地区高歌猛进之势。

第三,休闲度假旅游选择的"品质化"。"品质化"既表现在目的地上也表现在产品上。目的地的"品质化"过程其实是与城市"品质化"共振的过程；层级化促进了休闲度假产品供给的多元化。以往传统高品质的产品供给仍然沿袭着高端路线，过去一些非主流产品正在摒弃粗放冒进模式而改走精致稳健的路线，成为新品质的主流。在目的地选择上，传统目的地依旧受到追捧，同时一些新兴目的地正在脱颖而出。携程的数据显示，在2021年"五一"期间，北京、上海、成都、杭州、厦门等主流目的地城市继续火爆，连云港、汕头、大同、洛阳、张家界、济宁、日照等三线城市出人意外地十分抢眼，这是城市整体环境改善和城市品质提升的逻辑使然。在内容选择上，除了一些传统品质的休闲度假项目，如上海迪士尼度假区、广州长隆旅游度假区依然受到热捧之外，一些微休闲、微度假的产品成为新生代关注的热点。携程的数据显示，2021年"五一"期间，在"00后"搜索的关键词中，"小吃""奶茶""夜市""打卡""地标建筑"位列热度前五。Z世代正在成为休闲度假市场消费的主体，未来适合其消费口味的潮流、有趣、时尚、多元的休闲度假产品将成为新的亮点和热点。

第四，休闲度假旅游方式的"亲朋化"。休闲度假主要特点为消费能级高、停留时间长、目的地重复度高。这一特征与跟团旅游存在很大区别，形成了与跟团旅游几乎完全不同的方式，表现为以家庭、朋友结伴出游为主的方式。新冠疫情强化了休闲度假家庭和朋友出行的方式，这种方式随着时间的推移将不断固化和强化。

2.从观光参观旅游到沉浸体验旅游

20世纪80年代的观光、参观旅游延续到20世纪末。21世纪初出现了沉浸体验旅游的初级形态，21世纪头10年沉浸体验旅游陆续在中国大地出现，之后一路高歌。

当代世界沉浸体验发轫于2011年3月美国纽约公演的《不

眠之夜》。经过 10 年的发展，全球沉浸产业欣欣向荣。中国、美国、英国、俄罗斯等国的沉浸体验项目数量及品质均达到较高水准。中国沉浸产业发端于 2013 年山西省的沉浸式演艺《又见平遥》，它以旅游沉浸式体验鸣锣开场，预示着沉浸体验旅游发展的广袤空间。美团点评研究院 2018 年发布的《2017 年度大众生活消费趋势洞察报告》披露，沉浸体验搜索增长 3800%。据《幻境·2020 中国沉浸产业发展白皮书》估算，2019 年中国沉浸产业总产值达 48.2 亿元；沉浸体验业态到 2019 年达到 21 类 35 种 1100 项，成为全球沉浸产业最为发达的市场之一，并在项目数量上超越美国成为世界第一，而沉浸式节庆活动、沉浸式景区、沉浸式夜游、沉浸式亲子乐园、沉浸式剧场、沉浸式演艺、沉浸式餐厅、沉浸式博物馆等旅游产品尤为突出。

沉浸体验旅游的消费群体主要为泛 Z 世代。主因一是与沉浸体验旅游产品的属性相关。沉浸体验旅游产品随着互联网数字技术的发展而诞生，沉浸体验场景主要依托互联网数字技术等研制而成，泛 Z 世代作为互联网的"原住民"对此有天然的亲近感。二是与沉浸体验旅游产品的特性相关。泛 Z 世代对沉浸体验旅游产品场景表达方式的个性感、互动感、故事感情有独钟。三是与泛 Z 世代分享精彩片段的旅游习惯相关。泛 Z 世代无打卡不旅游、无分享不旅游，而沉浸体验旅游产品因其新潮炫酷成为打卡的热门场景，分享其图片和短视频获得较高的点赞量必然得到圈层的认同。

未来中国沉浸体验旅游大势将呈现如下三个特征。

第一，沉浸体验旅游产品的"三化""五感"。沉浸体验旅游产品市场定位的演进过程，映射出其产品个性化、新潮化、科技化的特征。当旅游者已经厌烦工业化产品和无差异体验之时，他们需要符合自身喜好和个性的内容，而沉浸体验旅游依托高科技工业制作的场景，使旅游消费者主观上认为自身获得了个性化的体验，满足了自我的个性化味蕾。然而仅有个性化是不够的，对于沉浸体验旅游的消费者特别是占绝大多数的泛Z世代群体而言，新潮的演绎形式和时下时尚的内容是吸引他们绝对不能缺少的味道。新潮的内容和新潮的形式烹饪出新味菜肴，而新味菜肴需要新型器皿呈现，几乎所有成功的沉浸体验旅游产品不约而同地选择了新数字技术作为呈现器皿。事实上，没有新数字技术就不可能有沉浸体验旅游。沉浸体验旅游产品是时代高科技发展的产物，随着高科技进一步发展，原有的沉浸体验旅游产品将快速升级迭代，新的产品将不断涌现，这个具有时代前沿科技特征的旅游产品，将会跟随时代前沿科技的步伐不断前行。当下成熟和正在成熟的互联网技术及新数字技术特别是VR、AR、MR、XR、全息将成为未来打造沉浸体验旅游产品的持久、热门的依托技术，沉浸体验旅游产品场景呈现出的科技化特征将进一步强化。

旅游者对沉浸体验旅游产品的感知过程，表现出存在感、价值感、故事感、游戏感和互动感的特征。如今的旅游消费者特别是泛Z世代往往需要非凡精彩的现场感受和朋友圈的高光存在感；他们不需要听从别人的价值判断，而爱听从自己内心的声音；他们依然喜欢那种沉浸在儿时的记忆里听妈妈讲故事的叙事方式，有了故事情节的加持，他们就会乐在其中流连忘返；他们对游戏的感受情有独钟，深陷其中而又乐此不疲；他们不愿意独自一人静静地看着那些似乎与自己不太相关的事情接连发生。而这一切，优质的沉浸体验旅游产品给了他们一个满意的答案。

第二，沉浸体验旅游产品空间分布将从点到面。目前沉浸体验旅游产品分布还不均衡，上海、北京最为集中。但是，随着消费市场不断扩大，沉浸体验旅游产品的投资不断增长，上海、北京的份额占比却在连年下降，2017年两市项目数量占全国55%，2018年占49%，而2019年仅占40%，同时成都、重庆、杭州、武汉、广州、西安、深圳则发展较快。未来这种趋势将进一步增强，沉浸体验旅游产品将快速分布到全国所有的主要城市，3年以后甚至更短时间内，大部分沉浸体验旅游产品将下沉到人口100万左右的城市，形成从点到面、以点带面、点面结合分布格局。2021年始，剧本杀在中国大地大行其道，大有沉浸体验言必称剧本杀之势。未来创新型的剧本杀将作为沉浸体验产品的主要品种之一向前迈进。

第三，沉浸体验旅游产品消费群体的全群化。一是当下沉浸体验旅游主力军是泛Z世代，尽管时间流逝，他们依然是沉浸体验旅游产品的忠实粉丝；二是未来10年之后，新兴世代将逐步成为沉浸体验旅游的新主力军；三是当前单调的、平面的旅游景区已然不能满足中老年群体的消费需求，旅游景区开始推出沉浸式演艺和沉浸式夜游等老少皆宜的产品，全景式的视、触、听、嗅觉交互体验，时空穿梭和虚拟世界使人"身临其境"，增强了体验和现场效果，必将受到越来越多的中老年旅游者的认可和欢迎。

3. 从白天旅游到昼夜旅游

夜间旅游在20世纪80年中后期初现端倪，21世纪初进入旅游团的行程。如今昼游与夜游已并驾齐驱，一批特色夜间旅游城市和夜景、夜娱、夜潮、夜康、夜节等业态缤纷呈现。

夜间旅游，在诸多旅游城市吟诵。呈现市井生活悠然休闲气息的成都夜游，文艺番味沉醉了回程游人的长沙夜游，热络的网红忘记了吃在哪家火锅店的重庆夜游，云想衣裳花想容、春风得意时尚浓的上海夜游，浪漫达人泡在鼓浪屿之波花海声中的厦门夜游，属于城市别样的记忆，宛如一首首多彩而明亮的朦胧诗。

夜景：白天不懂夜的黑，无数华丽的夜灯照亮了城市的天空，而灯光秀承担起夜间旅游开启的重任。诸多城市的夜间旅游以灯光秀启幕，重要国际外交活动或重要体育赛事的举办让灯光使城市亮化美化起来。上海黄浦江两岸和外滩、重庆的朝天门、武汉的长江两岸、厦门的鹭江两岸都是用灯光泼洒着夜色的明丽。夜娱：领悟余音绕梁的荣光。2019厦门开展IMF电音节，两天时间近5万泛Z世代涌进城市，一票一房难求。以武夷山印象大红袍、杭州宋城千古情、西安梦回大唐等为代表的夜间演艺深受多个圈层旅游者追捧。夜潮：把人生抬进青春的花仙谷。上酒吧、去酒馆、泡茶吧、进咖啡吧、玩轰吧、看秀场、逛潮牌馆，泛Z世代流连于心仪的夜间休闲场所。夜康：仿佛又回到从前的韶华时光。大众化的足浴一直吸引着中老年旅游者，温泉和SPA越来越高端；塑身不再是年轻人的专利，中老年人也在加入其中；理疗作为旅游的主要目的之一受到市场关注。2020厦门酒店健身季活动，向旅游者吹起不一样的集结号。夜节：这是激情难忘的原味时刻。大量的非遗民俗活动移师夜间，厦门农历八月"中秋博饼"活动、闽南民间习俗"送王船"活动颇有市场气息。夜间节庆活动彰显着在地的特色，延续着白天浓烈的氛围，凸显着夜晚别样的亢奋，为旅游者提供了燃烧激情的广阔平台。夜食，夜购，夜间观剧，夜间看展，夜间书店，有传统也有新意，是夜间旅游的传统延续和新兴热望的咏叹调。

未来的夜间旅游大势将呈现如下四个特征。

生态化。没有人愿意把美妙的夜晚丢失在无聊的路上，时间成本和通勤成本是每一位夜间旅游者关注的问题。解决这个问题的上佳方案就是要用市场的力量集聚夜间旅游业态，形成业态生态化，让旅游者在一个生态圈里尽情享受所有夜游乐趣。目前，许多城市夜游一条街已在聚集夜间购物、美食、娱乐、康养等业态，旅游者可以在一个街区体验大多数的夜间活动。然而，一条街的辐射力尚没有充分释放，一条街与周边街巷尚没有完全形成相关联的上下游业态链，旅游者的上半夜和下半夜还不能在一个街区内顺畅衔接，而这种"生态化"将是夜间旅游的未来。

沉浸化。沉浸体验旅游方兴未艾，沉浸化夜间旅游开展在多个发达国家如火如荼。旅游者在加拿大德斯坎索花园的魔法森林漫步，犹如进入奇幻森林。艺术家们把美国沙漠植物园的仙人掌和花草用投影动态光线画面与音乐联动，创造了一场沙漠植物园中的沉浸之旅。日本大阪公园的夜间巡游体验项目，让旅游者惊喜不断。在大力发展夜间经济的背景下，最具活力的中国夜间沉浸化旅游项目必定生机勃勃，巨国市场效应和新技术应用的超强优势，必将为未来实现超越并独领风骚吹起前进的号角。

互联化。许多城市正在解决城市设施、交通、安全等方面问题，打通白天与夜晚互联互通的"最后一公里"，实现未来夜间旅游持续发展。景区做到昼夜互联既是旅游者的期盼，也是城市旅游集约发展的方向。近几年，北京紫禁城上元之夜、厦门胡里山炮台景区的夜秀，让旅游者的黑夜开始懂了白天的白，清晰感受 24 小时轻松透亮的那一片湛蓝的未来天空。

后街化。夜游消费的主街被大众化之后，追求个性化夜间消费的泛 Z 世代，开始把注意力平移到与主街业态不同的后街了。潮来潮往，永不消逝，相对于主街的大牌，后街天生是潮牌的舞台。泛 Z 世代与众不同的个性追求在购物欲望中体现得淋漓尽致，而个性的彰显则依循着泛圈层的潮流，聚集在后街里的潮牌自然就成为他们追捧的消费热点。酒与音乐是夜晚最具张力的色彩，后街里的精酿啤酒让泛 Z 世代穿梭其间，音乐表演秀场更是他们的主战场。

4. 从观光旅游到康养旅游

2012年，四川攀枝花率先提出发展"康养旅游"。2016年10月中共中央 国务院印发并实施《"健康中国2030"规划纲要》，要求各地探索促进健康与旅游融合的新模式。同年，国家旅游局发布并实施《国家康养旅游示范基地》行业标准，确定了首批5个"国家康养旅游示范基地"；国家林业局印发《关于启动全国森林体验基地和全国森林养生基地建设试点的通知》，推进森林康养产业试点工作。2020年，新冠疫情使康养旅游产品成为大量旅游者出游的首选，并一跃成为主要旅游产品类型。2020年6月，戴德梁行发布的《中国康养旅游的发展与趋势报告》显示，2016—2020年，康养旅游市场规模年复合增长率约20%，2020年市场规模将达1000亿元左右。中国旅行社协会于2021年7月印发了《关于开展康养旅游基地评价工作的通知》，决定在全国范围内启动康养旅游基地对标评价及推广工作。经过数年的积淀，康养旅游呈现两种类型、三大趋向、四大核心产品、五种功能的新状态。

两种类型：康养旅游突出特点是功能显、用时长，分为度假型康养旅游和养老型康养旅游两大类型。度假型康养旅游是旅游者利用假期以康养为目的的度假旅游。这类康养旅游者一般处在人生的工作阶段。主要特征是度假康养化，康养旅游化，时间有限化，需求多元化。养老型康养旅游之康养旅游者多以养老为目的在异地易地常态化旅居。这类康养旅游者一般处在人生的非工作阶段。主要特征是生活康养化，养老旅游化，时间无限化，需求分层化。

三大趋向：避寒、避暑、避霾是人们规避不良气候而外出康养旅游的主要动机之一，它决定了康养旅游者区域流动的大趋向。避寒康养旅游者主要流向为南方和滨海、海岛等区域，时间主要在冬季，距离以中远程为主。避暑康养旅游者主要流向为北方、西北和山区等区域，时间主要在夏季，距离在区域上以中远程为主，在地形地貌上无明显区分。避霾康养旅游者主要流向为沿海、山区、乡村等少霾区域，流动时间主要集中在冬春季，距离以中远程为主。

四大核心产品：一是生态型康养旅游产品，包括温泉、SPA、森林浴、磁场浴、矿物质浴等；二是人文型康养旅游产品，包括瑜伽、禅修、冥想、茶道、香道等；三是健身型康养旅游产品，包括武术、运动、塑身、美容、药浴；四是医疗型康养旅游产品，包括中医理疗、药膳食疗、检查诊断、康复训练等。

五种功能：从康养旅游产品和康养旅游者的目的两个维度，康养旅游主要有养生、养心、养颜、养老、疗养五种功能，而在康养旅游过程中，康养旅游产品功能和康养旅游者需求通常是叠加复合的。养生产品的主要特征是设施精致、有静有动；需求的主要特征是乐享品质、健康身体。养心产品的主要特征是自然静谧、天人合一；需求的主要特征是节奏悠然、心舒情怡。养颜产品的主要特征是故事构筑、特色鲜明；需求的主要特征是女性为主、颜值为上。养老产品的主要特征是设施特殊、医养协同；需求的主要特征是老来乐享、生养大同。疗养产品的主要特征是医养结合、多维供给；需求的主要特征是愿望清晰、成效显著。

未来康养旅游燎原之势必将熊熊燃烈而呈现出如下三个方面的特征。

首先是消费群体将快速拓宽。未来康养旅游发展速度之快将超乎想象。其一，新冠疫情很大程度上改变了人们对美好生活的定义，健康成为人们日常生活以及旅游生活的首要思考和选择，康养旅游的拥趸必将快速增长。其二，泛 Z 世代的消费行为和旅游行为特征表明康养和康养旅游不再是养老的领地和老年人的专利。种种迹象表明，人不分老幼，地不分南北，康养旅游几乎是每个旅游圈层的必需品。其三，国民人均可支配收入在经济持续增长的背景下将为康养旅游的扩容提质提供有力支撑。

其次是产品将加速下沉。商业的基本逻辑是市场需求旺盛必然带动投资开发，投资开发旺盛必然带来满足不同层级消费需求的产品的丰盈。当前，在政府产业政策引导下，康养旅游正在加速形成以康养旅游度假区、康养旅游产业园、康养旅游小镇及康养旅游城为主的业态组合。这种建立在产品高度聚集基础上的康养旅游综合体，更多承载的是康养旅游者的共性需求。未来大量的个性化需求将按照市场自己的节奏开发出特色的康养旅游产品。而个性化的康养旅游产品必然是按照市场逻辑形成匹配于不同消费圈层的产品，使产品供给更加适配市场需求。强大的市场力量将加速这一过程，实现产品的下沉。综合来看，康养旅游产品加速下沉将从两个方向发力：一是市场无形之手将补充政府有形之手的某些不足，在康养旅游产品的区域分布上朝着实现与区域市场需求平衡的方向发展；二是开拓个性化需求的领域，如以花、草、泥、矿、沙、雪等资源为依托的康养旅游产品，开发增加特殊消费圈层的康养旅游产品，如以心理医生、民间中医、民间秘传等资源为依托的康养旅游产品。

最后是分布将缓速去中心化。从康养旅游产品分布区域来看，建立在健身型康养资源如武术、运动、塑身、美容、药浴等和医疗型康养资源如中医理疗、检查诊断、康复训练等基础之上的康养旅游产业产品，主要集中在长三角的上海、杭州、南京，华北的山东、北京、天津，珠三角的广州、深圳，西南的成都、重庆等地，这些城市业已成为全国中心或区域中心。随着康养旅游需求持续旺盛，以及康养旅游产品开发加速下沉和康养旅游业态加速创新，尤其是主要依托生态如山川河流村庄、湖泊海岛温泉、森林磁场矿场等自然资源和佛教道教儒家养生文化、茶道香道民俗人文等资源开发的康养旅游产品不断强化,未来康养旅游产品分布会呈现两个特点,一是旅游者将按康养需求流动而散布于全国各地和不同功能区域,从而去全国和区域中心化;二是有别于以城市为中心的城市康养旅游业态和产品,形成依托于区域特色资源的康养产品和城市/乡村康养产品特色功能区分之分布格局而去中心城市化。

5. 从内河旅游到海洋旅游

20世纪80年代中后期,广州珠江、上海黄浦江、长江三峡等内河游船旅游逐步兴起;1995年国家旅游局发布了《内河旅游船星级的划分与评定》的国家标准,标志着内河旅游发展基本成型。80年代末90年代初滨海海上近距离的游船、快艇旅游萌生发展;21世纪初,意大利歌诗达邮轮开始进入中国市场;2002年国务院制定了《全国海洋功能区划》,2003年编制了《全国海洋经济发展规划纲要》,海洋旅游受到应有的重视。2012年,党的十八大正式提出包括海洋旅游在内的海洋强国战略。2013年,国家旅游局确定当年为海洋旅游年,标志着我国进入海洋旅游的时代。

海洋旅游主要包括滨海、近海、远洋"三海"和海上旅游工具之游船、游艇、帆船、邮轮"四船"。海洋旅游主要特征为"三个相统一"。一是综合性与多样性相统一。海洋旅游业态既依托着海洋自然资源,又承载着海洋文化内涵;既是以海洋自然资源为核心吸引物,又是以人类海洋文明为核心内涵。邮轮旅游既包含观光旅游、休闲度假旅游、沉浸体验旅游等多种旅游业态,又包括了吃、住、行、游、购、娱全旅游要素,是一个综合性的旅游项目;游船旅游和非自助的帆船旅游主要是观光旅游;自助的帆船旅游包含运动旅游和观光旅游;游艇旅游主要是高档休闲旅游。二是海洋性与陆地性相统一。与陆地旅游不同的是，海洋旅游产品一端联系着海洋，另一端联系着陆地。邮轮旅游以在邮轮上体验为主，岸上旅游为辅；游船、帆船和游艇旅游以旅游者在旅游地的整体旅游而联系着海洋端和陆地端。三是环境保护与可持续利用相统一。海洋旅游依托海洋开展，"三海"上的旅游活动与在陆地上的旅游活动相比，对大自然的破坏或损害要小得多，所利用的海洋资源主要体现在海水资源上，利用资源的单一性和利于环境保护的特点，使得持续利用海洋资源的相对可能性大为提高。

新冠疫情重创了海洋旅游，疫后完全恢复需要一段时间。未来海洋旅游之大势将在"四船""三海"之上以"三化"的特征向前快速航行。

第一，海洋旅游"产品化"。当前把游船作为旅游产品的意识比较强，这与它诞生时就专供旅游者使用有着直接关系。邮轮作为舶来品，一部分旅游者把它作为交通工具，没有作为"旅游目的地"，反而把海岸上短暂的观光当成目的性的旅游产品。游艇主要为游艇业主的消费品，较少作为旅游产品，目前游艇经营许可政策正在试点突破之中。帆船主要是作为海上运动工具，其旅游产品化依然略显滞后。未来随着国人旅游消费升级以及产品意识增强，"四船"作为旅游产品将会被不断强化，针对旅游者使用的游艇、帆船设计制作将会出现，游艇和帆船旅游的市场空间将更加广阔。

第二，海洋旅游"中国化"。未来海洋旅游"四船"中国化的发展路径将越来越清晰。目前游船在"四船"中中国化最为突出。前几年，国外邮轮公司在中国运营的邮轮承袭着过去的平面布局、功能布局、细分产品布局，市场反应不佳。近几年，中国公司购买了几艘二手邮轮，按国人消费习惯重新布局调整产品，开始去"西化"的行动,市场反应甚好。有报道称,我国已在建造国产邮轮,这将为邮轮中国化提供更为广阔的空间。我国已是游艇制造大国,一旦游艇旅游发展起来、市场需求扩大,中国化也必将提速。

第三,海洋旅游"扩张化"。海洋旅游扩张是经济发展的必然,也是消费升级市场需求进一步扩大的必然。其扩张将在"量"和"域"两个方面开展。量的方面,"四船"的数量持续增长,特别是邮轮和游艇旅游需求增量将支撑邮轮和游艇的增量,同时适应市场需求的轻型邮轮将在未来出现;"四船"的航行区域随着海域管制的弹性和灵活性增强,旅游航线必将增加。域的方面,有中国特色的近海轻型邮轮将串联起沿海岸线的海域,满足旅游者"海上看中国"的需求;邮轮五天左右的黄金时段因假期增加将被延展、扩大航行半径、增加航线长度、扩大活动海域;南海海洋旅游有望适时兴起,繁荣的景象将振奋人心。

(二)科技推动之5大势

当代科技或直接或间接应用于和赋能于旅游方式、旅游交通、旅游场景、旅游产品、旅游服务五个方面,形成了旅游方式网络化、旅游交通快速化、旅游场景虚实化、旅游产品定制化、旅游服务智能化五大旅游大势。

1. 旅游方式网络化

互联网的广泛应用和移动智能通信技术的发展,改变了人们的旅游方式。当代旅游者特别是泛Z世代在旅游前、旅游中、旅游后的过程中,几乎完全依赖于互联网。旅游前,旅游者无论是对旅游目的地的筛选,还是查询旅游资讯、了解当地美食、自订旅游攻略,以及预订或购买机票、火车票和酒店、景区景点,都在网上进行。旅游中,旅游者上网搜索和预约交通工具,借助网络导航购物和搜索美食场所，发照片、发微博、发微信、发短视频分享在朋友圈，直播分享自己的旅游活动等，既使旅游变得方便轻松，也实现了社交、分享和自我表达之目的。旅游后，旅游者分享微文、分享照片、分享视频依然在进行之中，用 H5 等载体把旅游的快乐存留于心中也感染他人。旅游方式网络化提升了旅游体验的快乐值和附加值，基本形成了旅游方式网络化之大势，未来将会呈现出全球化、全群化、全面化的特征。

全球化：一方面，在经济全球化不可逆转的大背景下，旅游经济将进一步全球化，旅游经济的全球化必然推动旅游网络的全球化，旅游网络的全球化为旅游方式网络化的全球化铺平了道路，也带来了动力。另一方面，旅游者全球流动的势头越来越强劲，市场需求的力量推动着旅游网络互联互通，而网络互联互通为旅游者旅游方式网络化的全球化提供了更为坚实的前提条件；快速发展的多语种智能翻译和泛 Z 世代多种语言能力的不断提升为旅游方式网络化的全球化提供了动力和支撑。

全群化：伴随着互联网和新数字技术发展而产生的网络生活全覆盖，以及互联网居民泛 Z 世代旅游消费不断增长和新兴世代诞生成长所产生的旅游消费群体迭代，旅游方式网络化的群体覆盖面将不断加速拓展。旅游方式网络化的主要群体为习惯互联网生活方式的泛 Z 世代，随着移动通信智能化的便捷性和生活网络化的不断提升，旅游者使用移动互联网的年龄段将不断加速拓展。事实上，当前许多 60 后旅游者已经习惯在旅游活动中使用互联网了。未来旅游方式网络化的全群化帷幕必将被全部拉开。

全面化：目前，旅游方式网络化覆盖集中在大众和"中众"旅游业态及其旅游产品层面，然而小众市场需求不足难以促进网络消费市场下沉，使得小众旅游业态及其产品的专项服务要么缺少、要么散落在大众和"中众"旅游业态及其产品之中。但是，随着小众消费能级提升和市场寻找"蓝海"等动力逐步增强，专项细项的旅游业态和旅游产品及其服务将不断出现，旅游方式网络化的全面化必将如期而至。

2. 旅游交通快速化

21世纪以来，我国高速公路、高速铁路和机场建设突飞猛进，连通国内城市和外国的旅游交通网络基本形成，交通科技发展推动了交通运输速度大幅提高，"行"踏上了"风火轮"，旅游者实现了从缓慢到达目的地至快速到达目的地的转换，旅游交通快速化之大势基本形成，未来将呈现如下主要特征。

出国旅游交通快速化进一步提升。出国旅游大交通的交通工具主要是飞机。新冠疫情前，我国开通国际通航线的国家和地区不断增多，开通国外航线的中国城市也不断增多。未来随着我国贸易发展以及国际影响力提升，开通的国际航线将持续增加，国际航班也将持续增加，必然引致出国旅游交通快速化不断增强。

国内旅游交通快速化动力强劲。一是旅游交通快速化的基础——老基建"铁、公、机"在乡村振兴和共同富裕的背景下依然不会也不可能停歇，至少还有十几年发展的兴盛期。二是我国自行研制的C919和合作研制的C929大飞机的量产和大范围的使用将在未来发生；在现有设计时速和新建高时速设施的基础上，高速火车提速是未来的大概率事件；磁悬浮技术列车的推广将是未来重量级的交通事件。三是在碳达峰、碳中和目标背景下以及消费升级驱动下，以电池为动力的电动汽车将在未来超过传统以石化为动力的汽车，电动汽车全面普及将带动自驾游持续兴旺。以上三者叠加必将带来国内旅游交通快速化效应倍增。

城市内部交通快速化持续提速。主客共享理念深入人心，旅游地政府将进一步关注和重视城市内部以及城市与乡村间的交通协同发展,打通交通协同和交通接驳"最后一公里",提升交通工具的协同和接驳水平,智慧交通体系必将在未来建成,旅游交通的耗时率将进一步被压缩。与此同时,市域轨道交通网络更加发达健全,以 2022 年 12 月底在成都下线的全球首列最高时速 160 公里的氢能源全自动市域列车为代表的市域交通工具勃勃进发,城市旅游交通快捷化之趋势将持续昂首向前。

3. 旅游场景虚实化

当今互联网技术、新数字技术及其 VR、AR、MR、XR 等技术陆续应用到旅游场景再造实践中,初步形成虚拟现实、增强现实、混合现实、拓展现实等特征明显的旅游场景形态。这种虚实结合、虚实融合的旅游场景形态,已经开始改变人们对传统旅游场景的认知。未来这种旅游场景虚实化之大势,必将在"元宇宙"概念的强力牵引下,在从实体实地到虚实融合的大道上呈现出如下的场景:

旅游场景虚实化走深。目前旅游场景虚实化主要应用的是 VR、AR、MR、XR 等技术,VR、AR 相对比较成熟,在许多应用场景展现出诱人的魅力。但也有一些场景因需要使用视镜等烦琐装备而表现得不尽如人意,有待技术进步推动旅游场景应用下沉;MR、XR 尚不够成熟,虽然一些应用场景已经出现,但大范围应用尚待时日。技术的进步和突破将带来精细、精致、精美的场景,引致旅游场景虚实化大势走向深入。

旅游场景虚实化走宽。当前 VR、AR、MR、XR 等技术主要应用在旅游景区和博物馆、展览馆等空间,室内制作的虚拟空间初见曙光。未来室内制作的虚拟空间将大步前行,其他吃、住、行、购、娱虚实化场景将如期快步进发。

旅游场景虚实化走强。虚实化的旅游场景需求旺盛带动资本不断涌入,产品走向深处、走向宽处的同时,其竞争力将不断增强,而随着虚实化旅游场景消费额占比逐步攀升,未来有望超过实体实地的旅游消费总额。

4. 旅游产品定制化

21世纪以来,"机+酒""机+景"等旅游产品相继问世,个性化旅游需求开始萌发。近10年来,定制化的旅游产品需求节节攀升,特别是冠新疫情期间,大批旅游者利用疫情缓解的空档,试探性地外出旅游,催生出自由化、小团化、家庭化、亲友化,微休闲、微度假、微旅游等个性化旅游需求,尤其是旅行社设计开发的"3底8顶微团"产品,直接颠覆了传统旅游的观念和做法,市场传递出对个性化定制化产品需求趋旺的信息,这种动能不断积累,必将形成旅游大势并呈现如下特点。

集成化:当旅游产品定制市场规模达到一定量级时,资本逐利将驱使资本流向定制市场,而资金雄厚的互联网头部企业及相关企业将依托互联网和人工智能技术,搭建个性旅游产品定制集成化平台,压缩时间成本和人工成本,提升旅游产品研发和制作效能,形成旅游产品定制化集约发展之势。

分离化:定制旅游产品与传统挑选旅游产品的区别,不仅在于同一产品数量的差异,而且关键在于定制旅游产品过程的差异。部分旅游者也会全程参与到个性旅游产品研发之中,此过程将逼迫传统旅行社乃至现有OTA平台在产品定制领域加速式微,因而出现旅游产品定制与传统旅行社分离而独立存在之势。

品质化:个性化需求的本质是品质需求,消费升级必将带来高品质的要求,没有高品质的定制产品就没有市场的未来。未来旅游定制化市场和产品定制在市场规律的作用下,将朝着品质化的方向进发。

5. 旅游服务智能化

当前旅游服务智能化正在沿着两大传统板块展开。一是旅游公共服务。21世纪初期开始推进旅游公共服务体系建设，资讯网站、咨询热线电话、咨询服务中心、信息图册应运而生。近几年，政府部门开始依托移动智能手机，以一张地图服务＋一个小程序服务＋N种服务，期望基本实现一部手机轻松游的目标。二是市场主体服务。旅游景区的游客服务中心、旅行社的门市部等非智能化服务，如今已被线上产品预订、二维码扫描、人脸识别、机器人等智能化服务所刷新，旅游者在安全、便利、快捷、温馨的服务中感受到了快乐和惊喜。

当下旅游服务智能化大势已处在发生与发展阶段的交汇点，未来这一大势必将走进发展和成熟阶段并闪耀出如下特征。

智能化公共服务范围延伸。当前政府部门智能化公共服务体系建设着力点主要集中于服务旅游者。未来将在服务市场主体方面开始发力，依托大数据资源分析旅游市场变化以及旅游者的满意度、消费偏好和需求特点等，解决市场主体的盲点、痛点、痒点，助力市场主体提升拓展市场的针对性和有效性。

大数据和人工智能作用突出。大数据是智能化服务的基础，没有大数据的智能化服务就是无头苍蝇、无的放矢，根本没有意义；而人工智能依托云计算实现精准快速有效的智慧服务，二者与多项互联网前沿技术融合一体，发挥出淋漓尽致的作用，是未来智能化服务主要方向之一。

个性化智能服务将是一片新领域。公共服务强调的是共性，但是，数字技术和大数据的个性化特征将为公共服务打破共性化的藩篱提供技术支持。基于此，实现在共性化平台上的个性化智能服务，将是政府部门未来智能化公共服务的重要使命。与此同时，市场主体的智能化服务的个性化，将在消费升级和消费多样化中大显身手，而赢得更大的市场份额。

(三) +旅游之5大势

分析和研判+旅游下的旅游大势首先必须厘清三个问题。一是关于+旅游的产业本源问题。+旅游的那个产业即相对旅游产业的其他产业就是本源产业,而被+的旅游产业只是载体产业。如科技+旅游,科技就是本源产业,而旅游则是载体产业。二是关于+旅游动能及其方向的问题。+旅游是本源产业作用于载体产业即旅游产业的动态过程。本源产业的动能在+旅游产业的过程中发挥着主导作用,以至于在通过渐进+旅游的动态过程中形成新产业业态的核心吸引物通常是+旅游的那个本源产业的特征。而且,+旅游的动态过程渐进时间越长,新产业业态中本源产业的吸引力的能级就越高。在+旅游的实际情况中,突进的动态过程极为稀少,不具代表性。三是关于+旅游与旅游+的区别问题。旅游+与+旅游的最主要区别是旅游+就是旅游产业处于核心地位,作为本源产业赋能于其他产业即载体产业,影响其他产业,而形成以旅游业为主导的新产业业态。如旅游地产就是以旅游者为主体的异地旅居度假型的旅游业态,旅游小镇就是以旅游产业作为本源产业的动能赋能于其他主题产业即载体产业。+旅游则是旅游产业处于从属地位,处于核心地位的其他产业即本源产业赋能旅游业、影响旅游业。如文化旅游、农业旅游、工业旅游、教育旅游、体育旅游等。

厘清上述三个问题之后,就应当聚焦本源产业赋能旅游产业过程中所发生的变化。当下旅游产业的"高关联度"基因作用特别突出,导致诸多本源产业在赋能旅游产业的过程中产生了+旅游新业态,而这些+旅游新业态对旅游产业的发展格局将产生重大而深远的影响。

1. 科技＋旅游

当今科技对人类社会影响之广泛、迅速、深刻超过了以往任何时期，科技对活力、张力、融合力突出的旅游产业赋能无处不在、无时不在。在科技＋旅游的过程中逐步形成了以科技资源为主要吸引物的科技旅游新业态。国家相关部门对科技＋旅游的发展趋势是敏锐的、重视的。2017年3月28日，国家旅游局、中国科学院发布了"首批中国十大科技旅游基地"。2020年12月，文化和旅游部、国家发展改革委等十部门联合印发《关于深化"互联网＋旅游"推动旅游业高质量发展的意见》，提出了到2022年、2025年的系列目标，提升科技＋旅游之大势的能级，必将促进科技＋旅游大势持续激情澎湃，并呈现如下几个特点。

科技旅游新业态不断丰盈。在科技＋旅游的动态过程中，在市场和政府的双力推动下，新兴的科技产业不断加入赋能旅游业的行列，形成更多的科技旅游业态，增加科技旅游的总量，提高科技旅游业态的丰度。同时，我国科技水平跃升和国人科技自信意识提升，必将引致旅游者特别是泛Z世代和新兴世代对科技旅游产品心生迷恋而追之逐之捧之。

旅游业态数字化不断增强。互联网技术、新数字技术赋能旅游业的过程将使整个旅游产业和旅游活动被数字化和网络化，供给端的旅游业态和旅游产品、需求端的旅游产品选择和旅游消费、管理端的旅游活动引导及市场监管的"三端一体"被不断数字化和网络化，将带动旅游产业发生翻天覆地的变化。未来我们回望今天，可能已看不到今日之旅游业态的模样了。

科技赋能"旅游三端"特征突出。新科技将综合赋能旅游业的供给端、需求端、管理端，形成一系列的时代新特征。未来的旅游供给端将会凸显创造、人性、变化的特征；旅游需求端将出现多元、便捷、乐享的特征；管理端将会展现智慧、精准、高效的特征。

2. 文化 + 旅游

文化产业同样是一个张力强、融合力强的产业。近几年火热的"文旅融合",让文化 + 站在了时代前沿。其实,文化 + 旅游既是老命题,又是新命题,还是大命题。言之老命题是因为文化旅游这一旅游业态自旅游业产生之时就已出现,尽管并非当今文化 + 旅游之文旅融合,而是文化和旅游的结合。言之新命题是因为国家层面通过强调营造文旅融合的社会氛围、通过机构改革促进文旅融合、通过政策引导推动文旅融合,文化旅游迎来新的发展机遇、呈现新的业态内涵。言之大命题是因为文化繁荣与实现中华民族伟大复兴的宏伟目标紧密联系在一起,以坚定的文化自信引领着文化和旅游融合,以文塑旅、以旅彰文,是新时代社会主义文化建设的创新,也是推动旅游现代化高质量发展的创新,文化 + 旅游的文旅融合新业态发展的时代已经扑面而来。未来文化 + 旅游所形成的文化旅游业态将依循其隐性逻辑和显性逻辑笃定发展。

旅游"市长"与旅游"市场""合谋"。从宏观层面看文化 + 旅游赋能旅游之态势,旅游"市长"在主导文化 + 旅游的过程中,一方面,出台产业政策如金融政策、税收政策、土地政策支持和扶持文化和旅游融合发展而不断形成新的能量;另一方面,对物质文化遗产和非物质文化遗产 + 旅游实行定性和定量的指导。而市场追逐利润和利益的内生动力,将通过配置旅游生产要素投资新项目而形成新能量。旅游"市长"与旅游"市场""合谋",势不可当。

文化 + 旅游过程与城市"合拍"。每个城市都有自己的文化特色和个性,高质量的文化 + 旅游过程必须按照城市特色和个性方向赋能,否则其文化旅游业态就会失去长久的生命力。城市文化特色和文化个性一般表现在城市特质、文化资源、文化定位等方面，匹配它们的文化旅游业态就应与城市"合拍"，且匹配度越高，产品的活力就越强。

文化＋旅游过程与产品"合道"。文化＋旅游过程与产品"合道"，文旅融合的产品才能"有道"。未来文化在赋能旅游的过程中，能量大小匹配不同产品形态，达则雅，过则俗，无则非，与产品形态"合道"，才是市场主体的长久之道。如文化＋节庆活动时大张旗鼓，文化＋创意产品时体现中庸之道，文化＋酒店饭店时含蓄润物，如此等等，"合道"则其道长矣。

3. 乡村＋旅游

20世纪80年代中后期，城里人回老家探亲时顺带进行了一些观光休闲活动；90年代以后，农家乐、渔家乐等乡村旅游形式陆续出现。21世纪以来，随着观光休闲农业和"婺源现象"不断涌现，原乡、原野、原味，乡野、田野、山野的乡村旅游产品受到城市旅游者的广泛热爱，乡村＋的态势日益强劲，乡村赋能旅游一路高歌，乡村旅游业态蒸蒸日上。当前乡村旅游正在朝着以乡村民俗文化为灵魂，以城市居民为主要客源市场的方向大步迈进。未来乡村＋旅游的旅游大势将如期而至并出现"五化"特征。

战略化。在中国还没有哪一种旅游业态像乡村旅游这样不断被国家赋予战略性的历史重任。21世纪00年代，乡村旅游就作为提高农民收入的主要途径，受到了前所未有的重视；10年代，乡村旅游作为农村全面建设小康社会的主要力量之一得到各级政府的高度重视；党的十九大报告指出，农业农村农民问题是关系国计民生的根本性问题，必须始终把解决好"三农"问题作为全党工作的重中之重，实施乡村振兴战略。当前发展乡村旅游正在成为实施乡村振兴战略的重要路径和实现共同富裕目标的重要手段，作为调整农村经济结构、促进乡村生态保护的重要举措和解决"三农"问题的一个全新突破口，乡村＋赋能旅游的能量能级随其定位不断提升而逐步增强。

原乡化。乡村+旅游的过程中,"原乡"永远是内核和硬核,失去"原乡"或者减弱"原乡"能级的乡村旅游产品将可能成为"城市旅游产品"或者"非乡非城旅游产品",其市场前景必然暗淡无光。前些年,城市化的乡村旅游产品在市场上屡见不鲜,"四不像"的产品不断被市场打脸。未来这种局面将会彻底改观和扭转,"原乡化"将逐步强化。

特色化。未来市场淘汰机制的作用发挥将会越来越大,"特色化"将为乡村+的能量大力加持。"千村一面""千品一面"的乡村旅游产品将会越来越少;而因地制宜、因村制宜、因资源不同而打造不同产品,高辨识度的"千村千面""千品千面"的特色乡村旅游产品将会越来越多。

精致化。粗放不是乡村的标签,精致不是城市的专利。未来乡村+的能量增长的主要推力之一就是乡村振兴过程中的"精致化"。在乡村+旅游的过程中,"精致化"的动能将会加大释放。"精致化"的乡村旅游产品将是市场上的抢手货,市场推动乡村旅游产品"精致化"的力量随着时代的进步而不断提升。

艺术化。"艺术化"是乡村旅游产品最高境界之一。从婺源油菜花海到伊犁薰衣草花海,从泰宁大金湖丹霞地貌到张掖的七彩丹霞,都是大自然和人类在广袤大地上创作的大地艺术品。近几年,成都市打造的幸福梅林、花香农居、江家菜地、东篱菊园、荷塘月色"五朵金花",正是在尝试走乡村旅游"艺术化"的路子。未来乡村+旅游的过程中,仰视、俯视、平视的全视角"艺术化"的乡村旅游场景将会大行其道、大放异彩。

4. 体育+旅游

世界旅游组织曾有研究表明:当一个国家人均GDP达到5000美元时,体育旅游产品将会呈现井喷式的发展态势,当人均

GDP为8000美元时,体育健身将成为国民经济支柱产业。

1985年中国国际体育旅游公司成立,主要从事入境体育旅游业务,90年代伴随着体育和旅游的发展,体育旅游市场开始出现;2001年,国家旅游局确定当年为"体育健身游"旅游主题年;2007年首届中国体育旅游博览会在上海举办。体育+的能量在体育产业快速发展中不断增强,如今体育旅游业态业已发展为一个重要的旅游产业业态,形成了以体育比赛旅游、体育健身旅游、民族体育旅游为主的体育旅游形态,体育旅游呈现出蓬勃发展之势,未来体育旅游规模将不断快速发展壮大,其发展大势将呈现出如下特征。

泛化。随着体育+的能量不断增强,体育+的外延将不断拓展,各种健身旅游、健身娱乐、体育竞赛、体育康复及体育文化交流活动都将被体育+影响和辐射,呈现出体育旅游区域泛化、领域泛化、产品泛化的特征。区域泛化方面,目前我国体育旅游产品地域分布的特点是西部地区占比高、东中部占比低;体育旅游节庆活动分布的特点是东部地区活动多,中西部地区活动少。其主因是西部体育旅游资源丰富,东部经济发达,体育资源分布和经济资源分布不平衡。未来随着东中部体育健身加速发展和西部经济不断提升,体育旅游产品和体育旅游节庆活动将在东中西部弥补式地发展,形成区域体育旅游业态分布泛化特征。领域泛化方面,我国幅员辽阔、民族众多、地理环境复杂、气候特征多样,体育旅游资源丰富,人们依托各种资源创新,运动健身的内容将层出不穷,体育旅游领域将随着体育+的能量走强不断泛化。产品泛化方面,未来将依托自然资源开发形成冰雪体育旅游、海上运动旅游、沙漠探险旅游、草原牧马旅游等体育旅游产品;依托球类资源开发形成篮球运动旅游、排球运动旅游、网球运动旅游、高尔夫球运动旅游等体育旅游产品;依托体育比赛资源开发形成足球比赛旅游、电竞比赛旅游等；依托体育＋文化、教育、健康、养老、农业、林业、通用航空等资源开发形成一批复合型的泛化体育旅游产品。

精化。在体育旅游外延泛化的同时，体育旅游产品内涵将随着旅游消费升级和体育专业化升级而出现精化特征。在体育比赛旅游方面，无论是体育比赛的赛后旅游产品设计开发，还是观看体育比赛的旅游产品设计和开发，都会朝着精致化、人性化、个性化的方向发展。在体育健身旅游方面，旅游者对产品的品质品牌要求越来越高，粗放型的体育健身旅游产品不能有效地满足需求，只有根据市场不同需求开发出不同精化的体育健身旅游产品，才能赢得旅游者的认可和青睐。在民族体育旅游方面，设计开发精化的体育旅游产品，既是保持民族体育运动的特色特点、彰显民族文化内涵精髓的需要，也是促进民族特色的活化亮化、使旅游者在参与民族体育旅游活动中感悟民族体育精神的需要。

强化。随着政府把发展大众体育与发展竞技体育放在同等重要的地位，大力发展竞技体育，强力推行"全民健身计划"，以体育为内核，以旅游为载体的体育＋将逐步被强化。竞技体育承载着体育强国的梦想，是中华民族伟大复兴的重要标志。在竞技体育强化的过程中，体育旅游业态的张力和市场的渗透率将稳步提升。体育健身承载着国人身体健康的梦想，是我国现代化进程中的重要衡量指标，未来以轻松愉快的方式旅游将不断强化。民族体育承载着传承民族文化的梦想，大力支持民族发展的各项政策在发展民族体育方面作用将更加突出，民族体育旅游产品将彰显民族文化内涵和基因。这三个梦想通过体育赋能旅游，让体育旅游作用更为突出更为重要，强化之路将是各级政府和有志于此的市场主体的必答题。

5. 教育 + 旅游

2013年2月国务院办公厅印发的《国民旅游休闲纲要（2013—2020年）》提出"逐步推行中小学生研学旅行"；2014年7月，教育部发布《中小学学生赴境外研学旅行活动指南（试行）》；2014年8月，国务院印发《关于促进旅游业改革发展的若干意见》，进一步提出"积极开展研学旅行"；2015年8月，国务院办公厅印发《关于进一步促进旅游投资和消费的若干意见》，要求"支持研学旅行发展，把研学旅行纳入学生综合素质教育范畴"；2016年1月，国家旅游局公布首批10个"中国研学旅游目的地"和20家"全国研学旅游示范基地"；2016年11月，教育部、发展改革委等11部门联合发布《关于推进中小学生研学旅行的意见》，进一步明确"把研学旅行纳入学校教育教学计划"。至此，以研学旅行为核心的教育旅游业态欣欣向荣，研学旅行蓬勃发展气势如虹，在未来将呈现以下特征。

研学旅行的教育属性不断增强。研学旅行是由学校根据区域特色、学生年龄特点和各学科教学内容的需要，组织学生以集体旅行、集中食宿的方式走出校园，加深对学科的感性认识和理解，其教育属性鲜明。目前，《研学旅行服务规范》《研学旅行基地（营地）设施与服务规范》《研学旅行指导师（中小学）专业标准》对研学旅行做出了相关规范。但是，研学旅行的课程设计和开发、引领和规范还相当薄弱。未来研学旅行课程设计开发将会被进一步重视，课程设计开发的教师培育和培训将成为一个新的领域，研学旅行的旅游属性将逐步泛化，而教育属性将不断增强。

研学旅行市场成长速度不断加快。我国首个研学旅行行业发展白皮书《中国研学旅行发展白皮书2019》显示，2019年参与研学旅行业务的企业有7300多家，中小学生研学实践教育基地超过 1600 个，实践教育营地有 177 个。母婴商业研究院研究表明，2017 年、2018 年、2019 年国内研学旅行市场规模分别为 387 亿元、597 亿元、788 亿元；2018 年、2019 年国际研学旅行市场规模分别为 346 亿元、379 亿元，未来将达到 1980 亿元。目前，研学旅行学校渗透率不到 10%，远低于发达国家如日本 98% 的渗透率。单从我国教育体系看，人口超过 1.7 亿，市场空间巨大。2021 年 7 月教育部印发《关于进一步减轻义务教育阶段学生作业负担和校外培训负担的意见》，承载着素质教育任务的研学旅行纳入教学计划的步伐将进一步加快加大，市场增长将不断提速。

产品价格逐步反映产品价值。目前，研学旅行产品平均价格比其他旅游产品要高很多。据有关机构调查，2019 年一、二线城市的家长更愿意为有品质保障的研学旅行产品付出合理的费用；批发产品单价在 2100 元左右，零售均价在 3000~4500 元；海外均价达 1.2 万元；70% 的消费者期望旅行时长为 6~10 天，88% 的消费者接受人均花费 3000~10 000 元；主要热门研学旅行城市有北京、上海、广州、深圳、成都、厦门、武汉、西安等。未来随着研学旅行产品和消费升级，特别是教育部门的"双减"政策快速强力落实，研学旅行产品替代效应出现，价格将继续上涨，产品价格将逐步反映产品价值。

三、中国旅游的五大势能

自 20 世纪 80 年代至今的 40 余年，中国生产力、经济社会、旅游产业取得巨大进步，积淀形成了推动中国旅游走向未来之五大势能——深度国际化、经济持续稳定发展、消费需求不断升级、新数字技术突飞猛进、本源产业+能量续增——的磅礴伟力，必将成就旅游强国大势、高层级全面大众旅游大势、旅游市场格局趋向均衡大势、创新发展旅游大势、融合发展旅游大势,叱咤中国未来旅游之风云。

(一)深度国际化势能之旅游强国大势

中国已完成了从旅游小国到旅游大国的蜕变,未来旅游强国之梦想必将伴随中华民族伟大复兴的生动进程而实现。中国入境旅游、国内旅游、出境旅游之三大旅游市场正昂首走在全面实现世界第一的阳光大道上。

2013年,中国国内旅游和出境旅游人数就已位列世界第一了。2019年国内旅游人数60.06亿人次,旅游收入5.73万亿元;出境旅游15 463万人次,旅游花费1338亿美元;入境旅游14 531万人次,其中国际旅游者3188万人次,旅游收入1313亿美元。同年,西班牙接待国际旅游者人数位居世界第一,为8370万人次,美国国际旅游收入位于世界第一,为2400亿美元。如果我们以2019年前10年的中国旅游入境人数和入境收入增长平均数推算,那么至2029年中国将超过西班牙成为入境旅游人数世界第一的国家,2030年中国将超过美国成为入境旅游收入世界第一。也就是说,中国将可能在2030年左右成为世界三大旅游市场中全面位列第一的国家。

未来中国旅游强国大势将主要由经济全球化、投资融合化、旅游国际化三大动能构成的深度国际化势能推动前行。

第一,充满韧性的经济全球化。经济全球化是当代世界经济的重要特征之一,也是世界经济发展的重要趋势,尽管个别国家正在裹挟他国撕裂经济全球化的帷幕,但韧性和弹性终将战胜野蛮粗暴之力。在经济全球化背景下,生产要素在全球配置,资本和产品在全球流动,科技在全球应用扩张,各国在市场分工与协作中实现相互融合。旅游经济作为全球经济的组成部分，将在货物贸易、服务贸易和资本流动等方面集聚动能。

在货物贸易方面，中国货物贸易已于 2013 年就位居世界第一，2021 年中国货物贸易量占全球的 13.51%，中国成为世界上 120 多个国家的最大贸易伙伴。这种强大的货物贸易能量赋能旅游经济最为显性的表现是贸易国之间的人员频繁往来而增加双向商务会展旅游人次。同时，强大货物贸易能量将带动包括旅游服务在内的服务贸易增长，而这一持续过程将积淀汇集成为不可阻挡的旅游强国势能。

在服务贸易方面，自 2015 年以来，国家先后批复了 11 个省市作为服务业扩大开发综合试点；2022 年中国服务进出口总额 59 801 亿元，同比增长 12.9%，现代服务业发展动能快速提升。中国出境旅游和入境旅游在世界旅游服务贸易中位居前列。出境旅游所表现出来的巨大影响力已表达得酣畅淋漓。在入境旅游方面，中国已具备既能满足几乎所有类别的直接旅游服务需求，又能满足旅游者进行国际商务、会展、学术、科考活动的派生旅游服务需求，还能满足中华文明特色服务的旅游需求，整个旅游服务过程产生着润物细无声的影响力，将汇成最为直接的世界旅游强国的势能。

在资本流动方面，当前外资对华投资和内资对外投资十分火热。2020 年，中国成为第一大外资投资国，而对外投资也位居世界前茅。未来我国外资投资和对外投资必将双双成为世界第一；在外资投资和对外投资动能推动下，旅游产业将成为资本聚集的主要领域之一，随后外资投资和对外投资也必将双双雄踞世界榜首，汇成世界旅游强国大势的势能。

第二，蒸蒸日上的旅游投资融合化。对内投资方面，"十三五"期间旅游投资规模保持年均 6.82% 的增速。2018 年旅游投资额为1615亿美元，同比增加4.40%，稳居世界第二。未来投资单一旅游项目的状况将会发生转变，越来越多的投资商特别是头部投资商，将着眼于区域整体投资，力求集合旅游产业群，整合旅游相关产业，与城市产业深度结合，寻求综合收益的最大化。在旅游业态及旅游相关产业上，旅游投资将集聚三个板块：一是投资沉浸体验旅游、康养旅游、夜间旅游、度假旅游等旅游业态以及科技旅游、文化旅游、农业旅游、体育旅游、教育旅游等+旅游业态板块；二是投资城市游憩型商业、中央游憩区以及特色时尚潮玩业等城市综合型休闲旅游板块；三是投资旅游基础设施、旅游公共服务、旅游大数据平台、高科技旅游应用等旅游业基础板块。

对外投资方面，"十三五"时期，中国对外投资规模达7400亿美元，年均1480亿美元，居全球对外直接投资流量前三；即使是新冠疫情期间的2020年中国对外直接投资仍有1329亿美元，位居全球前列。截至2020年年底，中国对外直接投资存量超2.3万亿美元，比2015年末翻一番，对外投资大国地位较为稳定。环球网2020年1月22日报道称，2019年11月中国两家公司分别收购德国法兰克福的德意志酒店集团和英国著名旅游集团托马斯·库克及其附属公司的知识产权资产。在中美贸易摩擦导致中国企业投资海外的动力明显减弱的背景下，旅游业却成为一个例外，出现逆势投资，这与中国出境旅游急剧增加直接关联。

新冠疫情前在旅游业经营收入持续攀升的推动下，中国对外开放特别是包括旅游在内的服务业力度和宽度不断走强，外资也将必然持续加大对中国旅游业的投资，从而与国内企业的国内旅游投资和境外旅游投资聚合为"三位一体"的势能，推动着未来形成旅游强国的"马太效应"。

第三，勃勃腾升的旅游国际化。旅游国际化势能由三大旅游市场在国际化过程中产生的能量汇集而成。

　　国内旅游国际化是一个渐进的过程。20世纪80年代，中国的开放旅游政策使国外旅游者纷至沓来。21世纪00年代中期，一些旅游城市开始着手推动旅游国际化。杭州市2004年启动第一轮旅游国际化，之后连续启动至第五轮，以旅游的国际化推动城市国际化；青岛市2016年启动国际城市创建工作，以城市创建带动旅游国际化；三亚市2018年启动并制定了旅游国际化的指标体系及评价体系。在国家层面，旅游国际化不断强化。2009年12月国务院发布《国务院关于推进海南国际旅游岛建设发展的若干意见》，2016年8月国务院发布《国务院关于平潭国际旅游岛建设方案的批复》。在产业方面，1985年北京喜来登长城饭店开业，1988年上海静安希尔顿酒店开业，国际品牌酒店开始登陆中国大陆。随后国际品牌酒店管理公司以惊人的速度从点到面布局到几乎所有的大中城市，从酒店业国际化开始的中国旅游产业国际化进程不断加快。同时，国内旅游的高速发展吸引了国外旅游巨头如迪士尼乐园、环球影城、乐高乐园、"六旗"主题乐园纷纷进入中国市场。总之，国内旅游高速发展加快了旅游国际化的进程。

　　出境旅游蓄能主要体现在"内""外"两个方面。就"内"而言，出境旅游给国人带来国际化的理念。一般国人了解和感受异国的自然文化、风土人情的实地渠道主要是出国旅游。旅游者所收获的不仅是开阔了眼界，更重要的是对世界不同文明的感知，如对"排队""走斑马线"等文明行为的感悟，这样的国际化潜能不可小觑。就"外"而言，国人出境旅游给旅游地带去了中华文明，虽然难免出现一些文明之间不够和谐的现象，但是大量的旅游者反复传达的中华文明信息对旅游地民众之影响同样不能小觑。同时，大量的国人出游和花费促进了旅游地国家的人们学习中国语言和文化的积极性和热情。出境旅游促进了我国国际地位的提升，我国常以举办两国旅游年推动外交关系发展；与此同时，2012年9月世界旅游城市联合会、2017年9月世界旅游联盟等非政府非营利的国际旅游组织相继在中国成立并发挥有效作用，旅游赋能外交、旅游赋能商务、旅游赋能出口、旅游赋能外资投资等的综合势能稳步提升。

入境旅游的强盛是旅游强国最突出的标志。北京、上海等城市凭借其独特的优势，要么在城市国际化过程中基本实现了旅游国际化，要么在旅游国际化过程中基本实现了城市国际化。但是，对于大部分超大城市和特大城市而言，旅游国际化还处在行进阶段。此阶段的快与慢、能量的强与弱与入境旅游的态势有很大的直接关系。国外旅游者大量涌入我国，将会促进三个方面的提升。一是提升人民币国际化水平。货币是体现入境旅游便利的第一要件，人民币国际化和可自由兑换是入境旅游消费需求释放的基础。在境外境内自由兑换的人民币在入境旅游的强力推动下，终将发生质的变化。数字人民币为人民币国际化和人民币境内外自由兑换描绘了一幅亮眼的蓝图，而旅游国际化反过来也为数字人民币国际化画出一道迷人的彩虹。二是提升语言环境国际化水平。在人的方面，更多人愿意学习和使用国际上通行的语言；在城市设施方面，包括路牌、店标等将加速国际化。三是提升中国文化软实力。语言是文化的重要载体，实现旅游强国的过程也是汉语国际化的过程，实现汉语国际化的过程也是实现旅游强国的过程，二者相辅相成，互为推力，是提升中国文化软实力的重要途径。对于外国旅游者来说旅游吸引物是感知和接受中国文化的最主要的途径之一。"民族的才是世界的"，文化旅游产品和民间习俗、风土人情对外国旅游者有着强大的吸引力，旅游吸引物和旅游产品的"强中国化"就是有效的国际化。总之，中国入境旅游人数和收入世界第一的实现过程所产生的深度国际化势能必将推动旅游强国之实现。

（二）经济持续稳定发展势能之高层级全面大众旅游大势

在中国，人们主要从旅游人数规模和出游率的角度来考量旅游是否处于大众旅游阶段。这不仅是基于经济基础和交通可达性的实际，更是基于中国进入现代旅游阶段晚于西方发达国家几十年以及巨国人口基数和人口旅游规模效应的实际。其实，任何高级阶段都是从低级阶段发展而来的，旅游也不例外。因此，我们可以把从低级旅游阶段到高级旅游阶段的全过程分为五个阶段，即：小众旅游阶段、中众旅游阶段、大众旅游阶段、全面大众旅游阶段、高层级全面大众旅游阶段。全面大众旅游阶段就是全国绝大部分区域都进入大众旅游阶段，实现了大众旅游阶段量的跃升。高层级全面大众旅游阶段是以量为基础，以质为根本，即数量和质量相统一的更高层级的全面大众旅游阶段。高层级全面大众旅游阶段建立在全面大众旅游阶段的基础之上，主要考量的是全面大众旅游的均衡性问题，即国人年出游次数中那个核心部分——相对较低收入群体人均出游次数的问题。换言之，高层级全面大众旅游阶段就是全面大众旅游相对均衡发展阶段。

中国处于何等旅游阶段？何时进入高层级全面大众旅游阶段？据世界旅游组织推算，一个国家如果人均GDP达到1000美元，人们就会产生旅游的动机；达到3000美元时，人们就有能力到周边国家去旅游；达到5000美元时，人们就有能力周游世界。大多数国外学者认为从20世纪60年代开始世界旅游就进入了大众旅游时代，这其实是以西方代替世界的逻辑，是基于西方发达国家经济发展水平进行判断的。事实上，我国人均GDP在

1960年只有89美元,1969年只有100美元,离1000美元相差甚远。我们可以对应世界旅游组织的推算,设定1000美元开始进入小众旅游阶段,3000美元进入中众旅游阶段,5000美元进入大众旅游阶段,那么,中国2001年人均GDP达到1053美元而进入小众旅游阶段——这似乎与我们的观感有些差异;2008年中国人均GDP达到3468美元,进入中众旅游阶段;2011年中国人均GDP达到5618美元,进入大众旅游阶段。

全面大众旅游阶段应当是全国绝大部分区域都进入大众旅游阶段。对此,我们以县级行政区来分析。考虑到我国县级行政区基数大、经济发展程度差异大、社会保障体系完善程度对农村人口出游观念改变影响大等因素,我们可以选择一个以农村人口为主、经济发展滞后的县域按恒量人口和恒率货币兑换进行推算。甘肃省临夏回族自治州东乡县2020年人口为29.01万人,其中农村人口为23.36万人,GDP为361 935万元,人均GDP约为12 476元人民币,即约1860美元;如果我们考虑转移支付等因素并剔除新冠疫情的影响,按未来高出全国GDP年均增长速度约1倍即12%推算,东乡县大约在2025年人均GDP达到3000美元进入中众旅游阶段,大约在2029年人均达到5000美元进入全面大众旅游阶段。我们可以此时间节点判定全国进入全面大众旅游阶段的时间。

高层级全面大众旅游阶段即全面大众旅游相对均衡发展阶段,反映出城市人口与农村人口出游率趋向相对平衡以及高收入群体与城市中低收入群体出游率趋向相对平衡。未来经济增长、乡村振兴、共同富裕将是高层级全面大众旅游大势的主要势能。

首先,经济增长之于高层级全面大众旅游大势。经济持续稳定增长既是提升高层级全面大众旅游量的力量,也是提升高层级全面大众旅游质的主要势能。只有国民经济持续稳定增长,才能带动人均可支配收入持续增长,人们才有经济能力消费旅游产品、增加旅游消费的频次、为实现共同富裕和乡村振兴的目标奠定基础。当前，全国旅游消费分布不平衡，表现为：区域旅游消费东部高西部低，南部高北部低；城乡旅游消费城市高农村低；城市旅游消费东部城市高西部城市低、南部城市高北部城市低；农村旅游消费东部高西部低、南部高北部低。这与东西部、南北部、城市及农村的经济发展状况是吻合的。经济持续发展和区域均衡发展是改变旅游消费发展不平衡的关键性的、决定性的力量。世界银行、国际货币基金组织和我国主要经济组织普遍预测中国经济将在未来十年中保持中高速增长，十年之后仍然可能保持中速增长，人均 GDP 和人均可支配收入将持续增长，全面大众旅游不均衡状况将在经济持续发展的过程中逐渐解决，经济发展的基本动能将不断推动高层级全面大众旅游向前迈进。

其次，乡村振兴之于高层级全面大众旅游大势。实施乡村振兴战略，提高农村发展水平，客观上将带动解决城市与农村旅游发展不平衡的问题，推动农村高层级全面大众旅游的发展。我国广大的农村地区尤其是中西部的农村居民要么根本就没有旅游消费，要么是与城市居民相比出游率差距较大。甘肃省临夏回族自治州东乡县 2020 年城镇居民人均可支配收入 22 053 元人民币，农村居民人均可支配收入 6390 元人民币，农村居民的人均可支配收入只有城镇居民人均可支配收入的 28.98%。依此而推，农村居民的旅游需求不及城镇居民的三分之一。如何解决这个问题？乡村振兴战略。党的十九大确定了乡村振兴战略，2021 年在全面建成小康社会之后，各级政府成立了乡村振兴局，乡村振兴进程将提速提质。一方面，乡村旅游投资开发将朝前走不回头，乡村旅游产品将旧貌换新颜，乡村旅游经济效益将更上一层楼；另一方面，通过发展旅游产业带动乡村发展，增加农村人口收入，推动农村居民人均可支配收入增长速度快于城镇居民，缓解城乡旅游消费不平衡的程度。同时，乡村旅游发展将改变农村人口消费观念，特别是把旅游消费作为生活消费的主要部分，形成高层级全面大众旅游大势的势能。

最后，共同富裕之于高层级全面大众旅游大势。共同富裕是社会主义的本质要求。实现共同富裕的目标，客观上将推动旅游消费群体人均可支配收入不均衡问题得到逐步缓解。全面建成小康社会，逐步实现共同富裕，为进入全面大众旅游阶段奠定了良好的基础。但是，当前我国发展不平衡不充分问题仍然突出，城市与农村之间的差别还相当明显，城市与城市之间的差别同样存在。2020年，我国城市居民人均可支配收入前100名城市中，位列第一的上海市人均可支配收入为72 232元，而位于100名的福建省龙岩市人均可支配收入仅为30 403元，差距比较大。当前国家对共同富裕工作做出重大战略部署，吹响了新时代奔向共同富裕的冲锋号，城市与农村人口之间、东西部南北部区域人口之间、城市人口之间和农村人口之间收入不平衡的问题将会被着力解决。解决问题的过程既是解决全面大众旅游经济支撑质的问题，也是共同富裕作用于全面大众旅游质的提升过程，还是高层级全面大众旅游形成和发展的过程。西部大开发、中部崛起、东北全面振兴战略主要是要推动中西部和东北经济加速发展，从而增加这三个区域中低收入群体特别是农村居民人均可支配收入，缓解旅游消费东部与西部、南部与北部、城市与农村不平衡的问题，这个过程与共同富裕目标实现过程形成的合力，必将汇成推动高层级全面大众旅游大势之洪荒势能。

（三）消费需求不断升级势能之旅游市场格局趋向均衡大势

20世纪80年代，旅游市场格局基本失衡。进入21世纪，国内旅游市场、入境旅游市场、出境旅游市场稳步增长，三大旅游市场逐步趋向基本均衡。业已形成的旅游"市场"和旅游"市长"强大的纠偏生态，将推动旅游市场格局趋向基本均衡，形成基本均衡—局部失衡—基本均衡—局部失衡—基本均衡的循环往复的基本均衡状态，而每一次在局部失衡基础之上的再次基本均衡是更高层级的基本均衡。未来中国三大旅游市场将在不断提升层级和不断提升均衡层级的过程中保持趋向基本均衡的大势，而消费需求、市场调节、经济体制之势能将发挥着决定性的作用。

第一，消费需求不断升级的推动作用。消费需求是旅游市场格局趋向基本均衡的第一大势能。相关国际机构预测未来几十年世界经济将保持年均2%~3%的增长，这就意味着日益增长的旅游消费也至少有2%~3%的增长率。对全球而言，各国之间的增长率更多的是非均衡状况，这是市场竞争的魅力，也是各国发展入境旅游的动力所在。

2010年至2019年，中国国内旅游年均增长12.37%，出境旅游年均增长12.8%，入境旅游年均增长6.5%。这反映出三个特点，一是国内旅游和出境旅游的增长速度与经济增长速度成正比例关系，入境旅游增长的速度与世界经济增长速度成正比例关系；二是经济增长带旺旅游消费需求，旅游消费需求影响三大旅游市场格局；三是国内旅游和出境旅游增长高于入境旅游市场增长，反映出我国经济增长率高于大多数发达国家和新兴市场经济体，旅游消费增长同样高于大多数发达国家和新兴市场经济体。整体来看，虽然入境旅游年平均增长率低于国内旅游和出境旅游的增长率，但是入境旅游保持一定的年平均增长率，世界旅游黄金时代的旺盛消费需求将促进我国旅游市场格局基本均衡。

根据相关机构对中国经济增长速度预测和基尼系数发展趋向，未来国民的旅游消费需求将不断增强，并持续驱动国内旅游和出境旅游基本均衡发展。同时，入境旅游主要客源国的新兴市场经济体的经济发展空间依然较大，而发达国家消费需求基础一直比较旺盛，入境旅游可望长期保持持续稳定增长。而且更为关键的是从 20 世纪 80 年代起，中国就已经确定大力发展入境旅游的总体方向，这将持续激励旅游行业开发针对境外旅游者的旅游产品，且随着中国国际影响力和旅游魅力不断提升，吸引国外旅游者来华旅游释放消费需求的态势将进一步增强。

总体看来，未来消费需求将持续提升，由消费需求不断升级的势能推动旅游市场格局趋向基本均衡的大势将长期坚韧。

第二，市场调节的促进作用。在中国特色社会主义市场经济体制下，市场在资源配置中起决定性作用，它将从旅游业态、产品供给、产品创新等方面引导市场激发消费需求而发挥着不可替代的调节作用。正是这一调节作用，不断纠正旅游市场局部失衡状态，促使旅游市场格局保持基本均衡。市场调节的那只"看不见的手"，引导着旅游市场主体围绕激活市场需求而跟随它的节奏不停歇地流动资本、人力、技术和数据等资源。市场机制下的行业平均利润率调节功能在旅游产业与其他产业之间、酒店业之间、旅行社业之间、景区业之间以及其他旅游业态板块乃至旅游产品板块之间进行相应的资源流动调节，从而促进旅游业板块之间、业态之间、产品之间局部趋于平衡进而促进旅游产业发展总体趋于平衡。总之，市场调节功能在中国特色社会主义市场经济体制下不断成熟的过程，推动消费需求逐步提增，将对旅游市场格局趋向基本均衡长期持续地发挥着重要的促进作用。

第三，经济体制的提振作用。社会主义市场经济体制下，政府宏观调控对于旅游市场格局趋向基本均衡具有重要的意义。当旅游市场局部失衡而市场调节功能的那只"看不见的手"失灵或无法触达相应部位、力度无法达到相应程度时，政府宏观调控功能就会围绕保消费需求及时扶正局部失衡，使旅游市场格局走向基本均衡。具体而言，当三大旅游市场之间出现失衡时，政府将会把相关旅游资源调配到相应的旅游市场，使三大旅游市场再次趋向基本均衡；当某一旅游市场内部出现失衡时，政府就会调节资源使市场内部结构趋于基本均衡。当经济周期引起旅游产业格局失衡时，政府更会采取针对性的宏观调控措施刺激消费防止旅游产业衰落和旅游经济停滞危及整体经济的发展；当重大公共卫生等突发事件冲击旅游产业时，政府就会采取对应性的措施对冲其引发的旅游消费需求剧降或快速减弱，拉升消费需求，保护市场主体，从而促进旅游市场格局趋向基本均衡。与此同时，提振消费作为国家的重大战略，将在2022年12月中共中央和国务院印发的《扩大内需战略规划纲要（2022—2035年）》之引领下，强势落地落实出成效，奋力促进消费需求铸成市场格局趋向均衡之旅游大势的铁血势能。

（四）新数字技术突飞猛进势能之创新发展旅游大势

创新发展是旅游发展的永恒主题，科学技术是旅游创新发展的不竭动力源泉。作为以科技应用型为主要特征的旅游行业，应用以新数字技术为代表的现代高新科技已经成为当代旅游业创新发展的主要标签。这一态势将不断强化。面对新数字技术发展一日千里的态势，善用并及时激活和激发创新发展旅游业的核心动力，站在应用高新技术的前沿和风口，聚焦旅游模式创新、旅游业态创新、旅游产品创新、旅游服务创新、旅游管理创新的"五个创新"，旅游市场主体才能赢得市场，旅游产业才能赢得未来。

未来以新数字技术突飞猛进为核心势能之创新发展旅游大势将催动政府引领市场主体建设一个良好的应用高新科技创新发展旅游的生态环境。为此，未来，政府部门和市场主体或将依托新数字技术陆续建设统一和分级的超级旅游大数据中心、旅游大数据信用中心、旅游发展趋势大数据分析研判中心、旅游产品演进迭代感知中心、旅游服务大数据全息全能引导中心、大数据赋能旅游促进中心、旅游产品定制智能化促进中心、影像技术先导应用促进中心、旅游大数据评估促进中心、旅游大数据应用指数发布促进中心等"十个中心"。

以"十个中心"之基，行"五个创新"之事，成旅游创新发展之实，使得以新数字技术为核心势能的创新发展旅游大势昭然可见。在创新发展旅游大势蓬勃挺进的过程中，旅游市场主体将借助新数字技术核心势能"提升三率"增强创新发展旅游大势的势能。

首先，提升市场占有率增强创新发展旅游大势的势能。市场主体为什么要乐此不疲地依托新数字技术进行"五创新"呢？因为它们看到也体会到创新带来了市场份额。旅游行业应用及使用互联网和新数字技术的比例非常高。据有关机构调查，当前传统的酒店、旅行社、景区等行业互联网使用率接近100%，即使是"夫妻店"类型的微型旅行社也通过互联网开展组接团服务。依托或应用互联网及新数字技术开展创新不仅是抢占市场份额的需要，而且也是旅游市场主体云泥之别的关键。

依托新数字技术创新的旅游企业主要有三种类型。一类是旅游头部企业集团以及上市公司。它们或占有先发优势或占有背景优势，如美团、华侨城集团、携程集团、春秋集团、凯撒集团，但是它们依托新数字技术在五个创新方面各有千秋，或在某一个领域独领风骚，市场占有率与其创新程度基本呈正比例关系。二类是独角兽型的旅游科技企业。天津市科技局和长城战略咨询联合发布的《2019年中国独角兽企业研究报告》显示，旅游科技行业的马蜂窝、途家网、小猪短租、要出发、KLOOK客路旅行等

6家入榜,特点是互联网数字科技企业成长快,市场占有率提升快。三类是瞪羚型旅游科技企业。此类企业一般是某一个区域成长比较快的科技型旅游企业,如厦门微众科技公司在旅游教育方面独树一帜而受到市场认可。目前,不少省区市在以市场占有率速度为依据发现和培育瞪羚型旅游科技企业。这三种类型旅游企业的共同点是应用互联网及新数字技术创新模式、产品、服务等赢得了市场占有率,市场占有率的提升增强了创新旅游发展大势的势能。

其次,提升市场利润率增强创新发展旅游大势的势能。提升市场利润率是市场主体天然的冲动和动力,利润率提升最快的实体企业往往是科技程度特别高的科技型企业。旅游企业追求利润率最大化是其应用互联网及新数字技术创新开辟新天地的根本动力。

影响市场主体利润率高低的最重要因素之一是成本的高低。在其他条件相同的情况下,成本越低利润率就越高。旅游企业是传统的劳动密集型企业,利润率比较低,而人力成本是主要成本。互联网及新数字技术在降低人力成本上的优势,使得旅游行业应用互联网及新数字技术的积极性高、迫切性强。从1999年起,携程、同程、去哪儿、驴妈妈等在线旅游服务(OTA)企业先后纷纷成立,并在提高利润率的驱动下从1.0升级到2.0。当前2.0的旅游科技企业正在从独角兽和瞪羚型旅游科技企业和高科技潮玩沉浸体验场景企业中萌生,它们的人力成本和产品创新成本将大幅降低,利润率必将同频提升。未来将出现万物互联的新型科技型旅游企业即3.0旅游科技企业,其整体的全方位的创新能力将大为提升,形成3.0旅游科技企业利润率>2.0科技旅游企业利润率>1.0旅游科技企业利润率>传统旅游企业利润率的格局,市场利润率的提升积累了创新发展旅游大势的能量。

最后，降低市场淘汰率增强创新发展旅游大势的势能。当代科技发展生态特点是发展迅速、迭代迅速，而建立在科技基础之上的现代科技公司也必然是壮大迅速、淘汰也迅速，旅游科技公司也不例外。如何做到发展迅速而不被淘汰？旅游行业、旅游企业唯有加速创新、加速产品迭代、降低淘汰率，才能不被市场所淘汰。其实，市场主体不断创新市场接受度高的旅游产品，就是要提高产品在市场上的占有率和企业的利润率而不被淘汰。旅游科技企业创新的关键是要站在市场的最前沿，感知市场最新需求动向，预见市场未来需求方向，及时创新新兴旅游产品，快速创造新的旅游需求。未来旅游科技市场主体在创新过程中，将会抓住"感知、预见"和"及时、快速"这两个关键点。前者是市场的触角，市场主体因此而可以建立市场"感知预见中心"，有针对性地开展产品创新，提升产品在市场的接受度；后者是产品的演进，市场主体因此而可以建立"产品迭代中心"，加速产品供给的迭代，占领市场，提高利润率，不被淘汰。而这一切全拜新数字技术特有的基因所赐，让充满着雄心壮志与科技同振的旅游科技企业在未来的时光大显身手，集聚新数字技术核心势能推进旅游创新发展。

（五）本源产业 + 能量续增势能之融合发展旅游大势

从某个角度来看，人类经济产业形态发展趋势总体是从合到分再从分到合而形成一个超长周期，如此循环往复进入另一个更高层次的超长周期。从合到分是生产力水平提高而产生社会分工导致产业细分的结果，从分到合是生产力水平极大提高而导致产业形态融合。当前人类社会正在迈入高层次从分到合的起始点，它反映出经济产业业态融合发展的趋势，这也是必然的趋势。旅游产业也不会例外地遵循这一趋势与相关产业融合发展。旅游产业是典型的跨界产业又是对科技生产力赋能极为敏感的产业，其他相关联产业+旅游和旅游产业+其他产业的产业大融合发展已处在初始发展阶段，并将大步流星向前走，在未来将越走越快、越走越强大。在此过程中，至少有三支能量汇成势能推动着大融合发展的旅游大势。

第一，本源产业赋能的势能不断增强。产业分合超长周期是在科技水平极大提升进而促进生产力极大提高的背景下发生的，而直接发挥作用的则是本源产业长期积淀的能量对其他产业形成强大影响即赋能其他产业而形成新的业态。当社会高度快速发展之时，这样的本源产业将越来越多，就会形成相互强力影响相互赋能的状况，从而产生更高层次的融合发展大势。当下旅游产业正处在这样的大背景和本源产业直接赋能的状况之下，而且旅游产业同样处在能量的强盛期。产业之间双向和多向的强影响、高赋能必将推动旅游大融合发展大势的势能集聚。

在此过程中，将出现四种状态。第一种是当旅游产业能量超强、能级超高时，它将作为本源产业赋能其他载体产业而产生以旅游产业为主导的产业融合发展态势，如影视旅游业态等；第二种是当其他产业能量超强、能级超强时，其他产业作为本源产业赋能旅游产业而产生以本源产业为主导的产业融合发展态势，如科技旅游业态等；第三种是当旅游产业能量能级与其他产业能量能级基本旗鼓相当时，旅游产业与其他产业相互赋能而产生非主导型的产业融合发展态势，如森林旅游业态等；第四种是旅游产业与其他多个产业相互赋能的能量能级不分上下时，产生多元非主导型的产业融合发展态势，如夜间沉浸体验旅游业态等。在产业融合的实际过程中，以上四种状况特别是前三种状况存在着第三种、第四种、第N种产业融入其中的状况，而使得旅游产业融合发展更加丰富多彩。

第二,科技在本源产业与载体产业间的黏合势能增强。现代科技在产业融合发展过程中不仅充当着推动经济产业从分到合的角色,而且充当着产业之间融合发展黏合的角色,它就像高强度黏合剂一样,把两个不同的产业紧密黏合起来,助推你中有我、我中有你的融合发展态势。这种黏合助推的势能随着黏合度和黏合能级的提高而增强。

现代高科技加速发展,使科技本源产业与载体产业间的黏合能量也不断增强,其能量不断增强并不断加大释放,使得旅游产业融合发展的大势滚滚向前。在+旅游的过程中,本源产业如博物馆、非物质文化遗产通过现代全息影像技术等呈现出的展品几乎包含全部显性和隐性信息而成为全新的旅游产品,对非考古和研究类的旅游者更有吸引力,市场影响力更为突出。一个具体产品如此,一个业态更是如此。在旅游+的过程中,通过采用声光电等高科技技术将在地人文和自然融为一体而呈现的旅游演艺产品,使旅游产品的调性和魅力更加突出,市场的反响也更加强烈。

第三,政府推动产业融合发展的势能增强。当代政府正在形成通过大数据分析和研判经济发展和产业发展的趋势,并根据经济社会均衡发展的需要,力求有针对性地出台相关产业引导和扶持政策,引导和带动产业发展的生产要素如土地、资金、技术、人力等资源流动和集聚。无论是旅游产业,还是文化产业、科技产业、海洋产业、生态产业等,都是中国当下能量超强的产业,需要发挥其外溢扩张的效能,与相关产业融合发展。近十年来,各级政府对旅游业融合发展十分重视,出台了支持和引导产业融合发展的政策。2015年国务院办公厅印发《关于推进农村一二三产业融合发展的指导意见》,2018年国务院办公厅印发《关于促进全域旅游发展的指导意见》。2009年文化部和国家旅游局印发

《关于促进文化与旅游结合发展的指导意见》，2011年，国家林业局、国家旅游局印发《关于加快发展森林旅游的意见》，2013年，国家海洋局与国家旅游局签署《关于推进海洋旅游发展的合作框架协议》，2017年，交通运输部、国家旅游局等印发《关于促进交通运输与旅游融合发展的若干意见》，2018年，农业农村部印发《关于展开休闲农业和乡村旅游升级行动的通知》，2019年国家发展改革委、工信部等15部委联合印发《关于推进先进制造业和现代服务业深度融合发展的实施意见》，2020年，文化和旅游部、国家发展改革委、工业和信息化部等10部门联合印发《关于深化"互联网+旅游"推动旅游业高质量发展的意见》等，由此可见，政府及其部门推动产业融合发展的势能不断增强，将强力提拉未来旅游产业融合发展之大势。

第三节 旅游市场之演化

旅游市场是旅游产品供需双方交换关系的总和，它反映着旅游供需关系随着旅游供需动能的演化而演化，表达着人类旅游基因延续的进化力量和时代旅游价值取向演进的时代力量辩证统一的影响。旅游市场演化反映的是旅游供需关系及其要素的即时变化状态，是旅游市场格局的供需关系及其要素稳定均势状态演变的基础。旅游市场确定性的演化是人类旅游中期未来之向的前提和必要条件。

一、旅游市场供需关系的非平衡性

旅游市场的供给和需求皆是围绕旅游产品展开的。旅游产品联系着旅游供给者与旅游需求者。旅游产品的独特性在于其生产所依托的资源涵盖了人类社会五种重要的资源,即:自然资源、人文资源、社会资源、科技资源以及其他资源。作为旅游产品依托的自然资源主要是山川河流、地质地貌、海洋湖泊、田野草原、戈壁沙漠、冰天雪地、奇峰怪石、日月霞辉、风涌云舒、植物动物、泉水瀑布等,在自然资源基础上开发生产的旅游产品主要为自然风光旅游产品,是基础性的旅游产品并永续存在于旅游产品体系中,是旅游者特别是初始旅游者不可或缺的旅游需求。人文资源主要包括语言文字、历史遗迹、文化传统、风貌建筑、艺术文化、宫殿园林、宗教名山等;社会资源主要包括民俗风情、变革新事、民间工艺、宗教信仰、节日活动等,在人文资源和社会资源基础上开发生产的旅游产品主要为文化旅游产品或人文旅游产品,它们同样是基础性的、永续性的,也是内涵最为丰富且赋能旅游者最为突出的旅游产品。科技资源在现代主要是指高科技如互联网技术、数字技术、人工智能技术等,依托科技资源开发生产的旅游产品主要有科技旅游产品、沉浸旅游产品、潮玩旅游产品等,此类旅游产品展现出人类的智慧和巨大的进步,具有很强的吸引力,尤其是对泛Z世代,是其他类型产品的强大竞争者。依托"其他资源"开发的旅游产品往往呈现出专项旅游和综合旅游并驾齐驱的特征。一方面,为满足特定的旅游需求而依托特定的旅游资源开发出特定的专项旅游产品,另一方面,旅游需求综合性的特点促使旅游产品开发依托多元旅游资源而形成综合性旅游产品。其他资源型专项旅游产品供给侧重于小众旅游圈层、产品的附加值相对较高，综合性旅游产品供给旅游圈层的覆盖面则比较广泛。除依托五类资源开发生产的有形旅游产品之外，还有依托服务要素形成的旅游服务，或作为旅游产品的一个重要组成部分，或作为独立的旅游产品。我们研究对象的重点将是有形旅游产品。

尽管依托五类旅游资源开发生产的五类旅游产品因承袭着资源禀赋的基因而呈现出不同的特点，但是，旅游产品供给对象为旅游者，这一恒定群体的特性，决定了旅游产品必然有其共同之点。同时，旅游者作为旅游消费的恒定群体，也必定存在着共同的特征。因此，我们将从旅游产品和旅游消费的共同性方面来研探旅游产品和旅游消费之特征，以期反映出旅游市场供需关系的特殊性。

（一）旅游产品的"五性"

五类旅游产品作为商品提供给市场来满足旅游者消费需求与一般产品既有相同之处也有不同之点。相同之处主要是它们都具有价值属性和使用价值属性，不同之点在于旅游产品具有一般产品所没有或者不够突出的异地性、公共性、非移动性、差异性、异化性"五性"特征。

异地性。旅游者离开惯常生活地到非惯常生活地旅游，其产品的购买过程既可发生在旅游者惯常生活地也可发生在非惯常生活地。但是，无论是有形产品还是无形产品，绝大部分都安放在非惯常生活地即异地。自助游旅游者购买的旅游产品除与旅游相关度比较高的旅游大交通产品之外，几乎都在非惯常生活的异地；如果是在异地旅游之后回到惯常生活地通过网络购买的旅游地的相关商品，则应为当次旅游之外的产品即非旅游产品；跟团游旅游者除在惯常生活地通过本地旅行商购买旅游产品过程中的服务和可能提供的全陪服务之外，购买的其他绝大部分产品也同样都在异地。这与购买其他产品主要发生在购买者惯常生活地有所不同，即使是通过互联网购买的产品也存在着消费环节的地域差异。这就给旅游产品供给者出了一道信用和信誉的必答题，是供应价质相符乃至物超所值的优质旅游产品，还是供应价质不符甚至价质相悖的劣质旅游产品。于是，旅游者对旅游消费的自我保护和对消费过程的担忧意识延缓了旅游者购买旅游产品的决策时间。

公共性。旅游产品的核心价值为所有参与旅游活动的旅游者共同享有。旅游者个体不能也无法独自占有享用旅游产品，旅游者甲可以购买和消费该旅游产品，旅游者乙也可以购买和消费该旅游产品，而且旅游者甲或旅游者乙消费该旅游产品完毕之后其使用价值依然全部存留或绝大部分存留。因此，不管旅游产品性质是否属于公共产品，它们都是购买该产品所有旅游者共同消费的产品。旅游个体的个性化消费需求产生了个性化旅游定制，但是，个性化定制的旅游产品只是在多个旅游产品的基础上进行个性化整装集合而形成新的个性化产品，而不是一般意义上的个性化旅游者专属的全新旅游产品，即使该个性化定制产品专属于单一旅游者即个体旅游者，也没有改变原有旅游产品公共性的特点，只不过是个体旅游者在消费旅游产品过程中感受到了个性化的优越。旅游产品公共性的特征决定了旅游产品的普适性特征，而旅游产品的公共性和普适性特征决定了非旅游线路的旅游产品投资资金通常比一般的产品要多甚至多得多，而这就决定了旅游投资回收期相对比较长。

非移动性。有形的旅游产品是不可移动的。作为旅游吸引物的自然资源在每一旅游地都是不同且独特的，即旅游地甲有甲地的自然资源，旅游地乙有乙地的自然资源，旅游地甲与旅游地乙的自然资源只有独特度的高低之分，没有独特性的本质之别；同样，人文资源在不同的旅游地也只有独特度的高低之分，没有独特性的本质之别；社会资源也同样如此，即便政治体制和经济体制相同的一国一域所形成的社会资源相对于他国他域而言可能相近或相同，但是他国他域的人文之异必然形成社会资源之异，在社会资源之异基础之上开发生产的旅游产品也就必然存在或多或少的差异。同时，旅游地甲的旅游资源迁移到旅游地乙之后，其独特度极有可能会发生大幅度降低之变化，有些看似可以迁移的人文资源型和社会资源型的旅游产品一旦离开了孕育成长之地，其独特度不仅会降低而且还极可能消失。不仅如此，自然资源特别是人文资源和社会资源型的旅游产品之迁移距离远近与独特度降幅之大小成正比例关系，即迁移距离越远降幅越大。而其独特度的高低与其吸引力大小之间的逻辑关系是相对应的，即独特度越高吸引力就越大。当以自然资源和人文资源、社会资源类的吸引物作为旅游产品或者作为旅游产品核心要素时其独特度就可以转化为旅游产品的辨识度。此时的旅游产品应存留在旅游吸引物所在旅游地而不应迁移到其他旅游地，否则可能产生旅游产品异化现象，失去旅游产品本身应有的价值。旅游吸引物的非移动性决定了旅游产品的非移动性，旅游地的旅游产品辨识度越高，迁移到其他旅游地的可能性就越低，违背这一规律，旅游产品的价值就会大幅度降低乃至消亡。因此，在旅游大交通发达和旅游市场发展的情形下，从他国他域迁移旅游吸引物及其旅游产品是不适宜也是不明智的，旅游市场的现实反映对这种做法给出的答案是明确的。

差异性。旅游产品存在差异性的关键是五类旅游资源之间和同类型旅游资源之间都存在着差异。旅游产品与批量生产的工业产品不同，特别是依托除科技资源之外的其他资源开发生产的旅游产品，因资源禀赋存在差异，依其生产的旅游产品必然存在差异。不同类型资源是根据各自的内涵和特征进行归类的，同类型资源的特征基本相同或相近，与其他类型资源相比，相同或相近的特征更突出、更显性。故而，不同类型旅游资源差异是十分显性的。同类型旅游资源中的单个旅游资源之间的差异也是明显的，之所以是这一旅游资源而不是那一旅游资源，实质就是差异使其成为这一旅游资源而不是那一旅游资源的内在逻辑。这是其一，即旅游资源的差异性决定了旅游产品的差异性。其二，人文资源、社会资源和其他资源形成的时间尺度有异，既有数千年数百年之久，又有几十年甚至几年之时，而这些旅游资源的形成虽有浩浩荡荡成势与静静悄悄形成之区分，却没有恒定静止之别，即所有的旅游资源都是动态变化着的，一刻也不会停止；只不过有时处在相对静止的量变缓变之中，让人们在通常情况下无法感知；有时处在动态的质变速变之中，让人们经受震动而感慨良多。这种动态变化使资源形成了一个突出的共同显性特征即非固化性，旅游资源的非固化性同样决定了旅游产品的差异性。其三，旅游产品在开发生产过程中对旅游资源的利用和使用是开放性的，既表现在设计者和生产者利用和使用旅游资源过程前和过程中对旅游资源的认识、理解、把握、提炼、创造、创新有意识地开放，以求新旅游产品在市场上占有一席之地；又体现在生产者在开发生产过程中对利用和使用旅游资源的认识、理解和把握无意识地开放；还反映在生产者在旅游产品推向市场之后根据市场反应进行有意识的调整和提升，以求稳定和提升市场占有率。旅游产品开发生产全过程的开放性强化了旅游产品的差异性。

异化性。有形旅游产品中的无形要素之异化决定了旅游产品的异化性。旅游产品的异化性表现在三个方面。一是旅游产品异地复制的异化。在旅游产品非移动性特点中，我们分析了有形旅游产品非移动性的特点主要是基于除科技资源之外的其他资源的迁移导致其独特度下降以及依托这些资源开发生产的旅游产品迁移时出现辨识度下降的情况。在此，我们将对有形旅游产品中的无形要素及非服务类的旅游资源异化而促使旅游产品异化的情形进行分析。由于旅游产品的非移动性特征，旅游产品异地复制并不是旅游产品开发之上策，然而在旅游市场上似乎出现了一些旅游产品异地复制成功的例子。事实如此吗？如果回答是肯定的，那么可能只是看到了旅游产品复制迁移过程中的表象。其实，成功的旅游产品异地复制主要集中在品牌的复制和 IP 的复制之上，因为品牌和 IP 的高知名度在异地市场上同样具有较强的号召力和影响力，甚至因人们的"媚外崇外"心理使得强品牌、强 IP 复制地的旅游产品超越原有地旅游产品的号召力和影响力。旅游者正是在品牌和 IP 的吸引和感召下购买其产品和消费其产品的。国际著名的旅游饭店管理公司的强品牌和主题公园度假区强 IP 在中国的发展过程就是典型的品牌复制迁移和 IP 复制迁移的成功案例，而不是或不完全是文化人文内容的复制迁移，即使是有意识的内容复制迁移，也会在旅游产品内容与当地人文资源等融合过程中产生异化。因此，从这个意义上讲，旅游产品异地复制迁移的过程就是旅游产品异化的过程，融合而成的新旅游产品实际上是异化性的旅游产品。二是旅游产品开发生产集成过程中的异化。依托自然资源、人文资源和社会资源所开发的旅游产品一般是多种资源或多种资源要素的集成体，而集成能力在旅游产品形成的过程中主导着旅游产品的品质，集成能力越高，旅游产品的品质就越高，反之就越低；这就使得人们努力追求高集成能力，而高集成能力成就了旅游产品多种资源或多种资源要素的融合力，融合力越高，产品资源和资源要素的融合度也就越高，融合度越高，原有资源和资源要素的显性特征就越模糊。正是这个集成过程形成的融合过程导致旅游产品开发生产过程的异化，使得旅游产品依托的原有资源和资源要素错位。三是旅游产品开发生产过程中无意识的异化。旅游产品开发生产者在开发生产旅游产品的过程中显意识地朝着产品的市场竞争价值和优良品质的方向而开展一切开发生产活动，对旅游产品利用资源和旅游资源要素留存和突出其核心吸引基因等方面特别关注和重视，然而旅游产品的差异性特征即旅游产品在开发生产过程中依托的旅游资源和旅游资源要素的非固化性和开放性特征使得原有基因延续不变成为天方夜谭，异化故事在旅游产品开发生产过程中随时随地在发生。

（二）旅游消费的"五化"

如果说产品是旅游市场的基础，那么消费就是旅游市场的核心。没有旅游消费就没有旅游产品存在的价值，市场也就会失去开发生产旅游产品的动力。因此，研究旅游者的旅游消费特征就显得特别必要和重要了。

异地化。旅游产品的异地性带来旅游消费的异地化，而决定旅游产品消费异地化的根本原因是旅游产品不可移动的特征。旅游者在惯常生活地或在旅游地购买了旅游产品后进入消费环节，必须将旅游产品在旅游地即异地全部消费完毕，否则因旅游产品不可移动的特征致使旅游者不可携带旅游产品回到惯常生活地消费而造成购买损失。有形旅游产品异地性的特征是显性的，不可移动的特征也是显性的，无论是自助游还是跟团游的旅游者，其旅游消费全部发生在异地；而无形旅游产品如服务类，之于自助游旅游者，其旅游消费同样发生在异地，对于跟团游旅游者，其旅游消费小部分发生在惯常生活地、大部分发生在旅游地即异地，而且关键是旅游者发生在惯常生活地的小部分旅游消费购买的是旅游中介性质的服务，从严格意义和产品消费上讲它并不应包括在旅游产品之中。因此，旅游消费异地化是旅游消费最为显性的特征。而正是这一特征使得旅游消费过程中与旅游产品供应者的消费纠纷远远多于其他产品。要消除或者减少旅游消费纠纷，除建立完善健全的旅游信用制度外，最根本的是要用主客共享的理念实现旅游消费场景主客共享，主客共享的旅游购物场所也有助于彻底消除旅游购物中"不当佣金"或"个人回扣"的现象。

共享化。旅游产品的公共性及其普适特征，在旅游消费过程中表现为所有旅游者消费旅游产品的共享化。一方面，旅游者对同一旅游产品同时段或先后时段进行消费，共同享受同一旅游产品所带来的形而上的意识形态等诸多方面收获；另一方面，不同的旅游者在同一旅游产品消费过程中的感知和认知以及注入的情感和激发的情感甚至对人生的影响也是不尽相同的；同时，旅游者在对同一旅游产品消费结束后，该旅游产品往往会继续存留而不会消亡，即使是个性化的旅游产品基本上也不是单一旅游者消费结束后即消亡，而是继续存留供其他旅游者延续消费，并不断推移循环；尽管旅游产品供应商在其过程中有提升和优化的冲动和实践，但产品的核心要素或核心吸引力依然不会改变，直至供应商废止该旅游产品。这些都是旅游者在消费同一个旅游产品时不用思考却又在不断发生的事情，它彰显出十分明显的旅游消费之共享化特征。旅游消费共享化让旅游产品开发生产者更加珍视产品品质和产品高普适度，以适应旅游者时间维度的最大化和旅游圈层覆盖的最大化，从而延长旅游者逗留时间和承接更多旅游者；同时也更加珍惜旅游者在旅游消费过程中思维空间的最大化，以招徕旅游者多次到访和留给旅游者更多的口碑话题传播。

知识化。人们对理性知识和感性知识的孜孜不倦追求，结出读万卷书行万里路的自我鞭策和他律要求的果实。旅游消费活动既是行万里路获得感性知识的有效途径，也是感知印证读万卷书理性知识的有效方法。大多数旅游者在选择旅游产品时既考虑旅游愉悦放松休养等功能，也考虑感知旅游产品获取知识的功能。随着知识信息大爆炸越来越突出以及泛Z世代求知欲望越来越强烈，市场对文化旅游产品和具有文化内涵旅游产品的需求不断增强，旅游消费知识化的现象将越来越明显。新时代旅游消费知识化出现了新特征：一是旅游消费知识化的"古化"。"我们从哪里来？"这是泛Z世代在旅游活动中希望寻找的答案。古文化、古艺术、古建筑、文物、博物馆等文化旅游产品受到他们青睐和追逐，他们乐于在文化旅游中思考人类哲理和人生哲理。二是旅游消费知识化的"新化"。潮流文化和圈层文化使泛Z世代恐慌于滑落为时代弃儿和圈层外人，旅游消费以轻松快乐的方式解锁新兴的主流文化和亚文化，使得泛Z世代普遍产生马不停蹄地刷新旅游消费知识的行为和取向，努力回答"我们到哪里去"之问。三是旅游消费知识化的"活化"。"我们是谁？"在与从书本上获得知识方式不一样的旅游消费过程中，呈现知识的真实场景和知识依托的场景同构着知识的内涵和知识的本源，而使知识的获取充满着活力如同行云流水，整个过程无意识无形态的活化却通常完美地表达了自我和他我。

差别化。旅游产品的"五性"特征，反映在旅游消费端最为突出的特征是旅游消费的差别化。其实，几乎所有的产品包括批量的工业产品，它们在进入消费过程中都会由于消费个体不同而产生消费的差别化；然而，旅游产品消费过程的差异化却因其产品与其他产品存在着不同的特点而表现出消费差别的特殊性。其一是旅游消费差别的普遍性。旅游消费集体有意识有差别的意识是其与其他消费更多是集体无意识有差别意识的区别之一；旅游消费集体有意识有差别的意识是其与其他消费更多是集体无意识无差别意识的区别之二,而旅游消费集体有意识有差别意识形成了旅游消费差别的普遍性。其二是旅游消费差别的真实性。旅游消费集体有意识有差别的意识是旅游消费全过程的隐形动力;而旅游消费全过程的隐形动力之于旅游消费集体有意识消费过程中的差异,表现出显性的真实。其三是旅游消费集体有意识有差别的意识大于其他消费集体部分有意识有差别的意识,量级巨大差距促进了质的转变和飞跃而形成了其本质之别。

更迭化。旅游消费普遍存在着更迭化。一是消费群体更迭。一代旅游消费群体替换另一代旅游消费群体的规律对于所有的消费产品而言几乎是没有任何根本性的差别;然而,当旅游产品特别是老天爷老祖宗"二老"旅游资源型的旅游产品核心吸引力迭代的延迟性和弱迭代性与其他消费产品迭代的及时性和强迭代性相比,旅游消费群体的迭代更具有时代旅游价值取向特征之时代性。正是这种迭代的延迟性和弱迭代性而使得以"二老"旅游资源为核心吸引力的旅游产品在旅游消费更迭中,依然保持着几乎经久不衰的传奇。二是消费个体更迭。与消费群体更迭不同的是消费个体在时间上的更迭不以代际为段与在空间上的更迭不以整体为形,几乎同时发生在一个具体的旅游产品空间维度之上。旅游消费个体有意识避免重复消费同一旅游产品抑或重复消费具有同一核心吸引力的旅游产品之现象,使得同一旅游产品或具有同一核心吸引力的旅游产品的消费个体持续更迭。三是消费意识更迭。旅游消费个体意识的更迭集聚为旅游消费圈层意识的更迭,旅游消费圈层意识更迭的出圈破圈可能积累为旅游消费全群体或准全群体意识的更迭,在旅游消费意识更迭缓慢流动或加速流动的过程中完成旅游消费时间尺度更迭的嬗变。

（三）旅游供需关系的非平衡

旅游供给与旅游需求之间的关系直接反映着旅游市场状况。旅游供给与旅游需求关系是否平衡决定着旅游市场是否稳定，而时间尺度是衡量旅游供需关系是否平衡的前提。

1. 旅游供需关系状态

从产品角度看，旅游供需关系一般呈现出三种状态，即：旅游产品供不应求、旅游产品供过于求、旅游产品供需平衡。

旅游产品供不应求就是旅游需求量大于旅游产品供给量，旅游消费需求得不到应有的满足。有三种情况：第一种是旅游市场上旅游产品供给量不足，消费者无法在市场上购买到旅游产品；第二种是市场上的旅游产品品种供给与消费品种需求失配，旅游者买不到所需求的产品；第三种是旅游产品的层次品质与需求的层次品质不匹配，低于或高于消费需求层次。无论哪一种情况都是旅游供需不平衡的表现。在市场经济条件下，第一种情况主要是生产力水平和经济发展水平不高导致市场供给不足所造成的；第二、第三种情况主要是非市场经济因素干扰生产要素有效配置所造成的。

旅游产品供过于求是产品供给量大于消费需求量，市场上旅游消费无法消费完毕旅游产品而出现过剩的现象。有两种情况：一种是旅游产品量的过剩，消费需求不足以消费完毕产品供给量，消费能力不足，形成产品的绝对过剩；另一种是供应的旅游产品与市场需求的产品不匹配，形成某些产品过剩，这是相对过剩。这种不平衡状态主要是市场失灵或是非市场经济因素干扰生产要素有效配置造成的。

旅游产品供需平衡是旅游产品供给量与消费需求量处于平衡状态，旅游产品与旅游需求相适配。一是总量适配，即旅游产品供应量与消费需求量相同或相当；二是品种适配，即供应的旅游产品品种与消费需求的品种相同或相近；三是层次适配，即供应的旅游产品层次品质与消费需求的层次品质相当或相近。这是旅游供需关系的理想状态。

2. 旅游供需关系的非平衡性

旅游供需关系平衡是一种理想的状态。但是，旅游供需格局的实际状况往往是旅游产品供不应求、旅游产品供需平衡、旅游产品供过于求三种情况交替出现。不仅如此，旅游产品供不应求和供过于求持续时间相对较长因而是常态；旅游供需平衡持续时间较短因而是非常态，甚至不存在旅游供需平衡，而仅存在旅游供需基本平衡，即旅游供需平衡是以旅游供需基本平衡的状态呈现的。其主因有三。一是旅游供需是一个动态的过程，旅游供给量总是根据旅游需求量进行调整的，当市场上需求比较旺盛，社会投资就会汇集于旅游产品的开发生产；当旅游需求不振之时，旅游产品开发生产要素就会逃离旅游行业。旅游供需调整在这个不断循环往复的动态过程中延续着旅游供需的不平衡。二是市场上旅游需求与供给时间衔接滞后使得产品供给滞后于产品需求。有形旅游产品生产周期比一般工业产品生产的周期要长得多，而导致出现这样的现象：当旅游需求信息信号释放，市场开始集聚资源开发生产有形旅游产品，而高品质的有形旅游产品至少需要一年时间才能提供给市场，旅游产品供应明显滞后于需求。而且，当这些原本适应市场需求的旅游产品上市时，旅游需求可能已经发生新的变化，新上市的旅游产品可能会因此而滞销，引发旅游供需新的不平衡。三是预见旅游市场需求及其产品需求趋势的难度大于一般工业产品，引导旅游消费趋向的难度也大于一般工业产品，这就给提前谋划布局和实施旅游产品开发生产带来更大的难度，新上市的旅游产品在市场上反响如何的不确定性更大。

总之，旅游供需关系平衡是相对的，旅游供需关系不平衡是绝对的，旅游供需关系是常态的非平衡。

3. 旅游供需关系之最优

旅游供给与旅游需求的非平衡性表现为旅游供需的平衡是短暂即非常态的，而不平衡是长期即常态的。对旅游行业而言，旅游产品供需关系最优的状态是怎样的呢？旅游供需关系最优，既涉及旅游产业与其他产业的关系，也涉及旅游经济与经济周期的关系，还涉及旅游经济与旅游生产力的关系。从有利于单一产业即旅游产业持续发展及市场总供给与总需求处在均衡或基本均衡状态方面来研究旅游供需关系最优，以上三种旅游供需关系的状态显然只有旅游产品供需平衡才是旅游供需关系最优。这是因为旅游产品供不应求不仅让旅游消费得不到满足，而且因市场信号的传导效应会引导生产资源集聚于旅游产品开发生产领域，必然造成旅游产品供过于求而形成生产资料的浪费；旅游产品供过于求不仅造成生产资料的浪费，而且因生产资料撤离旅游产品开发生产领域而必然造成新的旅游产品供不应求。但是，旅游供需平衡是短暂的、相对的，不仅如此，更为关键的是，这种状态之下的供需关系必然是相对静止的，而旅游供需关系相对静止必将抑制旅游供给端的创造创新力及其活力，从而形成更剧烈的旅游供需关系不平衡。因此，我们可以设定旅游供需关系最优是旅游需求持续略大于旅游供给，而"略大于"和"持续"将会导致旅游产业发生哪些动人的故事呢？

第一个故事，旅游需求持续略大于旅游供给，生产要素将持续聚集旅游产业。生产要素是消费产品生产的前提条件，资本、技术、土地、人才、数据等生产要素是旅游产品开发生产的基本生产要素，旅游资源是旅游产品开发生产的特定要素，只有基本生产要素集聚，旅游资源要素才能发挥效用，开发生产出有效的旅游产品。在市场经济条件下，生产要素是流动的、趋利的，旅游需求持续略大于旅游供给，生产要素就会适度持续流向旅游产品开发生产领域。旅游需求过大或较大于旅游供给必将形成巨大或较大的旅游供需不平衡；旅游需求非持续阶段性略大于旅游供给必然形成生产要素集聚的起伏不定，对旅游供需相对平衡造成伤害。

第二个故事，旅游需求持续略大于旅游供给，旅游供应链将持续稳定优化。现代旅游产品供需关系中旅游产品供给与需求之间存在着一个复杂的中间环节即旅游产品供应链。旅游产品供过于求或者旅游产品供不应求都会造成旅游产品供应链断裂或负向变化，从而形成旅游供给供需关系大幅度波动并带动旅游消费大幅度波动，对旅游产业和旅游经济造成不利影响。旅游需求持续略大于旅游供给将持续激发起旅游产品供应链业者投入人力物力资源于供应链的积极性和创造性，促进旅游产品供应链的稳定和优化。

第三个故事，旅游需求持续略大于旅游供给，旅游供需生态系统将稳步进化。旅游供求关系中的旅游供给侧和旅游需求侧在旅游供应链的有效传导下不断稳步向前发展，从一个良好的生态系统向另外一个更为高级的良好生态系统进化；而且在此进化过程中旅游供给侧和旅游需求侧自身的内部循环系统将不断摈弃阻碍有效信息传导的因素而提升有效信息传导的功率；而旅游供应链不断稳定优化的过程也与此相连互动，与旅游供给侧和旅游需求侧一道前行在生态系统稳定进化的康庄大道上。

上面三个故事昭示着，旅游需求持续略大于旅游供给的旅游供需关系最优且将持续促进旅游产业持续稳定发展，而这是一个产业发展的最优状态。我们应该给旅游供需关系最优取一个雅名了。可以从两个维度来考量：第一维度是旅游需求持续略大于旅游供给既不是旅游供需平衡也不是旅游供需不平衡而是接近旅游供需平衡的状态，是一种亚平衡状态；第二维度是接近旅游供需平衡状态既可能是旅游需求持续略大于旅游供给，也可能是旅游需求持续略小于旅游供给。如果是旅游需求持续略小于旅游供给，那么旅游产业将会持续小幅下滑或萎缩，这显然不是旅游供需关系最优。因此，我们可以把旅游需求持续略大于旅游供给称为"正亚平衡"。

4.旅游供需关系最优之实现

"正亚平衡"是旅游供需关系最优。那么，一国一域如何在市场总供给与总需求处在失衡或基本均衡状态下，实现旅游供需关系最优即"正亚平衡"呢？依循以上旅游供需关系分析的方向和着力点，我们就会发现实现"正亚平衡"的方向和着力点主要是旅游需求侧。因此，在保障需求、刺激需求、创造需求等三个层级上的作为和有为，是满足当下旅游需求、激发潜在旅游需求、创造消费者意外惊喜之旅游需求的必由之路。

保障需求是产品供给的基本责任。旅游需求侧因旅游供给侧而存在和变化，离开了旅游供给侧就无从顺应和引导旅游需求侧。因此，应分析研判市场总需求和旅游需求的状态和变化，精准或基本精准适度和适时地投放消费市场所需的旅游产品以满足市场的旅游需求，及时调整旅游产品结构和提升旅游产品匹配度以适配旅游需求的变化。同时，应根据分析研判的旅游需求体量波长价值引导市场开发生产适量适度适值的适配市场需求的旅游产品。

刺激需求是产品供给的担当作为。在市场总需求严重不足导致供需失衡的状态下，现实旅游需求持续略大于旅游供给的"正亚平衡"是不切合实际也是不现实的；在总供应严重不足导致供需失衡的状态下，旅游需求一般大于旅游供给，这种状态下需要做的是防止旅游产品开发生产要素过度集聚旅游领域。旅游需求持续略大于旅游供给是在总需求不够充足或基本充足的状态下总供给与总需求处在轻度失衡或基本均衡状态下的状态，刺激旅游需求从而促使市场总需求流向旅游消费领域，以实现旅游需求持续略大于旅游供给的"正亚平衡"。旅游产品价格的调整是在此状态下促使需求流向旅游消费领域的正确打开方式；同时旅游产品的优化和有效营销也是引导需求流向的重要打开方式。

创造需求是产品供给的伟大梦想。在市场总需求不足的状态下引领有效需求流向乃至集聚旅游领域最有力的市场手段莫过于创造旅游需求。准确预见并适度超前开发生产旅游产品以期适时适应市场潜在的消费需求，做到与旅游消费趋势合拍合时合势，吸引市场需求向旅游领域汇集。深入分析研判人类人性需求在旅游产品上的表现形式，即人类旅游消费的隐性需求，创新旅游产品的内容和形式，激发人们旅游消费的热情和激情，撬动旅游消费的新潮流新动力，引领市场需求聚集旅游消费，填平旅游需求动能不足可能形成的旅游消费低谷，灿烂地实现旅游供需关系那片蓝海般的"正亚平衡"。

二、旅游市场多维动能之演化

旅游市场的演化主要表现为旅游供给侧与旅游需求侧关系的演化。我们将依此视域，研述旅游供给侧和旅游需求侧及其介质的旅游传播状态，寻找旅游供给侧和需求侧及其关系变化推动旅游市场有效演化的密码。

（一）旅游供给侧"五度"之演化

旅游供给侧之吸引度、价格度、通达度、安全度、友好度等

"五度"状态及其变化，推动着旅游市场的演化。

1. 吸引度

旅游吸引度是通过影响旅游者的最终出游决策而影响旅游市场变化的。从旅游供给侧的角度考察旅游吸引度不仅会比较客观地评估并便于对旅游地与竞争地的吸引度进行比较，而且其测定信度和效度直接关联着旅游市场之演化。

旅游吸引度主要由其核心属性和附加属性两个方面组成。核心属性主要包括旅游资源及依托其开发的旅游产品；附加属性主要包括旅游环境、旅游设施、旅游通达度等。旅游资源群及旅游产品群对旅游地吸引度的影响最为明显最为直接，占据核心地位，所占权重也最高。旅游资源及旅游产品的质量和集聚度越高，第一唯一度以及差异度和鲜明度越高，吸引度就越高。旅游环境的优劣和交通通达度的高低直接影响着旅游吸引度的高低，旅游设施真实地展现着旅游地的接待能力。

旅游吸引度具有高稳定性、高影响性、高感知性等特性。高稳定性主要取决于核心属性的高稳定性。作为核心吸引物的旅游资源和依托旅游资源开发生产的旅游产品具有较强的稳定性。五类旅游资源都是长期和较长期形成的，依其开发生产的旅游产品的核心内涵短期是难以改变的。这对旅游供给格局的稳定具有很强的影响作用。高影响性是指旅游供给侧的超强分量和超强作用凸显其决定性的作用，对旅游需求侧产生超强影响，推动着旅游需求的运动方向和变化，从而深刻影响着旅游市场。高感知性既表现出旅游供给的根本属性和基本特征，也表现出旅游行为的本质诉求，又表现出旅游需求侧对旅游吸引度的高度敏感和高度期望而形成开放性的旅游供给与需求的循环律动。高感知性以开放性的循环律动过程作用于旅游市场。

一言以概之，核心属性和附加属性同构着旅游供给侧吸引度之高稳定性、高影响性和高感知性，以其存在状态对旅游市场发挥显著的影响，在其他条件一定的情况下，旅游吸引度越高，聚集的旅游者就越多，反之就越少，旅游者聚集的多寡，反映在旅游需求侧上，影响着旅游供给与旅游需求的关系和变化即旅游市场之演化。

2. 价格度

旅游价格度是旅游供给侧的旅游产品价格水平状况的总和。旅游产品的价格反映着旅游产品的价值，是旅游产品价值的外在表现，是旅游供给与需求之间的互相影响平衡的结果。旅游产品价格水平越高价格度就越高，反之就越低。价格度的测量相对便捷准确，因而依其建立的测算模型的测定效度和信度相对客观准确。

价格度对旅游市场的影响主要体现在三个方面。一是高变化性。与旅游吸引度的高稳定性相左，旅游价格度具有高变化性。旅游供给侧价格度随着旅游产品价格的整体变化而变化，当旅游产品总体价格趋涨时，价格度就会趋涨；反之趋降。旅游供给侧价格度高变化性带动旅游需求侧高度变化。旅游供给侧价格度趋涨趋降反映在旅游需求侧上就会出现旅游需求流向一国一域的选择流量的多少，从而推动旅游市场的变化。二是高传导性。旅游供给侧价格度的传导阻隔阻力相对其他旅游供给侧要素要少要小、传播触达率要高。人均可支配收入是旅游需求的主要基础，决定着旅游供给侧价格度在旅游供给端与旅游需求端联动中具有天然的穿透能力，而将旅游市场总体价格水平传导于旅游需求侧。旅游产品价格随着旅游市场需求的强弱而进行调整，当一国一域的旅游需求趋于旺盛而旅游者开始大量聚集时，市场上的旅游产品供给价格就会不断趋高，反映在旅游价格度上也就随之趋高；当一国一域的旅游需求萎缩而旅游者大量减少时，旅游价格度就趋低。三是高即时性。在旅游供给侧与旅游需求侧关联中，旅游供给侧价格度直接与旅游需求侧相关联，与旅游需求侧的中低端需求关联之紧密超过了其他因素，其中的一个主要原因是旅游需求侧中低端需求敏感度尤为突出，从而形成即时效应，对旅游需求的流向产生即时影响。因此，旅游供给侧价格度高低形成旅游需求侧流向流量的即时效应，导致旅游需求侧即时波动而影响旅游市场的平衡。

3. 通达度

旅游通达度是实现旅游需求的必要条件，由时间维度、空间维度、经纬维度状况同构并集中反映出旅游者对旅游交通状况感知的总和。

旅游交通通达度的时间维度状况是对旅游者到达旅游地以及在旅游地花费的交通时间整体状况的反映。旅游者到达旅游地的旅游大交通工具的用时长短以及便捷性存在差异，旅游地的旅游交通工具和方式的用时及便捷性也不尽相同。空间维度状况既反映出旅游者到达旅游地的宏观空间距离状况，也反映着旅游者在旅游地的旅游点之间移动的中观空间距离状况，它同样是旅游地通达度的主要组成部分。经纬维度状况反映着旅游者到达旅游地的空间直线距离和准直线距离与旅游者在旅游地的空间移动直线距离和准直线距离，以及旅游者在旅游地原点集散或扩散至四面八方的空间直线距离和准直线距离的状况。时间维度之时间和便捷状况、空间维度之宏观中观空间距离状况、经纬维度之空间直线距离和准直线距离状况的三个维度同构着旅游通达度，其状况决定着旅游通达度的高低。

旅游通达度具有首尾性、关联性、平缓性等特征。首尾性不仅在旅游者的旅游地选择系数中占据很大分量，而且更关键的是旅游者在实施旅游计划全过程中，旅游交通的首位体验和末尾体验是旅游全过程中的主要体验之一，在旅游全过程中具有唯一性特征。关联性，源于旅游交通几乎连接着旅游者的惯常生活地和旅游地，连接着旅游者所有的旅游体验活动，担负着实现旅游者所有旅游愿望的重任。旅游通达度既表现为在一个时期相对比较稳定，特别是比较成熟的经济体因交通设施设备和交通工具比较完备而发生变化的时间长延和空间窄延，又表现为在一个时期有一定的变化，特别是新兴经济体因经济快速增长带动交通设施设备和交通工具更新扩张而发生时间和空间上的持续变化，从而呈现出旅游通达度平缓性的特征。

旅游通达度对旅游市场的影响一是旅游地的旅游通达度高低直接影响旅游地的旅游集聚力的强弱。旅游地的旅游通达度越高旅游集聚力就越强，反之就越弱。旅游集聚力的强弱带动旅游需求侧的强弱，反映着旅游市场的状态。二是旅游地的旅游通达度高低变化影响着旅游需求侧的旅游需求大小变化，二者变化为正向关联。

4. 安全度

旅游安全度是旅游需求侧对旅游地安全认知状况的总和。构成旅游安全度的因素主要集中在恐怖风险、疾病风险、卫生风险、交通风险、财产风险、陌生风险等诸多方面。居前的风险系数高，所占权重较高；居后的风险系数低，所占权重较低；各风险系数加总之和越高旅游安全度就越低，反之就越高。

旅游安全度的形成和变化有两个基本特征：一是形成期较长、稳定期也较长、高低变化幅度较小；二是重大突发性旅游安全事件对旅游安全度产生急剧冲击而使其出现断崖式下降，乃至所占权重以及风险系数测量模型基本失灵。

安全度高中低状况对旅游市场产生不同层级的影响。旅游安全度高或低对旅游市场产生强影响。从旅游需求侧看，旅游安全度高,致使旅游需求旺盛并传导至旅游供给侧而引致旅游产品供给增加,以至于旅游市场供需关系发生正向变化并使旅游市场发生有利于旅游地的方向变化;旅游安全度低,则引起旅游需求衰落并传导至旅游供给侧引致旅游地旅游产品供给减少,以至于旅游市场供需关系发生负向变化并使旅游市场发生不利于旅游地的方向变化。旅游安全度中度对旅游市场产生平稳影响。多数旅游地的旅游安全度长期保持比较稳定的状态,因而出现旅游者考量旅游安全因素而决定是否选择的概率较小,有时甚至被视而不见。此时,旅游安全度对旅游需求侧的影响不明显,对旅游地旅游市场的影响不强不弱不突出,表现出平稳的状态。重大突发性旅游安全事件会导致旅游需求侧的需求急剧萎缩,供需关系出现即时扭曲,市场发生剧烈变化。

5. 友好度

旅游友好度是旅游需求侧对旅游地旅游人文感知状况的总和。它主要包括旅游地接纳友好、文化友好、历史友好、实现友好、习俗友好、环境友好、设施友好状况等,是旅游地人文空间和物理空间主客共享主观态度和客观现实的综合反映。

因旅游者占用旅游地相关生活资源,旅游地居民对他们是否接纳及对他们的接纳程度存在差异,接纳及接纳程度对旅游友好度影响最为直接和重要,占比较高。文化友好度是旅游地的文化与旅游者出生成长地以及惯常生活地的文化有无冲突以及冲突强弱程度。文化冲突越强烈反映出文化不友好状态越强,文化相容反映出文化友好状态突出。历史上交往好恶所反映出的历史友好度对旅游友好度高低影响较大;但是历史上的友好和纠葛有时会被现实的友好状况所遮掩,实现友好状况对旅游者选择旅游地十分关键。习俗友好主要反映为民族习俗、宗教信仰等方面的包容性,而民间习俗和宗教信仰的物理空间往往被开发成为颇有吸引力的旅游产品。环境友好不仅包括自然环境和人文环境之于旅游者的舒适安逸，也包括语言文字、指示标识等之于旅游者的便利匹配。设施友好既表现为主客共享的丰度，也表现为旅游者使用设施的方便程度。

旅游友好度之高低及其对旅游市场之影响要充分考量现实与历史结合状态、政策与行业结合状态、现状与传播结合状态。现实友好与历史友好状态有三种组合：一是现实友好与历史友好的双友好状态，二是现实友好与历史非友好的单友好状态，三是现实非友好与历史友好的单友好状态。这三种状态对旅游者集聚和旅游市场短期影响依次呈下降趋势。政策与行业结合状态也有三种组合：旅游政策和旅游行业政策双友好状态；旅游政策友好而行业政策不够友好的单强友好状态，而行业政策不够友好一般是隐性的，是行业政策制定者始料未及之举；旅游政策非友好而行业政策友好的单弱友好状态。这三种状态对旅游者集聚和旅游市场变化力量的影响依次呈现出下降趋势。现状与传播结合状态对旅游需求侧和旅游市场的影响总体取决于友好度高低与友好度传播效能高低，二者组合不同其影响力度也是不同的。

（二）旅游需求侧"五化"之演化

旅游需求侧之市场化、层级化、多元化、扁平化、集聚化等"五化"状态及其变化对旅游市场演化起着至关重要的作用。

1. 市场化

旅游需求侧的市场化是指旅游需求主要受市场因素影响而不受或很低程度受非市场因素影响的状态，甚至某些领域某些时段主要由市场因素所决定。市场化在旅游需求侧发挥作用可达度比较高，表现出趋向单一性的市场综合性。经济发展水平及旅游消费水平和旅游消费增长率等诸多要素融合形成旅游需求侧市场化的综合态势，抵消或掩盖了旅游需求被非市场因素左右的力量。大量的市场要素聚合而成的动能在趋向单一综合市场化的过程中形成洪荒之力而使得市场的力量不可阻挡和改变。旅游需求侧的市场化程度高低主要由经济发展水平和经济市场化程度决定。前者反映国民人均可支配收入的水平，后者反映旅游需求自由流动的水平。经济发展水平和经济市场化程度越高旅游需求侧的市场化程度就越高，反之就越低。

旅游需求侧市场化对旅游市场的影响是明显的。一是对旅游供给侧提出了市场化的要求和提供了市场化的动力，旅游需求侧与旅游供给侧双市场化的状态，有力促进了旅游市场有序形成，并摒弃其野蛮生长无迹可寻的粗放状态。二是旅游需求侧市场化程度的高低传导至旅游供给侧，导致旅游供给侧市场化程度出现高低变量。一般而言，旅游需求侧市场化的变量与旅游供给侧市场化的变量同向变动，从而带动旅游市场调整和变化。三是旅游需求侧市场化反映出旅游者充分自由流动对旅游地之间充分竞争客源市场提供了不竭动力，使旅游市场充满着魅力的同时，也表现出旅游市场的非稳定特征。

2. 层级化

旅游需求侧的层级化是指旅游需求不平衡存在高中低多个层级。形成旅游需求侧层级化的根本原因是人均可支配收入存在差异。人均可支配收入水平高低差异反映在旅游需求侧上即会出现人均可支配收入高而旅游需求层级就高、人均可支配收入低而需求层级就低的现象。总体而言，发达国家、发展中国家、不发达国家旅游需求总体表现出高、中、低层级；经济发达程度高、中、低反映在旅游需求上也呈现出高、中、低层级的状态。

旅游需求侧层级化对宏观旅游市场的影响主要表现有三：第一，旅游需求侧层级化影响着旅游产品分布的差异。旅游需求侧层级化传导至旅游供给侧的产品供给体系，必然会出现旅游产品与旅游需求层级对应的格局，即高层次或低层次的旅游产品适应高层级或低层级的旅游需求。因此，经济发展程度不同的一国一域因其旅游产品需求消费以该国该域旅游者为基本客群而使其旅游产品层次必然不同，经济发展程度高者其产品层级必然高，反之层级必然低，从而形成一国一域旅游产品层级的差别。第二，旅游需求侧层级化影响着旅游市场规模分布的差异。具有中高人均可支配收入旅游需求层级的国家和区域在其他条件一定的情况下，由于旅游者的旅游行为一般遵循由近及远，先短程再中程后远程的旅游规律，加之出游频次高等因素，其旅游的集聚力一般强于人均可支配收入低的国家和区域，从而导致接待旅游人数分布的差别。第三，旅游需求侧层级化影响着旅游市场效益分布的差异。旅游需求高层级和旅游产品高层次与旅游需求低层级和旅游产品低层次必然导致出现旅游收入即旅游效益分布的差别。西方发达国家的旅游需求和产品层次与欠发达国家的旅游需求和产品层次前者高、后者低，导致世界旅游收入分布呈现出明显的西高东低的状况。

3. 多元化

旅游需求侧多元化是指旅游者对旅游产品多样性的需求和选择。其主要原因是人均可支配收入高低不同导致旅游消费需求有高低之别，而旅游者的旅游消费行为偏好导致产生产品选择和消费等方面的差异。

从旅游消费水平看，不同层级旅游消费需求对应不同层次的旅游产品，人均可支配收入差异及旅游消费水平差异表现出旅游需求层级的差异，基于文化背景形成的旅游消费态度差异也会导致旅游消费水平的差异。

从旅游消费偏好看，一是不同旅游圈层偏好不同旅游产品和不同旅游方式而形成圈层偏好，从而出现对应圈层旅游产品和旅游方式的现象，使得旅游需求多元促进旅游产品开发多元，而旅游产品多元反过来影响旅游圈层多元。二是同一旅游圈层的不同旅游者的偏好要么大同小异要么小同大异，旅游偏好完全相同以致旅游需求完全相同几乎是不存在的，这就使得旅游多元化无论在何种背景条件下都是客观存在的。三是旅游者群体出行和独自出行的方式在任何背景下都将以普遍的方式而存在，从而引致旅游需求百花齐放的奇妙景象。

旅游需求侧多元化对旅游市场影响主要有三：第一，旅游需求侧多元化促使旅游产品和旅游方式的多样化，使得旅游产品供给与旅游者需求在时效上或匹配或前置或延滞，从而形成旅游市场在高频、中频、低频变化之中不断演化。第二，旅游需求侧多元化促使旅游供给侧与之适配而促进旅游市场趋向基本平衡，这种趋向的进行时正是市场竞争的魅力所在。第三，旅游需求侧多元化引致旅游需求与供给的时效错位（或前置或延滞）而形成旅游市场的趋向基本不平衡，从而为市场竞争者注入不竭的动力。

4. 扁平化

旅游扁平化是指旅游需求不通过旅游中介机构而是直接与旅游供给商发生供求关系的现象，它是网络时代所呈现并不断增强的特征。旅游扁平化有三个主要特征：一是直接性强。旅游者在资讯的获取、产品的订购、交通的选择、旅游的体验等几乎全过程的所有环节中都直接与供给商发生联系而自行实施旅游计划，改变了以往通过中介组织实施旅游计划的方式。二是变化性大。旅游者自我实施旅游计划的直接性缩短了旅游计划的周期，为其说走就走提供了时空的便利，由此带来旅游决策的短周期和可变性，加大了旅游者确定旅游地的变化程度。三是预见性弱。旅游者直接和变化的决策，使得旅游地对旅游规模及其变化预测不仅难度加大,而且如果没有有效的大数据支撑其准确性会变低,预见性会减弱。

旅游扁平化对旅游市场的影响首先是致使旅游市场波动幅度大。在传统方式下旅游者集聚与否通过中介机构作用于旅游地,造成旅游市场供需关系出现或大或小的波动而处于不稳定状态;而互联网背景下,旅游者集聚与否直接作用于旅游地形成更加突出的旅游规模大小变化,使得旅游供需关系出现更大幅度的波动。其次是扁平化促使旅游市场波动频率高。在互联网背景下,旅游者会因旅游事件快速传播引起即时群聚或即时消散,从而使市场供需关系的波动频率高。最后是扁平化促使旅游市场波动频率快。旅游者快速聚集与否引起旅游市场波动的速度加快。

5. 集聚化

人类的从众心理和情感交流的基本心理需求表现在旅游需求侧上即为旅游集聚化。一方面,圈层 KOL 的力量牵引圈内人员集聚并消费同样或同类的旅游产品,体验同样或同类的旅游服务,以展现圈层的个性和优越,实现旅游价值的认可和旅游圈层身份的认同;另一方面,圈内人员自发组织选择旅游目的地和旅游产品,在旅游消费的同时实现人际交往和情感交流;特别是旅游消费的共享化特征使得旅游者的从众心理在旅游消费过程中得到最为有效的释放,从而强化了旅游集聚化特征。

旅游需求侧集聚化对旅游市场的影响有三。一是旅游圈层对旅游需求侧的影响力较大。一个圈层可能带动多个相邻圈层的追随和联动,多个圈层叠加可能引导需求群体的流向甚至发生蝴蝶效应,形成旅游市场不稳定的力量。二是旅游圈层的旅游需求对旅游供给侧的影响较大。旅游圈层及其关联圈层叠加的流向带动着旅游供给侧的调整和变化,牵引土地资金人力等顺向集聚或逆向集聚,促使旅游供给与旅游需求趋向平衡或引发不平衡。三是旅游需求侧集聚化对旅游传播的效能影响较大。集聚化为旅游传播提供了可能，解决了在互联网背景下旅游者面对海量信息如同大海捞针般茫然而难以抉择的问题，打开了传播高效能的广阔空间，为旅游市场的竞争者开辟了通畅的赛道。

（三）旅游传播"四率"之演化

旅游传播是旅游供给侧与旅游需求侧之间最主要的媒介和途径。无论是旅游供给侧的信息传递于旅游需求侧以及旅游需求侧反馈于旅游供给侧，还是旅游需求侧的信息传递于旅游供给侧以及旅游供给侧反馈于旅游需求侧，都依托于旅游传播而实现。旅游传播效能对旅游供给侧与旅游需求侧之间信息传递和反馈的时效性和有效性至关重要，而旅游传播效能的高低是实现信息及时传递和有效反馈的关键。

旅游传播逻辑的"三变"。当下的旅游传播不仅在由传统的电视、广播、纸媒传播时代，走向互联网的在线传播时代，而且在由互联网的 PC 传播时代，走向以手机为主要承载工具的移动小屏传播时代。这一迭代变化不只是传播手段和形式的变化，而且是传播逻辑在发生很大变化。一是传播渠道变多。互联网传播大小渠道不计其数，多渠道多平台必然造成旅游者获取旅游信息渠道分布分散，对选择传播平台提出新挑战。二是传播触达难度变大。移动小屏手机和社交媒体缩短了人类平均注意力的时长；信息过剩使"大众注意力"成为稀缺资源；话题热点层出不穷，花样空间破碎割裂，"吃瓜"循环不断加速；旅游信息要穿越"头部热门话题"已难度不小，而维持长时间的热度更是万难之新挑战。三是传播转化变低。互联网下旅游强信息源提升了传播的实时性、便利性和可达性。但是，旅游传播触达旅游者后形成旅游转化至少要跨过两道关口。第一道是旅游者对大量旅游传播触达信息进行比对筛选，保留信息几乎是百里挑一；第二道是互联网强化了圈层对旅游者选择旅游地的影响，而弱化已触达的旅游信息的自主效用。

旅游传播效能的"四率"。互联网下的旅游传播力及其效能集中反映于能率、频率、效率、反馈率之状态。能率是旅游传播主体信息源传播强度的状况，是传播效能的基础和关键；频率是旅游传播主体信息传播频次多少的状况；效率反映旅游信息触达度高低和旅游转化度高低的状况，是传播之目的；反馈率是旅游信息触达客体而客体主动发生反应的状况，是对传播效率的检验。旅游传播的能率、频率、效率、反馈率越高传播效能就越高，反之就越低。能率、频率、效率、反馈率是旅游传播的一个完整的生态链，能率、频率和效率是旅游信息传播效益的部分，反馈率是旅游传播持续发挥作用的部分，是承续下一个有效传播的前提，两个部分连贯而形成旅游传播持续效能。旅游供给侧的旅游传播低效能或效能间歇，都无力带动旅游需求分布发生变化，或分布变化不明显，不足以形成旅游市场之演化。因此，只有当旅游传播之能率、频率、效率、反馈率整体同频共振，旅游传播效能才会显著。故而，重视"四率"链建设并提升每一率的效能，才能使旅游传播持续实现高效能。

旅游传播之于旅游市场演化的"三强"。旅游传播之于旅游市场演化主要是通过影响旅游供给侧和需求侧的调整及变化而实现的，呈现出影响性更强、调整性更强、直接性更强的特点。其一，对旅游市场演化的影响性更强。"四率"高或较高的旅游传播比传统的传播对旅游市场具有更强的影响力。互联网下的高效能传播，快速、集中触达旅游需求侧而必然带动旅游需求的分布变化和调整朝着旅游传播主体的方向集中，形成旅游市场演化。其二，对旅游市场演化的调整性更强。互联网下的旅游传播触达速度更为快捷,在旅游圈层高集聚力的条件下,旅游者大范围大量集聚于一国一域的可能性远超传统旅游传播时期,从而增强了旅游市场调整演化的力度和幅度。其三,对旅游市场演化的直接性更强。互联网下的旅游传播触达更为直截了当,高效能的旅游传播对旅游者之旅游目的地选择产生直接的影响,导致旅游需求侧的动态和快速变化,这一变化积聚至相应数量时,必然有效促使旅游市场的演化。

(四)旅游供需动能之演化

旅游供给侧的"五度"、旅游需求侧的"五化"和旅游传播的"四率"构成了旅游供需动能演化的矩阵,促进着旅游市场之演化。

旅游供给侧"五度"动能之演化。旅游供给侧"五度"之整体表现出"乘数效应",使得"五度"以"五度一体"之动能在"乘积"中发生演化。单一维度的"度数"越高,乘数之积越大其动能越大。事实上,旅游供给侧"五度"的每一维度"度数"几乎不可能整齐均衡,而通常是参差不齐甚至出现正负度的差别。然而,这并不影响"五度一体"之动能演化并推动旅游市场之演化。

旅游需求侧"五化"动能之演化。旅游需求侧"五化"之整体表现出"乘数效应",并以"五化一体"之动能"乘积"发生演化,其演化与旅游供给侧"五度"动能之演化基本相同。只是旅游需求侧的"五化"感知市场的直接度、敏感度和反应度高于旅游供给侧的"五度"。当旅游供给侧"五度"基本处于稳定状态时,如果旅游传播的"四率"效能作用发生较大变化,旅游需求侧将随之发生异动,形成旅游市场的演化。因此,旅游需求侧的动能往往是旅游市场演化的先驱动能。

旅游供需两侧动能之演化。一方面，旅游供给侧"五度一体"形成的动能与旅游需求侧"五化一体"形成的动能对旅游市场演化的作用在侧面、频度和力度方面表现是不同的。在作用侧面上，旅游供给侧动能更多是作用于旅游需求侧而引动旅游需求变化进而推动旅游市场的演化，而旅游需求侧动能更多是作用于旅游供给侧而引动旅游供给变化进而推动旅游市场的演化；在作用频度上，基于旅游需求变化频率大于旅游供给变化频率，旅游需求侧的动能作用于旅游市场演化的频度高于旅游供给侧的动能作用于旅游市场演化的频度；在作用力度上，基于旅游需求对旅游供给影响的主导性和高频度，旅游需求侧的动能之于旅游市场演化的力度大于旅游供给侧的动能之于旅游市场演化的力度。另一方面，旅游供给侧的动能和旅游需求侧的动能两侧合一综合作用于旅游市场所产生的叠加效应，对旅游市场演化的推动力量，大于旅游供给侧或旅游需求侧单一一侧的力量。事实上，旅游供给侧和旅游需求侧是旅游市场的整体，旅游市场演化过程中的推动力量也是整体而不可分割的。

旅游供需动能之市场演化呈现四个特征：一是动态化。旅游供需动能的动态演化必然引致旅游市场演化的动态化。二是融合化。旅游供需的"五度"和"五化"动能不可分割而是融合为一个整体集群作用于旅游市场演化。三是普适化。旅游供需动能普适作用于几乎所有的旅游市场演化。四是相对化。旅游供需动能之于旅游市场演化的作用大小是相对的，相对化决定了旅游市场演化的复杂化。

三、旅游市场演化的三性特征

（一）演化的系统性

旅游市场通常由本系统、外系统、子系统组成，其演化必为系统性演化。外系统是旅游市场本系统之外且对旅游市场有直接影响的事物。它主要包括生产力和生产方式、社会经济和社会发展、社会总供给和社会总需求、相关产业和相关行业等。子系统是旅游市场本系统空间维度中的低层级系统。旅游市场系统性演化表现出整体性、生态性和消长性的基本特点。

整体性。一方面，旅游市场本系统的任何变化都会带动各子系统的变化；另一方面，旅游市场任何子系统的供需关系变化都会引起此市场的本系统变化；同时，任何子系统的供需关系的变化都会影响本系统内其他子系统的变化。

生态性。旅游市场各系统自成生态系统以至旅游市场本系统与外系统和子系统之间相互依存、相互联系、相互影响、相互融通而形成一个完整的生态圈。生态圈内不仅各生态系统的变化必然带动其他生态系统的变化，而且各生态系统要素的变化也会发生联动变化；任何层级的生态系统要素被破坏都会使整个生态圈被破坏，生态圈被破坏的程度大小取决于生态系统要素所占比重和被破坏程度的大小。

消长性。旅游市场各子系统消费量发生变化而形成本系统内部的消长。经济总量恒定下的消费总量基本恒定，使得旅游消费总量也必然基本恒定。之所以基本恒定，是因为，为实现旅游供需关系"正亚平衡"所采取的刺激和创造需求等措施，激发了潜在的旅游需求，使旅游消费需求挤兑其他消费需求导致旅游需求总量增加；当然也同样存在旅游消费总量下降的可能。旅游消费总量基本恒定决定着旅游市场本系统内一个子系统消费量的变化必然引起其他子系统消费量的变化而出现子系统与子系统之间的此消彼长。一个子系统消费量占本系统消费总量的多寡主要取决于其旅游供需两侧"五度""五化"动能和旅游传播"四率"效能的变量及其变量的组合。

（二）演化的循环性

市场要素流动形成旅游市场演化的内外之循环性特征。

一为内循环，即旅游供给和旅游需求之间的循环方式。一方面，旅游供给和旅游需求按照各自路径马不停蹄地在要素内部自我循环。旅游供给从一种状况至另一种状况，供给的丰盈或不足，供给的匹配和错位，供给的高端和低廉等，在旅游者喝彩欢呼和吐槽挑剔下，变化不停歇；旅游需求从一种状况到另一种状况，需求的对象、品质、方式等在旅游者的期待和体验下，循环不停止，从而实现要素内良性或非良性循环。另一方面，旅游供给与旅游需求之间也在不断循环，从一种供需关系到另一种供需关系，产品供给与旅游者的友好关系与否不停地交换空间，陆续演绎，形成跨要素之间的外循环。旅游供给内和旅游需求内的自我循环，与旅游供给和旅游需求之间的外循环构成了一个旅游市场的内循环。

二为外循环，即旅游市场与其他行业市场以及旅游市场要素与其他行业市场要素之间的循环方式。跨市场的循环与市场内的循环在循环方式上基本相同，其区别在于市场与市场、要素与要素的差异以及因差异引起的循环顺畅度和速度上的差别。换言之，市场内要素间同质性的循环比市场外要素间异质性的循环会更加顺畅和快速。与此同时，尽管叠加的外循环的体量和能量可能大于内循环，但内因是根据、外因是条件的差异，使得这些外循环对市场演化和性质改变的作用力低于甚至远低于内循环的作用力。因此，在促进旅游市场演化的过程中，基本点和着力点应该是内循环。

（三）演化的周期性

旅游供需动能的动态化和相对化作用于旅游市场，呈现出旧旅游市场状态—量变演化—质变演化—新旅游市场状态；而后，从新旅游市场状态再到另一个新旅游市场状态，以此循环推进，形成一个个旅游市场演化周期。一个旅游市场演化周期从原有旧旅游市场出发即期初，经历量变演化阶段、质变演化阶段、新旅游市场形成阶段即期末共三个阶段，表现出不同的特点和规律。

第一阶段，量变演化阶段。旅游市场量变阶段是新一轮旅游市场演化的开端，也是弱演化阶段。当旅游供需随着新旅游产品不断涌现或旧旅游产品不断淘汰以及经济增长或下降导致旅游需求陆续发生变化时，旅游市场在相对静止、稳定、统一的状态下不断发生渐进的、不显著的变化。其实，旅游市场量变演化阶段也存在部分质变，但表现为部分或局部质变而不足以根本改变期初的旅游市场状态。

第二阶段，质变演化阶段。当旅游市场量变积累至一定程度，必然引起质变，亦即强演化阶段。在新质要素逐渐积累和旧质要素逐渐衰落的过程中，实现从旧市场向新市场的飞跃。此过程一般比量变过程时间要短、速度要快，这是新旧旅游市场更替的决定性环节，也是从一种旅游市场状态到另一种旅游市场状态的演化。总体看，旅游市场演化的飞跃主要表现出一种非爆发性的形式。大空间尺度和长时间尺度的自然灾害和公共卫生事件所导致的爆发性飞跃更多是理论上的推演而非现实世界的真实。但是，小空间尺度的旅游市场出现供给强集中和旅游强传播或天灾人祸等突发事件可能出现爆发性的飞跃。

第三阶段，新旅游市场形成阶段。经过旅游市场演化的量变的积累和质变的飞跃，新的旅游市场业已形成，呈现出一种相对稳定的状态，并酝酿着新的量变演化。

旅游市场演化周期的时间尺度大体为量变加质变时长之和，而量变与质变之和的时长往往取决于演化时间更长的量变时长，即量变积累数量大小和时间长短主导着演化周期的时间尺度。与此同时，空间尺度和市场规模体量越大，旅游市场演化周期时间尺度就越长，反之就越短。全空间和全规模的世界旅游市场的量变和质变的周期时间尺度最长，大国旅游市场演化的周期时间尺度超过小国旅游市场演化的周期时间尺度。

第四节　旅游市场格局效应与重构

旅游市场格局形成源于近代旅游之兴起和发展，它是一种相对稳定的旅游供求关系结构。旅游市场格局的形成，是各种力量尤其是旅游竞争力量经过不断的消长变化和重新分化组合，从旅游量变逐渐发展到旅游质变，而构成一种旅游供需相对稳定的均势结果。旅游市场格局的重构，就是旅游竞争力量引致跷跷板空间效应，打破了原有旅游供需稳定的均势，而产生了新的分化建造和排列组合。一般而言，地域空间尺度的大小决定着旅游市场格局形成的时间尺度长短，地域空间尺度越大，旅游市场格局形成的时间尺度越长，时间尺度越长旅游市场格局也就越稳定。在世界、一国、一域三层级的旅游市场格局中，上一层级的稳定性明显胜过下一层级；一国与一国或多国之间、一域与一域或多域之间，可以分别构成平行区域和同一区域的旅游市场格局；平行区域和同一区域的划分是相对的，既可以相互转换，也可以调整为与其他区域组成新的平行区域和同一区域的旅游格局。平行区域和同一区域旅游市场格局的相关方彼此相互联系、相互排斥、相互竞争，使得相关方在总量基本不变或总量变化的情况下所占市场份额发生变化，从而形成此消彼长的跷跷板空间效应。

一、旅游市场格局的空间效应

旅游市场格局跷跷板空间效应存在跷跷板上升、跷跷板下降、跷跷板持平包括非平衡状态下的持平等三种情况。同一区域内和平行区域内的旅游经济总量存在着相对稳定和相对变化的两种状态，旅游市场格局的跷跷板空间效应在这两种状态下发生和演变，进而推动着旅游市场格局的重构。

（一）相对稳定状态下同一区域的空间效应

同一区域的旅游经济总规模在相对稳定的旅游市场格局中是相对稳定的，各相关方的规模增减是在总规模相对稳定状态下的内部调整，同一时间尺度的旅游市场格局中一方占比上升或下降必然引起另一方等量的下降或多方之和的等量下降，如此的此消彼长形成了旅游市场格局空间效应。旅游人数与旅游收入、旅游消费与旅游产品、旅游供给与旅游需求等一一对应的关系，既存在着本身此消彼长的跷跷板空间效应，也存在着与对应的旅游市场格局的联动关系。

旅游人数与旅游收入为一对对应的关系。通常而言，同一时间尺度的同一区域旅游人数规模和旅游收入规模基本上是稳定的。总量稳定的同一区域内部各相关方依其实力分割着旅游人数和旅游收入的蛋糕，当一方或多方实力发生较大变化，其分割必将随之发生变化即此消彼长。假设在同一区域里有甲乙两方，甲方旅游人数占区域总量的50%，旅游收入占区域总量的55%；那么，乙方旅游人数和收入分别占区域总量的50%、45%。如果乙方提升了旅游竞争力，旅游人数和收入上升，分别占区域总量的55%、56%，那么，甲方旅游人数和收入就会分别下降到占区域总量的45%、44%。反之也将同样此消彼长。如果同一区域里存在甲乙丙三方，此消彼长的跷跷板空间效应将在三方之间发生，此消彼长的情况要比仅有甲乙两方复杂，即一方的旅游人数或收入的增长必然以另一方或者另两方的降低为支撑。这就是旅游人数和旅游收入各自此消彼长的跷跷板空间效应。事实上，在旅游消费基本不变的情况下，一方旅游人数的增长尤其是大幅度的增长，也会引起旅游收入的增加；旅游收入的增长反映出旅游人数的增长，尽管它们之间并非跷跷板空间效应现象，但对旅游市场格局空间效应的形成起到了促进作用。

同一区域的旅游需求与旅游供给、旅游消费与旅游产品之间的跷跷板空间效应和同一区域旅游人数与旅游收入之间的跷跷板空间效应一致，即以一方旅游需求、供给上升引起另一方需求、供给等量比例下降或多方等量比例下降；一方旅游消费、产品上升引起另一方消费、产品等量比例下降或多方等量比例下降。

（二）相对稳定状态下平行区域的空间效应

在平行区域内旅游经济总量相对稳定的状况下，平行区域内旅游市场格局空间效应之变化过程，表现出一国一域与另一国一域或多国多域之间经济数量此消彼长的跷跷板空间效应。

平行区域内旅游市场格局之间跷跷板空间效应的变化其实就是同一区域旅游格局跷跷板空间效应的复制版,也就是从同一区域旅游市场格局内部各相关方分割总量变为平行层级旅游市场格局相关方分割两个区域、三个区域或多个区域之总量。它们只是地域范围上的差别,即一国或一域与另一国或一域旅游市场格局的地域范围大于其中一国或一域旅游市场格局的地域范围;多国地域范围或多域地域范围分别大于其中一国或一域旅游市场格局的地域范围。地域范围上的差异主要反映为旅游经济总量上的差异,而非旅游格局跷跷板空间效应的差异。

同一时间尺度下,平行区域的旅游市场格局之间的跷跷板空间效应具有三个特点。一是涉及区域的旅游经济总量稳定,即经济总量基本不变,每一个区域经济数量之和基本等于涉及区域的经济总量;二是涉及区域内的一个区域或多个区域经济数量的增长或下降必然伴随着另一个区域或多个区域经济数量的下降或增长,区域之间增长与下降基本平衡;三是一个区域或多个区域经济数量的增长或下降的速度与另一个区域或多个区域经济数量下降或增长的速度是对应匹配的。

(三)相对变化状态下的空间效应

同一区域旅游经济总量或平行区域旅游经济总量相对稳定状况往往被旅游大事打破而处于变化状态。1999年国庆节中国开始实行"黄金周"长假制度,全国旅游人数达2800万人次,旅游综合收入达141亿元;接下来的几个"五一"、"十一"及春节黄金周旅游人数和旅游收入呈几何式的增长。"旅游黄金周"迅速增加了我国旅游经济总量,旅游经济总量相对稳定的状况被打破。

旅游"市长"可以采取五种类型的重大事件促进旅游经济总

量迅速增长。第一类是重大科技应用刺激人们舒适旅游之热情。如互联网、移动智能通信技术在旅游行业的应用，大型飞机和高速铁路的普遍使用等激发人们寻找诗和远方。第二类是经济扶持政策激发人们实惠旅游的热情。如著名景区景点减免门票、住酒店拿补贴等优惠措施降低旅游成本而使相关区域旅游火爆起来。第三类是增加闲暇时间让人们有更多的时间享受旅游生活。实行双休日、增加节假日天数即是如此。第四类是国家签证便利化政策提高外国人到访的热情。如俄罗斯对华旅游团队实施免签政策几乎起到立竿见影的效果。第五类是大型节事活动包括重大国际体育赛事等促使人们观赛和旅游一举两得的热情增长。如奥运会、世界杯足球赛、世博会等带动旅游效应非常明显。

实际上，相关旅游组织和市场主体也在采用特殊方式刺激旅游消费促进区域旅游经济总量增加，其一是形成平行区域之间的此消彼长的空间效应。一国一域因采取相关措施吸引另一国另一域甚至多国多域原本的旅游者到访，而使得一国一域的旅游人数和旅游收入快速增长，而另一国另一域的则相应快速下降。其二是形成同一区域内的各相关方此消彼长的空间效应。同一区域内旅游"市长"以及相关旅游机构和市场主体的有力揽客措施，吸引了大量的旅游者来访，而他方旅游者却大为减少，因而形成此消彼长的跷跷板空间效应。

二、旅游市场格局的竞争力量

在旅游发展过程中，一国与一国之间、一域与一域之间既存在着合作，也存在着竞争；合作主要着眼于竞争，竞争主要着眼于在市场格局跷跷板空间效应中胜出，以实现旅游发展目标。竞争是推动旅游格局之跷跷板空间效应的主要力量，一切为在市场格局中胜出的举措都凝聚着竞争之力量，一切放任竞争力量燃烧的举动都有可能发生跷跷板空间效应，一切平衡竞争力量的做法都是立足区域整体目标之必然。

一国一域为在世界或一国旅游市场格局中分割更多但总量有限的旅游经济蛋糕，总是乐于且必然制定经济指标和完成指标的措施，并在组织实施过程中努力形成与他国他域强有力的竞争力量。

一国一域的旅游竞争力量来源广泛，既来自旅游产业自身，也来自经济社会，归根结底是来自生产力发展的过程。一国一域在旅游市场格局跷跷板升降过程中的位置，决定于旅游竞争力量的强弱，竞争力量强就必然占据跷跷板上升的位置，反之就必然退居下降的位置；一国一域所处旅游市场格局的位置就是在竞争力量对比中所形成的。为此，一国一域势必会培育旅游竞争力量并使其壮大。

社会生产力发展过程所产生的竞争力量是最根本的旅游竞争力量。人类社会生产力发展水平基本处于非均衡状态，生产力发展水平较高的一国一域其竞争力量更强，在旅游市场格局跷跷板中上升的可能性更大；反之，下降的可能性更大。因此，我们发现这样的现象：发达国家相比发展中国家旅游资源并不占优势，其他条件也基本相当，但许多时候，其入境旅游人数和旅游收入却明显高于发展中国家。在此状况下，即使发展中国家投入大量的竞争资源也在短期内无法促使发达国家在旅游市场格局跷跷板中出现明显的下降，反倒是其他发展中国家下降而成就了投入竞争资源的发展中国家上升的目标。这为发展中国家投入竞争资源提供了一个重要的发力方向和参考指标。

经济社会产生的竞争力量是最重要的旅游竞争力量。引起一国一域旅游经济总量迅速增长的重大科技应用、闲暇时间增加、经济政策刺激等重大事件是产生旅游竞争力量的主要途径。与生产力发展水平间接产生的竞争力量不同的是，经济社会所产生的竞争力量是直接的，是旅游"市长"及相关机构专门设计并实施旅游增长计划而产生的，指向性十分明确。与此同时，其竞争力量的爆发力也相对较强，引起跷跷板上升效应迅速，但上升效应持续时间与生产力所形成的竞争力量相比相对较短。如此，一国一域将可能出现上升效应返平或返降的现象。为此，如何以持续的重大事件增强旅游竞争力量就成为一国一域持续占据上升位置必须面对的重要课题。

旅游产业产生的竞争力量是最为直接的竞争力量。作为第一线和最前沿的旅游产业所形成的竞争力量往往直达旅游圈层和旅游者，其效果也是立竿见影的。从招徕游客的角度来看，旅游产品、旅游服务、旅游价格三要素构成了整体的竞争力量。旅游产品的竞争力量源于适应市场的需求和适销对路；旅游服务的竞争力量源于文化、适配和人性化；旅游价格的竞争力量在于物有所值、物超所值。三要素综合度越接近旅游者需求和超心理预期，竞争力量越强，反之越弱。从旅游市场主体的角度看，市场主体的管理、成本、利润构成整体的竞争力量。有效管理是企业整体竞争力量的基础，经营成本是企业整体竞争力量的关键，企业利润是企业整体竞争力量的核心，三者有机统一形成企业整体竞争力量的状态。在规模相当的情况下，高效管理、合理成本、高额利润的组合将成就企业强大的竞争力量。旅游产业形成的竞争力量持续的时间较长，一旦在竞争力量对比中占据优势地位，不仅将引起旅游格局跷跷板上升空间效应时间周期相应较长，而且如果没有特殊的意外事件干扰其返平或返降的可能性较小且进程缓慢。由此可见，培育和壮大市场主体的竞争力量是一国一域提升旅游竞争力量的核心途径。

不可忽视的是，一国一域在培育和壮大旅游竞争力量的同时，往往从自身定位出发，平衡产业之间的竞争力量。对以旅游立国立域的国家或地域而言，必然力推所有资源围绕旅游竞争力量的形成和壮大而集聚；对把旅游产业作为一个主导产业的国家或地域而言，促进旅游竞争力量的资源集聚将在几个主要产业间进行平衡；对将旅游产业置于非主导产业的国家或地域而言，集聚资源形成旅游竞争力量将只是未来的梦想。

三、旅游市场格局的时代重构

旅游市场格局在跷跷板空间效应中不断发生量变的优化和质变的重构。旅游市场格局之重构建立在原有市场格局均势被质变打破的基础上，是旅游供给和旅游需求及其关系等诸要素进行新的分化建造和新的排列组合之时代化过程。

旅游市场格局重构的本质是实现旅游格局的时代化。这既是由推动旅游市场格局重构的先进生产力之力量所决定的，也是由引发旅游市场格局重构之时代化要求所决定的。旅游市场格局重构的时代化是现代旅游市场发生社会和文化变迁现象和旅游现代化的一种具体表现形式。旅游市场格局的重构包括内容的时代化和形式的时代化，其重构的过程不仅摒弃了原有的旧框架，而且改造了原有的旧要素，使其框架和要素焕然一新，形成新的均势力量和结构。无论何种层级、何种区域的旅游市场格局重构都是在该层级、该区域时代背景下进行的，其旅游供需关系的更新必然为该层级、该区域的时代力量所驱动、所覆盖，并用先进的生产力水平表达自身的时代水平。虽然不同层级、不同区域的社会和文化之现代化程度可能存在着差异，而使其旅游市场格局重构的内容和形式之时代表达与世界先进的生产力水平有所差距，但这丝毫不影响其在该层级、该区域空间尺度的先进生产力水平之时代表达。因此，以旅游供需关系为核心的内容和形式之时代化实现，是旅游市场格局重构的题中应有之义。

旅游市场格局的内容重构是以时代旅游价值取向现代化为主线的旅游供需关系时代化的实现过程。在此过程中，一是时代旅游价值取向的更新贯穿于旅游市场格局内容重构的全过程。时代旅游价值取向是先进生产力和先进文化发展方向在旅游供需等方面的具体体现，它既以旅游供给的时代性和市场性为表现形式，使旅游市场的有效供给有了前提和灵魂，又以旅游需求的时代性和价值观为表达载体，使旅游市场的有效需求具有时代感和价值感，而因此引致旅游供需关系围绕时代旅游价值取向完成实质性的更新，即旅游市场格局的时代重构。二是旅游需求常常站在时代的风口尽情泼洒着时代的真实诉求，抒写过去时光的沉沦和当今世界先进的极目时空，呈现旅游需求与时代旅游价值取向的共生共存，共同筑起需求现代化的风景线。三是旅游供给产品的内涵和外延反映时代旅游价值取向是有效供给的前提和基础，有效供给是旅游市场格局重构的重要推动力量，唯有供给有效才有旅游市场格局之重构。

旅游市场格局的形式重构主要表现为旅游供给和旅游需求及二者关系的重新排列组合而呈现出的新的时代位次均势。旅游供给主体和旅游产品供给的位次将按照新的势力进行自然排序而形成新的位次结构均势。旅游供给主体按照国或域的单元之整体旅游供给势力排序，势力强者为先，势力弱者在后，从而构成新结构均势；旅游产品供给的位次按市场新需求量大小的产品类型状况进行排序，需求量大者排位靠前，需求量小者在后，从而搭建起新结构均势。旅游需求之国或域和旅游需求之圈层或品种，均以新势力大小的次序，从大至小进行重新排序，建造新的旅游需求量之大小的多角度、多类型的位次结构均势。旅游供需关系按供给与需求的匹配性和供需主体之间的匹配性进行新的排列组合，形成新次序结构均势，这一次序结构均势往往为市场格局重构之时代表征，被赋予时代的载体和时代的意义。

  由上可见，旅游市场格局时代重构的实质是新旧更迭的过程。首先是时代先进的生产力替代落后的生产力的现代化过程。先进生产力聚合的旅游竞争力量打败落后生产力赋予的旅游竞争力量，导致原有的市场格局分崩离析，代表先进生产力的旅游供需关系取代代表落后生产力的旅游供需关系，实现旅游供需关系的时代变迁。其次是旅游市场格局新内容、新形式替代旧内容、旧形式的时代化过程。时代旅游价值取向战胜过时的旅游价值取向，适应现代化的旅游供需关系结构均势淘汰原有的旅游供需关系结构均势。最后是旅游市场格局新的时代均势替换旧的时代均势，在一派欣欣向荣的新气象中，新的均势必将以天地时空为舞台，擘画旅游供需关系之时代热图和旅游者空间流向之时代彩虹。

第五节 旅游大势及其市场格局的动态演化

  旅游大势以旅游市场格局为主要表现形式而凸显出旅游供给与旅游需求在时空维度上的时间关系，而旅游市场格局则是旅游供给与旅游需求在时间维度上的空间关系，这"两个关系"建立在旅游供给与旅游需求"两个要素"和时间、空间"两个维度"

之上，前者是以空间为支点的时间上的状态，后者是以时间为基点的空间上的状态，它们都以运动维度推动着时空维度"两个关系"的旅游大势及其旅游市场格局不断动态演化，确定着旅游大势及其市场格局演化之于人类旅游中期未来的重要意义。

一、旅游大势及其市场格局动态演化之共存性

旅游大势及其市场格局的动态演化皆立足于旅游供给和旅游需求这"两个要素"。一方面，旅游大势主要是旅游供需及其关系综合发展变化上的大势，它以旅游供给和需求及其关系发展变化的运动过程，展现旅游供给与需求及其关系发展变化的动能及其作用的规律。另一方面，旅游市场格局主要是在旅游供需及其关系发展变化上的格局，其动态演化是旅游供与需及其关系发展变化所形成的旅游供给侧与旅游需求侧关系的状态，并以旅游供与需及其关系发展变化运动过程的状态和特征，呈现出旅游供需与旅游传播及其关系对旅游供需关系发展变化的动能及其作用。因此，旅游供给和需求及其关系是旅游大势及其市场格局形成动态演化的基础和前提，反映出旅游市场格局作为旅游大势的重要表现形式且与之共存及与其同源、同向、一致的特点。

就其同源而言，一是旅游大势及其市场格局演化共同反映着人类旅游生活发生及其变迁的场景；二是旅游大势及其市场格局动态演化的"两个要素"反映着人类旅游活动围绕"两个要素"而开展；三是人类旅游生活发生及变迁场景往往是旅游大势及其市场格局的某种具体表现，它们的动态演化在空间上的出发点和落脚点同处一处而表现出旅游市场格局演化始于旅游大势发生也终于旅游大势结束的现象。

就其同向而言，旅游供需关系变化运动导致旅游大势及其市

场格局同向动态演化。当旅游供给总量和需求总量两兴两旺时，旅游大势及其市场格局将朝着总供给与总需求基本均衡的方向动态演化；当旅游供给总量和需求总量同时萎缩或一旺一缩时，旅游大势及其市场格局将朝着总供给与总需求基本失衡的方向动态演化；旅游大势及其市场格局无论怎样动态波动演化，终将回归既定之向上向前的方向演化路径。

就其一致而言，旅游大势的运动过程是从一个旅游供需关系空间基点出发到另一个旅游供需关系空间基点落脚的，而旅游市场格局则是在一定时间维度上的旅游供需关系的空间维度状态。虽然旅游市场格局立足于空间维度与旅游大势立足于时间维度的侧重点不同，但是，旅游市场格局演化从旧的旅游供需关系的空间基点出发到新的供需关系的空间基点落点，是与旅游大势的时空维度的运动过程基本契合的，唯其如此，才使两种动态演化共存于"两个要素"和"两个关系"。

二、旅游大势及其市场格局动态演化之属性特征

旅游大势及其市场格局的旅游供需、时空维度和运动同向同构着其共存性特征。当它们置于同坐标系和分坐标系时，其动态演化将呈现时空属性、运动属性和联动属性等特征。

（一）时空属性

旅游大势及其市场格局是时间和空间关系上的旅游事物，我们把它们分别置于不同的坐标系和同一个坐标系将会出现如下的时空状况。

先把旅游大势及其市场格局分别置于不同的坐标系。在旅游大势坐标系中时间维度是横轴即 x 轴，而空间维度则是纵轴即 y

轴，旅游供给和需求关系就是质点；在旅游市场格局坐标系中的空间维度是横轴即 x 轴，时间维度则是纵轴即 y 轴，旅游供给与需求关系就是质点。由此可见，旅游大势及其市场格局的时间维度和空间维度因其侧重点不同而出现它们所处的横轴纵轴位置不同。

再把旅游大势及其市场格局置于同一坐标系，在旅游大势及其市场格局的坐标系中，时间维度为横轴即 x 轴，空间维度为纵轴即 y 轴，旅游大势及其市场格局就是质点。因此，旅游大势及其市场格局是在时空上表现出旅游供需关系而具有鲜明的时空属性特征。

（二）运动属性

旅游大势及其市场格局的运动轨迹在坐标系中显示其运动属性。运动是它们永恒的主题。当旅游大势及其市场格局的这个质点，从一个运动时段的原点出发，随着时间的推移而不断运动变化形成运动轨迹及其一个时间点所处的位置。在一个运动时段中，其运动速度快慢与旅游大势势能和旅游市场格局动能大小成正比关系，也就是它们的势能和动能越大其运动速度越快，势能和动能越小其运动的速度越慢；旅游大势运动过程中的势能和旅游市场格局运动中的动能在其演化过程中并不是完全全程均等的，时大时小往往是常态；旅游大势势能大小和旅游市场格局动能大小在演化的一个时间节点上基本相对应相适配，只是旅游大势的势能是旅游市场格局动能之先导，以快半拍的方式诠释着旅游市场格局作为旅游大势之表现形式而存在。事实上，旅游大势及其市场格局这一质点一个时段的运动轨迹之复杂性和多个时段之多样性，正反映着它们千姿百态的动态演化，映射着人类旅游实践的丰富多彩。

（三）联动属性

就旅游大势表现形式之市场格局的逻辑而言，二者动态演化的联动性是必然的也是必需的，同时也是彼此赖以存在的基础。旅游大势及其市场格局动态演化过程同向联动强化了它们的联动属性。

如果把世界、一国、一域三级旅游大势及其市场格局置于三个不同层级坐标系，尽管以时间维度及空间维度为横纵轴，决定坐标系中旅游大势及其市场格局质点及其运动的势能与动能没有显现其中，但是依然可以透析到，每一层级坐标系质点运动及其运动轨迹，不仅对应本层级的旅游大势势能和旅游市场格局动能，而且推动旅游大势及其市场格局之势能与动能及二者运动紧密联系在一起，即旅游大势及其市场格局之运动演化过程融为一体，不可分割。其中一方变化和运动必然引起另一方与之相关联的变化和运动。不仅如此，三个不同层级坐标系中的旅游大势变化运动和旅游市场格局运动过程也存在着联动属性。一个层级坐标系中旅游大势变化运动和旅游市场格局运动过程对其他层级坐标系中旅游大势变化运动和旅游市场格局运动过程产生联动影响。一般而言，高层级对低层级联动影响大，低层级对高层级联动影响小，隔层级间的联动影响更小，但这丝毫不影响它们之间的联动属性。

三、旅游大势及其市场格局动态演化之向

在当今世界百年未有之大变局、科技百年未有之大发展的背景下，旅游大势及其市场格局之"两个要素""两个维度""两个关系"的动态演化将如何向未来呢？

（一）"两个要素"的未来之向

人类的旅游无论怎样变化，都离不开旅游大势及其市场格局之旅游供给侧和旅游需求侧的变化和发展。

未来旅游供给侧变化和发展将在寻求旅游供需关系"正亚平衡"的道路上，朝着以创造需求为主、以刺激需求及保障需求为辅"一主两辅"的旅游供给结构大步前进。未来刺激需求和保障需求对旅游供给格局的影响依然重要，但与创造需求相比将不断式微，进而对未来旅游的影响作用逐步下降。我们从旅游产品供给以满足旅游需求的底层逻辑来看，与其说未来刺激需求和保障需求影响将不断下降，不如说创造需求的影响力在未来强劲提升而使刺激需求和保障需求的影响相形见绌。

未来创造需求对人类旅游的影响力强劲飙升而成为影响未来旅游的最大因素，其主因有三：一是未来科学技术以人类前所未有的速度大步流星。当代大数据、数字技术、通信技术、空间技术、人工智能技术等高科技一日千里，为人类未来创造旅游需求奠定了坚实可靠的基础。我们无法预测未来高新技术将对人类日常生活和旅游生活产生多大的影响，但是我们却可以肯定它必将对创新创造旅游产品产生巨大的影响；那些曾经为人类过去和今天开发生产旅游产品的自然旅游资源、人文旅游资源、社会旅游资源等发挥主导作用的旅游资源将在未来时光里依然闪烁着应有的光芒，然而科技资源却将不仅是照亮其他类型资源开发生产全过程的聚光灯，而且其最为显著的特点在于，依托科技资源开发生产的旅游产品对大多数旅游圈层特别是泛Z世代旅游者来说最具吸引力、最具魅力。当它拿下旅游产品市场半壁江山丝毫不在话下之际，旅游供给结构必将与今天的状态判若两个星球。二是未来旅游产品供给以前所未有的潮流状态呈现在旅游消费者的面前。创造当时人们不曾期待的有效需求之旅游产品,在高科技缩短了人类的时空距离导致地球村在面积感官上不断缩小的背景下将成为常态,高能级的一国一域的旅游潮流快速地变成全球的旅游潮流,传统自然型和人文型旅游产品将被一波又一波的潮流旅游产品所淹没,形成潮流旅游循环态势而使传统旅游产品生命力受到巨大的挑战。三是未来人类以前所未有的融合创造力创造旅游新需求而使旅游产品加速迭代。高科技所形成的融合力量将使得其他类型旅游资源的核心吸引力界限越来越模糊,综合性、超传统资源型的旅游产品加速形成、加速迭代,它们在占据人类旅游生活时空的同时,统治着人类旅游生活的大脑。

未来人类对旅游生活的需求将在旅游消费时间、消费场景、消费花费方面发生巨大的变化。在旅游消费时间方面,人工智能的普遍应用和劳动生产力水平大幅提高,导致劳动时间大为缩短,旅游生活时间大为增长,旅游生活时间将与日常生活时间平分秋色,甚至有过之而无不及,日常生活与旅游生活的界限将变得模糊不清。在旅游消费场景方面,在未来人工智能和人机互联技术高度成熟状态下的虚拟旅游场景将促使虚实相融、人景相融、万卷书与万里路相融,人类在惯常生活地虚拟旅游与在非惯常生活地旅游将并驾齐驱、同等重要。在旅游花费方面,人类旅游生活花费总量将超过日常生活消费总量,尽管不同国家和地区之经济社会发达程度的差距依然存在而出现基尼系数参差不齐的状况,但旅游生活作为人类全面发展进步的现象使得其超越过程必然坎坎坷坷。

(二)"两个维度"的未来之向

时间维度和空间维度的变化发展既是影响未来人类旅游的主要因素,也是衡量未来人类旅游的主要尺度。

以时间计量的人类旅游时间维度将以距今时间的长短而呈现出以今日视野为基点的变化之大小。换句话说，也就是人类未来旅游状态将随着时间的推移变化由小到大。人类正处在从来未有之加速度变化之中，今世后世之十年百年远超往世之百年千年，人类的旅游将在如此加速变化的背景下花样加速翻新、兴趣加速变迁，呈现出大尺度时空腾挪和消费腾挪的景况。

以空间计量的人类旅游空间维度在未来将出现两个相互关联又相对独立的实体空间和虚拟空间。一方面，旅游实体空间在时间维度下，传统旅游资源难以适配人类日益增强的旅游需求之趋向，将被科技资源背景之于人类旅游上天入地、到极进海的旅游产品创新创造所抚平。换言之，未来一般传统意义上物理空间所承载的传统旅游产品将随着时间的推移越来越难以满足人类旅游的需求，天空太空、地下空间、南北极地、海洋空间将在高科技的加持下逐渐成为人类旅游空间的新物种、新大陆；这些新兴的物理空间承载着人类的新兴旅游消费，在时间前行的过程中将逐步增长释放级量级，即使这些新兴旅游物理空间的承载量难以承载人类日渐趋强的新兴旅游需求量，然而鲶鱼效应所引发的旅游物理空间拓展的想象空间却是广袤无垠的。另一方面，未来旅游虚拟空间将在科技资源日益增强的背景下，日益涌现、层层进化、蔚为壮观。元宇宙概念的出现和热捧阐述了人类对虚拟空间的想象和追求，为旅游虚拟空间在未来成为现实的梦想增添了强劲的动力和澎湃的可能。几近完美的虚拟场景让人们在享受着视觉、听觉、触觉的旅游盛宴之同时，也必将改变人类对旅游物理空间的感知习惯，乃至改变人类旅游以物理空间为主的旅游习惯。如此，未来人们关于旅游的定义发生根本性改变也将会成为可能。

(三)"两个关系"的未来之向

旅游供需在时空维度上"两个关系"的状态也将影响人类旅游的未来,这既是旅游大势及其市场格局本身反映旅游变化发展趋势、折射人类旅游的嬗变过程所致,也是旅游大势及其市场格局动态演化影响人们旅游消费变化所赐。

当今社会生产力发展对人类全景生活的影响力与日俱增,人类生产活动对自然人文的影响越来越广泛深刻,旅游大势形成的因素不断增多,旅游大势全生命周期也在逐步缩短。世界今日之东升西降大态势将使旅游市场格局呈现出强者续强、东升加速、空间拓展的"三分天下"之势。

强者续强。以美国为代表的发达国家依托自然、人文、社会资源开发生产的传统旅游产品吸引力在未来将逐步减退,但其雄厚的高科技实力所支撑的虚拟旅游场景,以及依托高科技融通传统旅游资源开发生产的潮流实体产品所展现出的强大魅力将依然续写着旅游强国的篇章。

东升加速。不可否认的是,部分西方发达国家因高科技发展每况愈下而实力不济,将在旅游市场竞争中出现老态龙钟日落西山之相。未来以中国为代表的东方新兴经济体在经济持续增长和高新科技迅猛发展的背景下,旅游实体空间的创新拓展和旅游虚拟空间的加速创造将挤占部分西方发达国家的传统实体旅游场景的市场空间,时日可期地成长为世界旅游强国。相较于西方发达国家,中国等大型新兴经济体的后发优势既体现为旅游实体空间留存广阔,可塑空间伸缩自如,也体现为旅游虚拟空间在巨国效应背景下实现良性循环的实践创造之广阔市场。在东升过程中,伴随着旅游消费总量不断扩大、旅游消费水平不断提升,旅游供给侧与旅游需求侧将同步循环而行,将在世界旅游市场格局中表现出良好韧性而趋强,并在相当长时期表现坚韧而恒强。

空间拓展。人类社会滚滚向前,部分不发达国家和地区在全球化和地球村的大潮中,因旅游产业将被时代所期而面向世界和未来,迎来空前的发展机遇,在未来的世界旅游舞台上大放异彩。其实,这些国家和地区的自然、人文、社会等旅游资源大多优异突出,只因经济、交通、开放等原因封存日久,未来适时开发生产而出,必将成为人类实体旅游空间的新宠,必将成为世界旅游市场格局不可小视的一极。

未来世界旅游大势及其市场格局在旅游供需上时空维度的"两个关系"状态下所反映出的变化趋势和"三分天下",必将促进人类未来旅游出现兴趣多点、空间多维、变化多端的"三多局面",让人类在恢宏的生活时空中和世界缤纷的浩瀚天幕下,快乐地将旅游生活之爱尽情挥洒,自由自在地在多个空间中切换和翱翔。

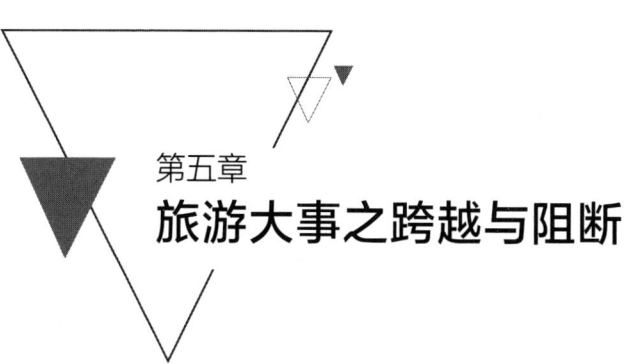

第五章
旅游大事之跨越与阻断

年鉴学派把对历史影响甚微的瞬间突发事件,看成是历史的"短时段"、表层次。旅游大事的本质就是对旅游形态重大影响的过程,影响的确定性是其核心所在,影响的大能量和高能级是其关键所在,影响的结果是旅游形态之跨越或阻断。旅游大事之影响是为之者与影响主体的影响者和影响客体的被影响者之间的关系及其状态的过程。旅游大事因影响之结果凸显而存在,正向旅游大事张扬时代旅游价值取向而具有某些时代力量的价值和意义,负向旅游大事之发生为世人所惊悚和忧心,时代旅游价值取向因此而发生变化乃至被颠覆,而人类旅游基因的投射和赋能之进化力量因其时间尺度之短而被遮掩。在人类旅游发展史上,具体的旅游大事的全生命周期通常为十年以内的"短时段",正向旅游大事和负向旅游大事因其影响形成机理特征和影响状态性质的不同,导致被影响的旅游形态出现跨越与阻断的性质差异,也导致出现对原有人类旅游发展轨迹产生瞬间重大影响或未能改变人类旅游发展轨迹的差异。旅游大事影响之确定性铸就了影响人类旅游短期未来之确定性。

第一节　正向旅游大事之跨越

一、正向旅游大事影响形成之机理

正向旅游大事对旅游形态既具有普遍的影响性、宽面性和常态性的特征，也具有其特有之必然性和渐进性特征。这些特征聚合于斯形成对旅游形态重大影响的确定性。事物影响之特征和方式一般取决于该事物及其影响形成的机理。旅游大事的为之者和影响者及被影响者三者状况及三者间的关系如何，是分析和解开正向旅游大事因何而为、因何而成、何时而兴并形成影响机理之主要密码。

（一）正向旅游大事乃人为之作

正向旅游大事即经济社会等方面的重大事件其实是人类为实现经济社会某些方面进步目标而有意识地开展的重大行动或重大活动。一般而言，重大事件在开展之前，其"为之者"就在设计和实施两个阶段及其实施阶段的培植、发生、效应三个环节预设具体的跨越目标。而且，这种有意识有计划的重大事件随着人类社会发展进步越来越突出也越来越重要，它既与众多经济社会事件中重大事件的社会整体关联性有关，更与人类社会发展层级越来越高而重大事件越来越需要全社会协同有关。我们可以在人类社会发展相对缓慢期找到因某些发明而形成经济社会重大事件的实例。但是，近现代以来的社会整体关联和全社会协同在经济社会方面的重大事件中的作用十分明显，那些与旅游形态密切相关的经济社会重大事件因其辐射影响力巨大，表现出的社会整体关联度和协同度更高，综合特点更为显著。我们在对为之者为人类社会进步不懈努力笃定前行之举喝彩的同时，深感为之者在谋划经济社会重大事件以及为此有意识地实施重大事件的过程中，胸怀旅游怒放之伟业，使既定的重大事件自然而然地对旅游形态形成强烈正向影响。

为之者之设计者的设计阶段是重大事件的第一步，也是极为重要的一步。它决定着包括旅游形态在内的经济社会目标的确定和实施的方向及可行性，这种具有预见性的重大事件，其影响也是可以基本预见的。设计者在开展重大事件设计时考量因素主要有三：第一是重大事件对其影响所涵盖的经济社会发展包括旅游形态的正向影响状况。这是设定重大事件的出发点和落脚点，重大事件方案的制定也依此进行，预设影响越大其实施过程中的实际影响也通常越大。第二是重大事件被社会的接受程度。它既决定着重大事件实施的可行性，也决定了重大事件的影响程度，社会接受程度越高实施的可能性也就越高，影响程度越大的重大事件其价值和意义就越大。第三是实施重大事件的经济和社会代价与促进经济社会发展之比的关系，寻求最小的代价和最大的影响，是为之者的追求，也是重大事件持续而为的生命力。

既定的重大事件的实施阶段的培植、发生、效应三个环节决定着设计方案三个主要考量因素兑现的程度如何，是重大事件最为关键的阶段。为之者之实施者组织实施重大事件的过程也是重大事件对既定对象和非既定对象发挥和施加影响的过程，对旅游形态的影响主要集中在发生和效应环节。

重大事件的培植环节是发生环节的准备环节，在重大事件的全过程中的时间使用上远超发生环节，同时相比其他阶段和环节表现出平缓和收敛，对旅游形态之影响主要在于预期期望的涌动。为之者在组织重大事件的培植环节，一方面，应投入和聚集相应量的人力、物力和财力为重大事件如期如愿为之做好充分铺垫；同时，应以柔性或激励方式引导社会资源集聚重大事件的承载包括旅游产业群和潜在产业链，为其经济社会目标的实现做好"向导"和"守护人"。另一方面，为之者对关系重大事件爆款影响力等核心要件采取内敛的态度，以设置悬念和激发欲望的方式引导社会特别是潜在旅游者的关注和期待，为发生环节和效应环节集中影响积淀着尽可能多的能量，为经济社会目标的实现履行着"传播"和"举办人"的职责。在这平缓或内敛的帷幕下,各种旅游形态焕然一新的多种预期在逐渐形成,尽管对旅游形态的影响深度、广度与发生环节和效应环节的峰顶峰腰相比,培植环节只是峰谷而已。但是,涌动的旅游预期所积蓄的能量,其意义并不比能量释放顶峰时兑现旅游预期的价值逊色。

重大事件的发生环节是最为重要最为主要的环节,是既定目标得以实现的关键环节。前期的培植环节几乎都是围绕发生环节展开的,它既是重大事件集中实施的环节,也是为之者组织实施能力的集中体现,还是影响的集中爆发期。总体而言,重大事件发生环节最为突出的特征是高度"集中"。一是"集中影响"。虽然,发生环节的时间尺度短小,往往以天为单位甚至以小时为单位计算,但是其影响的空间尺度却与此环节的时间尺度有着天壤之别,它是重大事件最为广阔宽泛的空间尺度,有时甚至覆盖全空间。二是"集中实施"。在数天或数小时内组织实施几乎全部重大事件之计划,往往是快节奏、高紧凑、高强度、高效率,呈现出短期的精彩和荣耀。三是"集中爆发"。重大事件在相应的时间内集中完成,不仅使重大事件呈现出爆发之状和爆发之势,而且其积蓄的所有能量随之喷薄而出,赋能于包括旅游形态在内的多种形态,使得被集中影响的旅游形态可能出现重大变化乃至质的变化。四是"集中关注"。在此节点,不仅事件的域内人高度关注整个事件的发生,而且由于重大事件关注的外溢性特征,使得关注面集中扩散,形成重大事件域内与域外的旅游者集中关注并可能转化为集中现场观摩的状态。五是"集中报道"。大量的媒体集中全方位报道整个事件,使其占据各种媒体的"C位",充分曝光于世人面前,媒体的作用和影响乘数放大了重大事件的影响力。

重大事件的效应环节是其收获环节即目标实现环节。重大事件的效应贯穿于整个第二阶段的培植、发生、效应三个环节。但是，总体来看，重大事件之巨大影响使产业形态变化加剧的特点和人们在重大事件发生之后一段时间仍然投入大量媒体资源跟踪其热点，使得人们对既成现实的影响之判断更为清晰，从而调动相应的资源集聚于被其影响的领域，且影响越大，资源集聚度越高。因此，重大事件的整体效应特别是旅游形态的变化强度都集中反映在事件发生环节之后。这不仅是一个收获的环节，也是一个检验既定目标是否实现的环节，更是一个标榜正向旅游大事自始至终乃人为所致的晴朗天空。

（二）正向旅游大事影响之坚定和彷徨

为之者人为而成的正向旅游大事出发点和立脚点的定位使影响者对旅游形态天生就具有强大的影响力，被影响者在主动与被动接受影响的过程中，有兴奋、期待、行动，也有淡然、等待和彷徨。尽管人们对正向旅游大事影响的态度整体主动积极，愿意与旅游大事为之者既定的目标愿景互动并行动，寻求匹配，自觉有度。但是，不同正向旅游大事能级大小的差异，以及人们对旅游大事为之者实现跨越目标可能性判断的差异，导致旅游市场要素对旅游大事影响力的态度出现差异和变化。这种差异的存在和变化促使正向旅游大事的影响过程和被影响过程尤其是在重大事件实施的培植和发生环节出现了为之者愿景与人们行动并非完全一致的状态，为之者与人们在旅游大事的影响与被影响的过程中呈现出自然与非自然的博弈，被影响者的坚定与彷徨贯穿于培植和发生环节乃至效应环节的全过程，使影响与被影响多姿多彩、充满变化。

被影响者中的坚定者对正向旅游大事影响旅游形态的力量判定基于旅游大事本身和对为之者的信任。坚定者中的旅游者对旅游于斯兴趣盎然而付诸行动，让为之者的聚客目标趋于实现；坚定者中的从业者对正向旅游大事的影响信心满满，乐于相信从业的大道坦途；坚定者中的资本者对旅游形态因此变化带来的旅游市场增长前景充满着信心和期待，推动和助力旅游市场要素和旅游资源集聚于被影响而可能兴起和兴旺的旅游领域。就资本者而言，被影响者的坚定者之所以坚定，无外乎三个基础条件。其一，旅游大事本身的禀赋与坚定者感兴趣的领域相匹配。"禀赋"与"兴趣"之间的匹配度越高，坚定者的坚定度就越高，主动受旅游大事影响的积极性越高，从而形成投入生产要素的内在逻辑。其实，不同的旅游大事其禀赋是不同的，由旅游大事的特性所决定，对旅游领域的影响有侧重的点和面，影响的侧重点和面的发展较非侧重点和面要快速。其二，坚定者对影响侧重点和面的业态的未来前景判断。判断前景越好，生产要素集聚于此的可能性就越大。旅游大事对旅游业态的影响促进了坚定者对此前景的判断，推动着坚定者投入生产要素的决心和信心。其三，坚定者对旅游大事为之者的信任程度。信任度越高坚定者就越坚定，调度生产要素的态度就越坚定。这是一个相对复杂的问题，一方面，旅游大事的为之者所处的政治、经济、法治等制度环境，对为之者实施旅游大事的行为方式具有重要影响，制度环境越具备旅游大事影响力的发挥，就越能保障旅游大事影响的实现。另一方面，旅游大事为之者的相对层级和调度资源的能力同样是影响旅游大事影响有效性的重要因素。为之者相对层级越高、调度资源能力越强，旅游大事有效发挥影响的概率就越大。在其他条件不变的情况下，这对坚定者前期的坚定性起着至关重要的作用。

　　被影响者中既有坚定者，也有彷徨者。被影响者中的彷徨者同样包含旅游者、从业者和资本者等。在此仅探析资本者的彷徨行为。资本者对正向旅游大事之于旅游产业的正向影响表示怀疑从而徘徊不前，调配旅游生产要素资源显得犹豫不决，使其对旅游市场的影响增添了不确定性。资本者的彷徨原因与坚定者的坚定原因相反，有三点值得再行表述。一是资本者对正向旅游大事影响旅游形态的力度感到疑虑和担忧，亦即认为正向旅游大事层级与其影响力不匹配，怀疑其影响力达不到预设目标，贸然行生产要素资源配置之事过于草率，存在损失的风险。二是资本者对旅游大事对应提拉的旅游市场发展前景的不确定性的判断，减弱了推动旅游市场要素和资源集聚于被影响的领域的决心和信心。三是资本者对旅游大事之实施者的组织能力以及实现预设目标充满着怀疑，甚至不信任。

坚定和彷徨是正向旅游大事影响过程中的必然和常态，如何增添坚定者减少彷徨者关系到正向旅游大事的效用和生命力，是正向旅游大事为之者中设计者和实施者应高度重视并妥善解决的问题。解决问题的钥匙其实就在为之者中设计者和实施者的手上，那就是要增强坚定者坚定的温度，消除彷徨者彷徨的冰凉，如此而已。

（三）正向旅游大事影响之达标与错位

正向旅游大事乃人之所为，而人之所为必有其意，其意必为人类至善，设定预期目标，且竭尽所力所能以达之。然而，正向旅游大事达标与否，影响过程及结果与愿相符还是与愿相左，尽在为之者为之之意志和为之之能力上。

1. 设定和预设影响目标

重大事件影响的目标包括设计者设定的目标和实施者预设的目标。一方面，设计者设定重大事件影响目标是重大事件赖以设立和存在的首要条件和基本提前；另一方面，重大事件的实施者对重大事件影响目标的预设与设计者的设定目标既存在着耦合性，也存在着非耦合性。

设计者设定与旅游密切相关的重大事件即非旅游本源重大事件影响目标和设定旅游本源重大事件影响目标存在着目标层级差异。

设计者在设定非旅游本源重大事件影响目标时有三种情形。第一种是设计者并没有将重大事件影响旅游形态作为主要目标。在此状况下，设计者一般设定三种目标体系。一是全覆盖的目标体系。如重大数字技术事件、经济全球化事件等，设计者在设计影响的目标时，主要考虑之一是全社会、全经济、全领域的全覆盖，以实现促进人类社会经济生活全方位的进步，而不是特别突出一个或几个领域。事实上，有些重大事件的设计者，甚至可能并不一定设定清晰的全覆盖目标，许多重大科技事件就是如此。二是多覆盖的目标体系。如高速铁路交通事件的目标的设定，通常考虑到拉动经济发展、方便人们快速出行等几个相关方面的目标，虽然旅游也涵盖其中，但没有作为直接的主要目标。三是单一目标体系。如初期的奥林匹克运动会的目标设定聚焦于体育发展，初期世界园艺博览会的目标设定聚焦于园林艺术发展，其设定的目标仅针对其本源属性直接关联的行业产业形态。第二种是设计者把影响旅游形态作为非旅游本源重大事件次要目标。大多数重大交通事件和部分重大外交事件的设计者通常把对旅游影响的目标作为次要目标。第三种是设计者把影响旅游形态作为重大事件影响的主要目标或主要目标之一，与其本源属性行业产业的影响目标置于同等重要的地位，如重大签证事件、两国旅游年事件等。

实施者预设重大事件影响目标有两种情形，一种是与设计者设定的目标基本吻合，这种情况比较稀少；另一种是在设计者设定目标的基础上，增加预设目标。增加预设目标有两种情况：一是在设定非旅游本源重大事件影响目标时,把促进旅游发展目标与重大事件本源属性影响目标放在同等或相当的位置,即为主要目标。近几届的奥运会、世界博览会等举办地大多如此。二是在预设非旅游本源重大事件影响目标时,把促进旅游发展目标放在次于重大事件本源属性影响目标的位置,即为次要目标。实施者在对同一类型非旅游本源重大事件影响目标的预设中,可能将其设为主要目标,也可能设为次要目标。如奥运会的举办国对其影响的目标预设就存在着差异,悉尼奥运会的实施者把促进旅游目标与国际奥林匹克委员会设定的发展体育运动的目标置于同等层级,即它们都为主要目标;而雅典奥运会的实施者则把影响旅游形态的目标预设为次要目标,这就使得实施者在实施旅游目标计划过程中表现得漫不经心,其结果是悉尼奥运会带动旅游的作用大放光彩,而雅典奥运会对旅游的促进作用却黯然失色。

设计者在对旅游本源重大事件影响目标的设定上,表现出与旅游本源重大事件属性的一致性,这一点其实与设计者设定非旅游本源重大事件影响目标的本源属性是相同的。不同的是,因旅游本源重大事件与非旅游本源重大事件的量级能级一般不可同日而语,而实施者在预设影响目标的过程中往往摒弃了许多所谓的非分之想,而有意识或无可奈何仅是聚焦于旅游本源影响的目标。诸如旅游博览会、旅游交易会等皆是如此。而层级较低的区域旅游本源重大事件的设计者与实施者一般合二为一,目标的设定比较单一。

2. 影响达标与否的可能

无论是非旅游本源重大事件还是旅游本源重大事件的旅游目标,其达标与否,关键在于设计者和实施者,而实施者起决定性的作用。

设计者设定的非旅游本源重大事件有关旅游目标是否达标,

取决于两个方面。一是设计者设定的旅游目标与重大事件具备的影响之显能和潜能是否相符相近。二者相符相近是目标实现的基础，重大事件影响之显能和潜能与设定的目标相符或基本相符则目标可能实现；重大事件影响之显能和潜能大于设定的目标更可能实现；重大事件影响之显能和潜能小于设定目标则不可能实现。这对重大事件的设计者提出了目标设定是否科学的挑战。如果设计者设定的目标大于重大事件影响之显能和潜能，而又无适时调整，该重大事件后续则可能出现夭折的现象；如果设计者设定的目标小于重大事件影响之显能和潜能，该重大事件后续则可能出现被降级或被弱化的现象。二是实施者对设计者设定重大事件目标的认可程度和组织实施能力。认可程度越高，组织实施越有力，资源集聚度越高，设定目标达标度也就越高；组织实施能力越强，越与设定目标接近，设定目标达标度也必然越高。

实施者预设非旅游本源重大事件的旅游目标之达标，取决于如下五个方面：第一，科学预设目标是达标的前提。实施者预设的旅游目标与重大事件之显能和潜能相符相近，目标可能实现。重大事件之显能和潜能与预设目标相符相近为最佳状态，预设目标大于重大事件显能和潜能则难以实现，预设目标小于显能和潜能则可能在出现资源浪费的同时，致使后续的实施者低估重大事件之显能和潜能而可能因此出现重大事件被弱化的状况。第二，组织实施能力是达标的关键。实施者组织实施能力的强弱影响着预设目标实现程度的高低，组织实施能力越强，目标实现程度就越高，反之就越低。第三，当地民众认可和参与是达标的基础。重大事件实施所在地的民众认可度和参与度高低对目标实现与否起着重要的基础性的作用，认可度和参与度越高目标实现程度也就越高，反之就越低。第四，资源集聚是达标的核心。实施者组织和引导社会资源和市场要素资源聚集于重大事件的程度高低对目标实现至关重要。社会资源和市场要素集聚度越高，目标实现程度就越高，反之就越低。第五，媒体聚焦是达标的保障。媒体聚焦重大事件的程度高低决定着实施者的目标导向是否如愿，只因媒体聚焦对民众和资源的引导作用几乎无可替代。

旅游本源重大事件的旅游目标达标本是题中应有之义，但达标与否与实施者预设非旅游本源重大事件达标的五个条件基本一致。倘若旅游本源重大事件的设计者与实施者同为一体，那么，在其他条件相同或相近的情况下，达标率将高于非旅游本源重大事件的达标率。

3. 错位的影响

设计者设定和实施者预设的重大事件影响目标在实现达标的过程中，常常出现三种影响错位的状况。一是非旅游本源重大事件的设计者和实施者没有把影响旅游形态纳入目标计划，而实施结果却对旅游形态的影响比较显著；二是旅游本源重大事件的设计者和实施者并没有考虑对其他行业产业的影响目标，但在实施中对其他行业产业的影响明显；三是设计者设定和实施者预设对影响旅游形态和其他行业产业目标有层级之分或先后次序之别，然而，其结果并不一定是设计者设定和实施者预设的层级或次序。

出现上述状况的原因有三：其一，设计者和实施者在设定、预设重大事件目标时，考量的是重大事件影响的主要方面，而影响的次要方面不在视野之内。其二，实施过程中的纠偏行为或走样行为导致重大事件影响结果出现明显偏差。其三，重大事件本源属性具有显性的外溢特性，自带影响其他行业产业的显能和潜能，使得其影响扩散相当明显。

就正向旅游大事的属性而言，外溢影响于其他行业产业也多为正向影响，负向影响较为少见，只有当外溢影响的其他行业产业与旅游形态为损益对应关系时负向影响才可能出现。因此，总体而言，错位影响既是重大事件影响的必然，也是影响之必须，我们无须对此纠结抱怨，而是应在目标达标的基础上，呼唤让错位的影响来得更猛烈些吧。

二、正向旅游大事影响之三维

正向旅游大事在形成和影响过程中所表现出的必然性和渐进性——反映在旅游形态变化状态之上。事实上，正向旅游大事作为人为之产物乃人类意志之体现，也必定具有意志之目的性、实现性、调节性等主要属性。人们在谋划设计特别是实施重大事件时，就将其强力正面影响旅游形态而产生的跨越作为重要甚至主要之目的来考量，其目的性是明确的。正是这种目的确定性奠定了正向旅游大事实现对旅游形态影响的根本前提。如此，以人的意志而定、以人的能力而为，不以非人的意志为转移的正向旅游大事对旅游生活、旅游经济和旅游市场格局之三维影响确定性昭昭然且欣欣然。

（一）对旅游生活的影响

同一时期或同一时段，不同的或单维或双维或多维的正向旅游大事影响旅游生活形态及其具体方面存在着差异。有的正向旅游大事影响人们的旅游生活态度比较突出，有的影响旅游生活方式比较集中，有的影响旅游生活品质比较明显。而单维、双维、多维正向旅游大事影响旅游生活态度、旅游生活方式、旅游生活品质分别表现出不均衡综合变化、次不均衡综合变化、较均衡综合变化；完全或绝对均衡变化几乎是不存在的。换言之，同一时期或同一时段，影响旅游生活态度、旅游生活方式、旅游生活品质等的正向旅游大事越多，其变化均衡度就越高，反之就越低。事实上，同一时期或同一时段，同一区域可能受到多维正向旅游大事综合影响，也可能受到单维或双维正向旅游大事的影响，但更多的是受到单维正向旅游大事作用影响，因而人类社会人们的旅游生活形态的变化基本处于不均衡状态；而且多维正向旅游大事综合影响人们旅游生活形态的同时，人们的旅游生活态度、旅游生活方式、旅游生活品质主动接受正向旅游大事影响也存在着偏好而出现偏向或侧重于不同类型的正向旅游大事，这正是正向旅游大事影响旅游生活形态并使其色彩缤纷的缘故。

第一，对旅游生活态度的影响。非旅游本源的重大经济事件、重大外交事件对人们旅游生活态度的影响相对突出，表现为人们的旅游信心度、友好度的提升相对耀眼。

重大经济事件的渐进性特点比较鲜明。在经过一段时间积累之后，达到相关权威机构或经济旅游大事为之者评判或设定的量化指标节点时，重大经济事件已然发生。而重大经济事件渐进性积累过程的形成对旅游形态的渐进性影响则往往被掩盖、被忽视，当重大经济事件发生及其效应期印迹存留时，其表征才跃然纸上。这一方面说明权威机构和重大经济事件为之者的影响力足以影响旅游生活形态之变化，促使人们的旅游生活态度发生进步性的改变；另一方面，抵达量化指标必然激发旅游市场要素和旅游资源流入旅游市场，高振昂扬着人们的旅游生活态度；如此，实现量化指标之后对提振人们旅游生活态度的显性现实意义，远胜于实现指标之前的指标对人们旅游生活态度影响的潜在现实意义。

从世界层级看，主要有两个由权威机构发布的经济量化指标，当一国触达指标节点时，重大经济事件已然发生。一个是世界银行公布的国别收入标准，一个是世界旅游组织公布的国家人均 GDP 国民旅游状况的推算指标。世界银行依据《国别收入分组标准》公布了 2020 年最新分组标准：人均国民总收入高于 12 616 美元的为高收入国家；人均收入 4086—12 615 美元的为中等偏上收入国家，人均收入 1036—4085 美元的为中等偏下收入国家，人均收入不高于 1036 美元的为低收入国家。据世界旅游组织推算，一个国家如果 GDP 年人均达到 1000 美元的时候，人们就会产生旅游的动机；GDP 年人均达到 3000 美元的时候，人们就有能力到周边国家去旅游；GDP 年人均达到 5000 美元时，人们就有能力周游世界。这两类指标尤其是世界银行公布的一个国家高中低收入状况，对一国国民的旅游生活态度暗示影响是十分明显的。触达不同收入指标呈现出的不同收入状况，不仅可能因此引导生产要素流向旅游产业领域，而且最为重要的是强烈的阶段信号牵引着国民的旅游生活心态变化。人们是渴望旅游生活而望洋兴叹，还是走出家门到周边城市观光旅游；是囿于近中程旅游地，还是尝试跨出国门领略远方的异国风情；是频繁旅游于诗情画意的故国，还是自信满满地周游世界他乡，如此等等，人们的旅游生活态度皆可能被人均收入高中低阶段信号所暗示、所指引，从而勾勒出一幅人们的旅游生活态度在不同经济发展阶段的主要经济指标节点前后总体变迁的画卷。

从一国层级看，新中国重大经济事件不在少数。例如，改革开放、黄金周假日经济、全面建成小康社会之年等。20 世纪 70 年代末 80 年代初的经济改革开放引发国人关注旅游、思考旅游并激起旅游欲望，为后续旅游态度的明朗起到了至关重要的作用。1999 年实行"十一黄金周"制度之后，出现的井喷式旅游需求，不仅促进了旅游经济发展，也促进了国人节假日集中旅游的习惯形成，为今天的美好旅游生活态度奠定了坚实的基础。2021 年，中国全面建成小康社会，取得脱贫攻坚战的全面胜利，全国真正进入大众旅游阶段，人们开始同构着旅游生活与日常生活比翼齐飞的梦想，同筑着积极的旅游生活习惯和健康的日常生活态度协同一致的理想。

随着中国成为世界主要旅游客源国，以发展旅游为主要目的的重大外交旅游大事接连发生，这对国人对特定国家旅游友好度的变化具有重要的促进作用。2006年、2007年中俄互办"国家年"，双方举办了500多场次旅游活动，大大激发了两国公民尤其是具有"苏联情节"的五十多岁的中国公民前往俄罗斯旅游的热情；2012年两国举办的"俄罗斯旅游年"，增进了中国公民尤其是年轻一代对俄罗斯的了解，从而促进其对俄罗斯旅游态度的不断改善和提升，赴俄旅游快速增长。国家之间的友好关系是国家公民之间旅游生活友好度的前提条件。国家领导人尤其是最高领导人的友好访问提拉国人对被访问国的旅游友好度作用明显。国家最高领导人互访不断提升两国国民相互旅游的友好度，国民出国旅游的流向随着最高领导人访问而形成顺向流出流入的态势。

第二，对旅游生活方式的影响。重大科技事件、重大交通事件、签证旅游大事对人们旅游生活方式的影响相对突出，它让人们的旅游生活方式向好充满着无限的可能和想象空间，主要表现为提升了人们旅游生活的便捷度、舒适度、从容度。

重大科技事件对人们旅游生活方式的影响最为广泛。当下人们旅游生活方式的一个重大变化是自驾旅游、自助旅游代替了乘车旅游、团队旅游。为什么有如此变化？一个最为重要的原因就是重大科技事件的影响。十几年前，自驾旅游就随着小汽车走进家庭而开始流行，当移动智能通信技术以及智能导航技术出现之后，自驾旅游从此一日千里、蔚然成风。无独有偶，小众的自助旅游在移动智能通信技术和智能导航技术等重大科技事件发生之后，很快成为大众旅游方式，有百年历史的团队旅游方式被摒弃，团队旅游反转为小众旅游方式，正所谓沧海桑田。

重大交通事件对人们旅游生活方式的影响主要体现在人们改换旅游交通工具所带来的旅途时间和旅途舒适度的变化。人类社会数次重大交通事件强烈地影响着人们的旅游生活方式。蒸汽火车、喷气式飞机的出现让越来越多的人旅游生活热情高涨，把乐享旅游生活的感受书写在广袤天空和地球的每一个角落。中国高速铁路的诞生和成长又是一个旅行的传奇，无数个城市陆续演绎着高速铁路通达而引爆中程旅游的热火朝天的繁荣，一年多次出游成为家常便饭，尊享旅途舒适和旅游生活的荣光成为普通中国人的标配。

签证旅游大事对人们出国旅游的便捷度和流向度影响非常明显。世界主要旅游目的地国的签证一般分为入境签证和过境签证两种类型。一般签证、有条件免签、落地签、免签等四种入境签证政策，对旅游者入境他国的便捷度依次阶梯式提高。也就是说，签证政策越宽松越简洁，旅游便捷度就越高，旅游流入度也会随之提高。旅游目的地国在对某个或多个特定国实行持普通护照公民免签政策时，将通过对外宣布的形式传递新的签证政策信息，从而形成签证旅游大事。中国和俄罗斯两国政府签订《关于互免团队签证旅游的协议》之后，次年俄罗斯到中国旅游的人次增长10.7%，而中国公民赴俄旅游人次突破80万。由此可见，签证旅游大事对旅游的影响直接反映在旅游增长率方面。同时，旅游增长率的提高映射出签证旅游大事对人们出国旅游便捷、舒适和从容度的影响也是明显的。

第三，对旅游生活品质的影响。除重大经济事件、重大科技事件和重大交通事件之外，重大体育事件、重大文化事件对人们旅游生活品质的影响主要表现为体验感、品位感、修为感的提升。

重大经济事件使得旅游主体的经济基础更为殷实、产品供给更为可靠、旅游生活品质更为优质。重大科技事件渗透于人们旅游生活形态的诸多方面，它不仅对旅游供给端提供优质的旅游产品具有强大的推动力量，而且为旅游需求端的旅游主体体验感知旅游品质提供了融通条件。重大交通事件提升了人们旅游生活的舒适感和便捷感，使人们的旅游生活变得更加轻松愉快。

重大体育事件对人们旅游生活品质的影响主要反映为：一是唤醒人类共同的体育旅游语言。人们在体育运动之中体验旅游生活的美好，在旅游生活之中感悟体育运动的必要，在体育和旅游相得益彰的过程中，感叹旅游生活的品位。二是激励和愉悦旅游者的精神。重大体育赛事对人们精神影响之强烈、广泛，不以为之者的国别意识形态而转移，特别是强世界级赛事如奥运会和世界杯足球赛，带给举办国及其举办地的人们和旅游者精神盛宴，体育精神激励着人们拼搏进取，释放着旅游生活品质的浓香美味。三是体育旅游产品引发整体旅游产品品质提升的蝴蝶效应，为人们旅游生活品质提供了应有的前提。重大体育赛事所处的优良环境客观上摒弃了低劣的旅游产品，让与赛事匹配有度和赛事衍生的旅游产品充盈于市，大量的优质产品驱逐劣质产品，劣质的产品被压缩而遭淘汰，一场或大或小的蝴蝶效应，上演着旅游产品悠扬动听的品质演绎。

重大文化事件对人们旅游生活品质影响的独特之处不仅在于它对旅游者精神层面的影响力超过其他旅游大事，而且重大文化事件本身也多为旅游产品，润物细无声的影响方式，让其充满着几分年轮感和独特的荣光。重大文化事件自带品质标签和流量，在感召旅游者之时，赋能于人们的品位和修为，让人们为为之者之为之而感叹。为之者融入其中之为之，既成就着重大文化事件之功能和效用，提高着旅游生活的品质，又光耀着文化旅游产品的内涵和魅力，同步和声奏响人类文化模因传播的进行曲。被誉为"世界第八大奇迹"的秦始皇兵马俑博物馆于1979年建成对外开放之后，旅游者即蜂拥而至，人们在仰视人类文化文明之中，感佩人类创造文明和世界的伟力。2021年，中国共产党建党100周年前后，无数与时代表达形式契合的红色旅游产品遍布全国，人们在红色之旅的热潮中，激荡出灵魂深处的红色精神，完成了一次次的心灵洗礼，鼓起勇立潮头为新时代挥洒汗水的人生气概和豪迈之情，旅游生活的品质在层林尽染之中得到应有的升华。

（二）对旅游经济的影响

正向旅游大事的为之者设定和预设对旅游影响最直接的目标通常是旅游经济增长速度和质量以及发展质量，而它显性而出的状态相比旅游生活和旅游格局更为清晰和早到。其原因主要是旅游大事影响旅游经济的侧重点以及量的差异点、质的逻辑点之状况直白分明，量化而计的指标跃然纸上。

其一，影响旅游经济量的差异点。正向旅游大事对旅游经济增长速度的影响主要包括旅游人数增长、过夜人数增长，入境旅游人数增长、旅游收入增长、人均旅游花费增长等维度。

不同的正向旅游大事影响旅游经济维度增长速度的效果不完全相同，从而呈现出不同指标增长的非均衡性。例如，高铁通车对旅游地的旅游人数增长的影响特别明显，境外航空航线开通对旅游地的入境旅游人数和收入增长的影响尤为突出。层级相同但类型不同的正向旅游大事对旅游经济形态的影响也不完全相同，从而呈现出影响的程度大小不同。例如，承办国家级体育赛事与举办国家级艺术赛事的影响有所差异，前者对旅游人数的影响一般大于后者。层级相同类型也相同的正向旅游大事之影响也不尽相同，从而呈现出影响的程度大小也不同。如世界顶级的足球赛事和篮球赛事对旅游经济增长的影响程度堪谓天壤之别。不同类型的正向旅游大事影响的当期性或后期性也不尽相同，而表现出影响主要集中于事中即当期或事后即后期的差异。如旅游本源重大事件之世界级旅游交易会和展览会影响旅游人数增长的当期性特征明显，而非旅游本源重大事件的世界园艺博览会的影响既有当期，也有被转作为旅游产品的后期影响。不同的正向旅游大事对旅游经济指标的影响方式也有不同，有的影响较为集中，有些却较为分散，而表现出有的影响速度快，有的影响速度慢。如签证旅游大事影响旅游经济增长速度较快，文化旅游大事影响增长速度相对缓慢。

其二，影响旅游经济质的逻辑点。正向旅游大事影响旅游经济质的提升让人瞩目。这无疑对为之者因地制宜、因时制宜、因势制宜地有针对性选择而为旅游大事并设定和预设旅游经济增长预期指标提出了不小的挑战，也对为之者在挑战中勠力前行实现预期经济增长目标的能力和智慧提出了有意思的挑战。有针对性地正确选择可为的正向旅游大事，是实施者最为重要的第一步，它决定着组织实施的意义和价值，也决定着发挥其影响的实际效能和效用；同时也影响着旅游经济增长质量水平的高低和优劣，反映着旅游经济持续发展的可能及未来发展的势头和前景。正向旅游大事的为之者在设定和预设其影响旅游经济增长目标的同时，充分考虑旅游经济增长的质量指标尤为必要。其质量指标不仅需要体现旅游经济发展的时代特征，而且还应适用于相应阶段对旅游经济增长质量的参考衡量需求，有效率、持续、稳定地转化成可衡量、可实现的指标。

正向旅游大事对旅游经济发展质量提增的影响主要包括旅游经济发展环境、旅游经济发展结构、旅游业态发展结构、旅游产品发展、旅游服务发展等诸多方面的优化。与其对旅游经济增长的影响多为直接特征不同，它对旅游经济发展质量的提增更多表现为直接和间接融合性的特征。也就是说，正向旅游大事在对旅游经济发展质量产生直接影响的同时，也会在对旅游形态其他方面的影响过程中影响旅游经济发展质量。正向旅游大事提增旅游经济发展质量是旅游产业可持续发展的重要前提。旅游经济发展环境在开放性地接受正向旅游大事的影响过程中，一是旅游大事的为之者在旅游大事发生前，通过推动与旅游大事发生相匹配的环境建设而不断改善旅游经济发展环境；二是正向旅游大事发生期间，社会力量和实施者的力量聚合促使旅游经济发展环境趋向优化。正向旅游大事影响的过程，无论是大张旗鼓还是潜移默化，都尽显其强大影响力量，推进着旅游经济发展朝着优化旅游产业结构的两个方向前进：其一是凸显旅游经济属性特质方向，促使为之区域更具鲜明特色，提升区域旅游的辨识度；其二是解决为之区域的短板问题，以此成就多维综合性的旅游产业格局，让旅游经济发展结构更加富有张力和韧性。以旅游业态发展结构优化带动旅游产品发展优化以及旅游业态发展结构优化与旅游产品发展优化互联是正向旅游大事对其影响的理想状态。然而，正向旅游大事影响的主要路径和方式依然是旅游市场要素的配置和流动，在驱动旅游市场要素配置流动中实现旅游业态发展结构优化和旅游产品发展优化的同时，也实现了旅游服务发展优化。这是一条具有现实意义的道路，从而让正向旅游大事在影响旅游经济形态的过程中赢得了无数的掌声。

其三，影响旅游经济的侧重点。不同类型的正向旅游大事影响旅游经济的侧重点是有差异的。

重大科技事件对旅游经济形态影响的能见度是充分的。几乎任何具体的重大科技事件都会直接或间接推动旅游经济增长，而提升旅游经济增长质量则是重大科技事件借此提高旅游生产力水平应有的题中之义，即使是旅游本源的科技旅游大事也同样具有超强的旅游生产力的提拉力量。科技旅游大事赋能旅游生产力的主要任务就是聚焦旅游经济增长的质量并促进旅游经济发展结构的调整和优化。我们看到，即便是应用型的旅游OTA平台如携程、去哪儿、马蜂窝、同程等，在互联网技术和数字技术发展的背景下，也均在上演着旅游生产力提升而带来旅游经济效率和质量提高的大戏。更有甚者，它们通过优化旅游产品和服务，搅动相对静止固化的相关旅游形态进而促进旅游业态结构优化和旅游经济发展环境优化。

在当代中国，重大交通事件快速提升旅游经济的典型案例非高铁莫属了。从京广高铁通车到京沪高铁通车，从一线城市到二线城市再到三线城市，高铁建成通车演绎着一个又一个旅游经济增长和旅游发展质量提增的故事。2016年6月京沪高速铁路通车后，连续数年高铁沿线主要城市到上海的旅游人数增长速度远超通车前的水平。2013年广东旅游者到厦门的过夜人次占全国过夜总人次的6.51%，当年12月28日厦深高速铁路全线通车运营后，2014年该占比达到9.58%，提高了3.07%。不仅如此，厦深高铁通车运营不仅促使广东旅游者到厦门旅游增长速度加快，而且因为广东旅游者花费高于全国平均水平，使得厦门市旅游人均花费从2013年的1331元提高到2014年的1353元，旅游总收入增长16.29%。

重大经济事件和重大政治事件对旅游经济发展质量的影响尤为突出。为何如此？此乃为之者之所以为之的重点目标也。政府或政府组织的政府属性决定了相比即时的旅游经济增长目标更为重要的是旅游经济发展质量，特别是所属区域旅游经济发展水平达到相应阶段之时，矛盾的主要方面已为发展质量。

重大体育事件和重大文化事件在旅游经济发展质量方面的影响维度主要是旅游业态、旅游产品、旅游环境和旅游服务等。从旅游业态看，它们的实施一方面牵引着区域内既有的体育旅游业态和文化旅游业态提质以适应体育和文化旅游市场的需求，另一方面填平补齐本区域在此方面可能存在的短板，从而优化了旅游产业的结构。从旅游产品看，它们引导生产要素和市场资源开发体育旅游产品和文化旅游产品，促进其旅游产品供需趋向平衡。从旅游环境看，举办地对自然环境和人文环境的优化力度成为重大事件是否成功的重要标准，在重大事件结束之后，已经优化的在持续的呵护下，不会轻易改变。而旅游服务优化更是重大事件题中应有之义，优质旅游服务的文化模因传承深刻影响着旅游发展的质量。

重大外交事件和重大旅游签证事件对当事国家或地区的旅游经济最直接的影响集中在入境旅游经济增长速度和质量方面，这与其设计的初衷密切相关。2015 年，中国对韩国实行免签政策，当年和第二年韩国国民到中国旅游的人次达到 444.44 万人、476.22 万人，分别增长 6.3% 和 7.2%，明显高于未实行免签政策前的年份增长率。2018 年，韩国政府决定对持有普通护照中国公民到该国济州岛旅游实行免签政策，当年和第二年赴韩国旅游的中国国民增长 14.9% 和 27%，明显高于没有实行免签政策的年份。重大外交和旅游签证事件加速了旅游经济增长的表征有目共睹，同时因入境旅游者平均逗留时间和人均花费一般高于境内旅游者，从而带动整体旅游经济增长质量的提升；而因此引致旅游发展环境的优化之意义则更为长远。

（三）对旅游格局的影响

旅游格局内在的联系性和外在的关联性，使得旅游大事影响旅游格局涵于内、形于外、溢于特，在诸多旅游形态中尤为昭昭。

首先，影响涵于内。旅游格局通常是指旅游空间结构的特征，即旅游形态自然或人为形成的旅游板块或旅游要素的一系列大小有异、数量有别、强弱有差的空间分布状况，它既是旅游状态异质性的具体表现，又是包括影响在内的各种生态过程在不同尺度上作用的结果。因此，旅游大事及其中正向旅游大事影响旅游格局的机理应是影响旅游板块或旅游要素空间结构和分布变化的过程，不同层级、不同区域、不同类型的正向旅游大事影响着不同层级、不同区域和相应的旅游格局。

正向旅游大事在影响旅游板块或旅游要素空间结构和布局变化的过程中表现出目的性和利己性。正向旅游大事为之者在设计和实施过程中，包括优化旅游格局的内向目的性是明确的，虽然撬动的基点更多更直接的可能是旅游经济指标，但以旅游经济指标的增长带动补齐旅游短板、补强旅游弱项，形成良好的旅游格局却是事实中的事实。而利己性是实施者对正向旅游大事内向影响的最基本的诉求。实施者实施正向旅游大事特别是旅游本源旅游大事付出了相当的资源，理所当然就是为了促使包括旅游格局在内的各类旅游形态的有益变化有利于本区域旅游经济发展，而对旅游形态之外的产业的影响预设目标要么等量齐观，要么略逊一筹，甚至实施者在实施旅游本源旅游大事时自觉或不自觉弱化着对其他产业的影响。

旅游格局的层级与正向旅游大事的内向影响效能密切相关。从旅游要素空间分布状况看，旅游格局可以分为旅游资源格局、旅游客源格局、旅游供给格局、旅游需求格局等，这是旅游要素分布格局的第一层级；而文化旅游资源格局、自然旅游资源格局、人文旅游资源格局等为旅游资源格局的下一层级即第二层级；依此而推，古代文化旅游资源格局、近代文化旅游资源格局、现代文化旅游资源格局为第三层级。通常而言，不同正向旅游大事对不同层级的旅游格局的影响是有所不同的，上一层级的正向旅游大事对下一层级的旅游格局影响显著，同一层级的正向旅游大事对同一层级的旅游格局影响明显，下一层级的正向旅游大事对上一层级的旅游格局影响减弱。不同区域层级的正向旅游大事影响着相对应区域层级的旅游格局。世界、一国、一域正向旅游大事影响着世界、本国、本域旅游格局及其相关联区域的旅游格局。不同类型的正向旅游大事侧重影响着相对应类型的旅游格局。重大文化事件主要影响着文化旅游格局，重大体育事件主要影响着体育旅游格局。不同类型正向旅游大事内向影响相对应类型旅游格局的同时，也明显内向影响着上一层级同类型旅游格局。

其次，影响形于外。非旅游本源重大事件和旅游本源重大事件既影响着旅游格局等旅游形态，也或强或弱影响着相关产业和旅游相关产业。

非旅游本源重大事件的为之者设定和预设目标始终没有将其影响局限于旅游形态，而是尽可能影响广泛，以期效用最大化。甚至大量的非旅游本源重大事件的为之者始终没有把影响旅游形态作为主要目标，而是将其本源产业作为影响的主要目标。然而这仅仅是使非旅游本源重大事件影响旅游形态的能级降维，而不会因此使其直接影响彻底消亡或者基本消亡。与此同时，非旅游本源重大事件影响旅游形态之外的其他产业形态并不意味着旅游形态不会因此在接受其影响的同时不受其他行业产业形态的影响，这种间接性的影响并不一定比直接性影响小，甚至有时超出直接影响。例如，北京冬季奥运会带动了全国 3 亿人参与冰雪运动，因冰雪运动移换异地他乡而可能引致旅游活动参与人数远比冬奥会期间直接参与旅游活动的人数要多得多，即使剔除新冠疫情影响因素也会如此。由此而论，非旅游本源的经济社会重大事件，对于旅游形态及其旅游格局而言，外向影响是必须的也是必然的。

旅游本源重大事件的影响外溢其他行业产业的必然性是基于旅游行业产业与其他行业产业的高关联性。只不过，行业特征决定了正向旅游大事在设计和实施过程中，为之者设定和预设的作用和影响以旅游形态包括旅游格局为主，以旅游相关行业产业为辅。即便如此，这丝毫不影响正向旅游大事对旅游相关行业产业的外向影响，同样也丝毫不影响被旅游大事影响的相关行业产业因此反哺影响包括旅游格局等的旅游形态。

最后，影响溢于特。正向旅游大事影响旅游格局最为耀眼的特点是：层级上的低重高轻、区域上的内大外小、变化上的量多质少。

低重高轻。正向旅游大事对低层级的旅游格局影响比较重，对高层级的旅游格局影响比较轻，影响的轻重程度与被影响旅游格局层级高低成反比关系，即层级越高影响程度越轻，层级越低影响程度越高。这是由正向旅游大事发生期间影响波长力度递减特征所决定的。一方面，正向旅游大事对旅游格局区域的影响因其影响力度呈递减趋势而表现出由里及外特点；同时，影响程度的轻重与旅游格局区域体量大小相关，即同一类型相同能量的正向旅游大事影响的区域范围越大其影响的程度就越轻，反之越重；另一方面，正向旅游大事影响旅游格局的层级由下至上，影响的力度呈递减趋势，影响程度的轻重与旅游格局层级高低相关。

内大外小。当正向旅游大事的为之者设定和预设影响主要目标或主要目标之一为旅游形态时，就已经确定了旅游形态作为内向影响，而没有确定内向影响的其他产业形态自然而然成为外向影响。这一设定和预设决定了正向旅游大事影响的取向主要为旅游形态等，正向旅游大事内向影响旅游形态的肌理，奠定了正向旅游大事对旅游形态影响的力度大，而对非设定和预设影响目标的产业外向影响力度则相对较小。虽然，不能完全排除外向影响力度反而超过内向影响力度的可能性，但是，这种影响错位的可能并非普遍存在。

量多质少。正向旅游大事在影响旅游格局的过程中，旅游格局的变化总体处在量变阶段，影响的全过程基本结束时反映出的量变结果多于质变结果。尽管正向旅游大事影响旅游格局而使其发生诸多变化，但更多的是量变状况而非质变发生。然而，超高能级的正向旅游大事增加了影响旅游格局质变的可能；多个多种旅游大事连续影响或合力影响旅游格局也会增加旅游格局发生质变的可能性。这就使得正向旅游大事之为之者在设定和预设影响旅游格局质变目标时应重点关注三个点：一是设计和实施超高能级的正向旅游大事远比设计和实施一般能级的正向旅游大事对旅游格局质变影响的比例要高；二是实施正向旅游大事的过程中，投入相应的资源对正向旅游大事影响作用发挥至关重要，投入适配或超配资源，达到旅游格局质变影响的概率增加；三是连续实施或者一个时期同时实施相关联的正向旅游大事，则实现旅游格局质变影响目标的概率要大。因此，在正向旅游大事的实践中，设计过程和实施过程的善为善作同等重要。

三、正向旅游大事促进旅游之跨越

正向旅游大事影响旅游形态进而促进旅游之跨越发展是确定的。但是，不同层级和不同类型的正向旅游大事促进旅游跨越之形式、内容、力量存在着较大差别。在诸多的正向旅游大事中，重大体育事件、重大文化事件之影响泾渭分明，为世人瞩目。我们将以中国国家级重大文化事件和世界级重大体育事件为例，分析正向旅游大事如何促进旅游之跨越。

（一）中国金鸡百花电影节（厦门）影响之状况

中国金鸡百花电影节是中国最专业、最具代表性的电影评奖活动，学术性、群众参与性的特点鲜明而突出，每年在中国各大城市轮流举办。2019年，第28届中国金鸡百花电影节在厦门市举办，继此届之后，每年一届共十届的金鸡奖，皆落户厦门，这是金鸡奖首次长驻一座城市。

中国金鸡百花电影节的设计者把金鸡奖评奖和颁奖作为核心内容，目的在借此鼓励电影人创作优秀电影作品以满足人们对美好文化生活的需求。厦门市明确举办电影节的总体目标为"以节促产、以节促城"，促进城市"两高两化（高素质、高颜值，现代化、国际化）"。为此厦门市政府先后印发多份文件，把促进城市影视产业发展和提升城市形象作为主要目标，而将促进旅游产业发展和提升城市旅游形象作为次要目标。这一综合性的目标相比之前不少城市举办此节以提升城市形象和拉动旅游发展的目标而言，显得更具有雄心壮志。

虽然2020年始，新冠疫情困扰着金鸡百花电影节的顺畅实施，但厦门依然举全市之力没有间断而坚定地连续举办了四届电影节。一方面建立健全指挥协调运行机制，组建电影节组委会和执委会。执委会由三十几个部门组成，厦门市广电集团专门成立运作公司负责具体事务，而市委宣传部门负责牵头与中国影协等单位建立常态化对接机制。另一方面以"全城金鸡""全年金鸡"的办节理念，邀请各界代表、市民群众参加开幕式、走红毯、颁奖等大型主题活动，让电影节成为市民广泛参与的群众性节日，提升了市民文化参与感、获得感，提增了市民热情自信的精神风貌。同时，创新推出了中国（厦门）数字影视产业高峰论坛、金鸡电影创投大会、金鸡国际影展、港澳台影展、八闽巡展、海峡两岸暨港澳青年短片季、国产新片推介等配套活动，营造了城市文化艺术氛围。

厦门市文旅部门作为电影节执委会成员单位，抓住重大文化事件对旅游形态正向影响的契机，从供给端撬动需求端，抓产业招商积蓄新后劲，旅游新项目兼顾城市特质和"文化中心"、"艺术之城"及"音乐之岛"的城市新定位；抓资源整合包装新产品，依托金鸡百花电影节的热度和在厦门取景拍摄的电影和电视剧的热播，研发包装"金鸡"影视主题旅游线路、热播影视剧旅游线路和影星明星名人主题酒店，设置多个影视精品打卡点，编印《影视旅游地图》，举办影视潮旅节等追热剧游厦门等活动。

四届中国金鸡百花电影节在厦门举办之影响效应是多方面的。从影视方面看，电影节举办以来截至2022年底，超过2320家影视企业集聚厦门，超过175亿元注册资本注入厦门，超过30部作品在创投获奖项目中转化落地，超过300个影视剧组在厦门拍摄取景，一批"厦门出品"频频出圈，如《山海情》《绝密使命》两部电视剧入选"五个一工程"，荣获第33届中国电视剧飞天奖，并与在厦门拍摄的《对手》同获第31届中国电视金鹰奖。这与厦门市预设的主要目标是匹配的。

从旅游方面看，2019年11月的金鸡百花电影节是在非新冠疫情背景下举办的，具有对旅游的拉动效应。当年来厦门的旅游人数和旅游收入同比分别增长12.5%、18.1%，而举办当月及前后一个月的第四季度之旅游人数和旅游收入分别增长13.2%、20.1%，增长率高于前三个季度，但旅游者集聚效应一般，与重大事件类型和层级较为匹配。金鸡百花电影节开闭式场所——海峡大剧院、众多影视拍摄取景地已成为新的旅游点；30余位著名电影人的签名手印等星光印记之"金鸡百花星光海岸"，正在成为厦门电影文化新地标而受到旅游者的青睐，影视旅游之城的新形象开始生根成长。这与金鸡百花电影节的特有文化属性和明星属性关联度较为明显。举办金鸡百花电影节四年来，文旅招商项目382个，2019年至2022年依次为159个、105个、69个、49个；总投资约为450亿元，2019年至2022年依次为200亿元、150亿元、65亿元、35亿元；其中旅游项目和投资额约占总量的30%，具有重大事件资本要素聚集效应，但旅游资本旅游投资项目和金额逐年递减，既有发生新冠疫情的主因，也有旅游投资者从坚定转向彷徨之次因，而这又与连续举办同类型的重大事件之综合效应叠加递增规律相左，不能不说与将旅游目标预设为次要目标有重要的关联性。

（二）北京奥运会影响之状况

1. 奥运会影响目标之预设

奥运会是奥林匹克委员会主办的世界规模最大的综合性体育运动会。奥林匹克委员会设定的奥运会主要目标是鼓励人们尤其是青年人以友谊团结和公平竞争的精神，超越自我地开展体育运动。而奥运会的举办国及其举办城市都会超越奥林匹克委员会设定目标而预设包括促进旅游在内的经济社会文化发展等相关目标，并且随着时代的发展而显得越来越突出。1988年韩国汉城奥运会以展示韩国在世界政治和经济体系中民主开放的新定位和新形象为主要目标。1992年西班牙巴塞罗那奥运会主要目标是促进卡特鲁尼亚地区经济复兴和实现巴塞罗那城市更新。1996年美国亚特兰大奥运会主要目标是为本地区增加新的商务活动以及吸引企业进驻亚特兰大。2000年澳大利亚悉尼奥运会明确主要目标是促进国际旅游产业发展和吸引区域性服务活动,提升悉尼作为国际都市的地位和吸引力;会后,奥林匹克委员会推荐澳大利亚旅游局开创的奥运会旅游促销战略为"今后举办国的角色模式",开启了把影响旅游作为奥运会显性主要目标之一的先河。2004年希腊雅典奥运会希冀将雅典再造成为现代化城市和促进旅游产业发展[①]。2008年的北京奥运会将大力促进旅游发展作为奥运会多元主旨之一,强化了旅游在奥运会影响体系中的作用和地位,使得奥运会影响旅游的态势和脉络越来越清晰。

2. 北京奥运会影响的亮点

第一,为人们的旅游生活增添了一抹亮色。奥运会的宗旨和精神在北京奥运会期间表现得淋漓尽致,而北京市也借奥运会之机,集中弘扬中华优秀文化和文明,激励和影响了市民积极的人生态度和正向的价值取向。

北京奥运会的成功举办、国家队的优异表现、开闭幕式的精彩表演,无不激发着人们的民族自豪感和爱国热情,增强了北京作为世界旅游目的地的意识,引发了人们饱览祖国大好河山的强烈旅游欲望,促使人们的旅游生活态度更加积极。

北京奥运会之后,以热情参与体育旅游为标志的积极的旅游生活方式逐渐成为旅游生活中的主流,人们纷纷选择历史文化名城、历史文化旅游区作为旅游目的地和旅游项目,旅游的足迹向体育赛事、健身运动、爱国教育等领域延伸,人们的旅游动机得到拓展,旅游生活进一步丰富,旅游生活方式更加健康。

北京奥运会加快了北京市垃圾分类工作的前进步伐,市民积极投入到垃圾科学分类行动和环境资源保护等活动之中,绿色奥

---

① 付磊.奥运会影响研究:经济与旅游[D].北京:中国社会科学院研究生院,2002.

运理念得到全面的诠释；同时，北京乃至整个中国掀起了一股"英语热"，中国与世界沟通连接更为顺畅，国人形象更加文明而自信，人们的旅游行为更加饱满和文明。

第二，旅游经济呈现出"倒金字塔形"的轨迹。奥运会对旅游经济最直接的影响即是旅游人数的增长。以奥运会影响旅游效应周期为五年计，奥运会举办前两年为第一个阶段，举办当年为第二个阶段，举办后两年为第三个阶段。按奥运会影响效应变化基本曲线之运动逻辑推演，三个阶段旅游人数的增长变化应该是一个"金字塔形"，即第二个阶段旅游人数为金字塔顶点，第一个阶段旅游人数不断向金字塔顶点逼近，第三个阶段旅游人数从金字塔顶点不断下滑。

统计数据显示：第一阶段，2006年，北京市接待旅游总人数13 590万人次，比上年增长5.7%。其中接待入境旅游者390万人次，增长7.4%；接待国内旅游者13 200万人次，增长5.6%。2007年，接待旅游总人数14 716万人次，比上年增长8.3%。其中接待入境旅游者436万人次，增长11.8%；接待国内旅游人数14 280万人次，增长8.2%。第二阶段，2008年，接待旅游总人数14 559万人次，比上年增长-1.1%。其中接待入境旅游者379万人次，增长-13%；接待国内旅游人数14 180万人次，增长-7%。第三阶段，2009年，接待旅游总人数16 669.5万人次，比上年增长14.5%。其中接待入境旅游者412.5万人次，增长8.8%；接待国内旅游人数16 257万人次，增长14.6%。2010年接待旅游总人数18 390万人次，比上年增长10.3%。其中接待入境旅游者490万人次，增长18.8%；接待国内旅游人数17 900万人次，增长10.1%。

可见，北京奥运会显著影响周期的旅游人数增长之变化并不是一个金字塔形，反而是一个近似"倒金字塔形"。第一个阶段，无论是接待旅游总人数，还是入境旅游人数、国内旅游人数都走在奥运会影响效应变化基本曲线的运动逻辑上；第二阶段，旅游总人数及其入境旅游人数和国内旅游人数都有所下降，入境旅游人数下降幅度超过国内旅游人数下降幅度。第三阶段，旅游接待总人数和国内旅游人数同样走在奥运会影响效应变化基本曲线的运动逻辑上，增长幅度逐年下降；但入境旅游人数却出现奥运会结束后第二年增长高于第一年增长的非正常逻辑现象。其原因一是北京奥运会开幕前突发拉萨"3·14"打砸抢烧事件和"5·12"汶川特大地震灾害事件，既对奥运会安全提出了严重的挑战，也抑制了国内旅游者的旅游欲望。二是为了确保奥运会的顺利举行，从6月份起，国家实行了更严格的入境和进京管制措施，导致奥运会举办期间和举办前一时段的旅游者尤其是国际旅游者大幅减少。三是入境旅游者特别是国际旅游者的恢复缓慢于境内旅游者的规律在发挥着明显作用。

第三，旅游格局嬗变优化。北京奥运会对旅游格局影响最为突出的是旅游形象格局、旅游产品格局、旅游设施格局和旅游空间格局。

中国及其北京市的旅游形象大为提升，表现在两个层次。一层是国家和城市形象的提升。举办北京奥运会本身就为中国及北京市做了一个具有世界效应的巨大广告。北京成功申奥使城市知名度迅速提高；北京奥运会的精彩成功，极大地提升了北京的国际知名度。奥运会举办前特别是举办中，世界各大媒体聚焦奥运盛况和人文文化等信息，全球电视转播奥运会筹备和举办过程让世界瞩目，北京"一夜成名"，世人因此了解了全新的中国、全新的北京，国家及北京市赢得前所未有的形象效应。另一层是国家和北京旅游目的地的形象提升。中国作为最安全的旅游胜地和历史悠久的文明古国的形象，在"新北京、新奥运"口号声中，在"绿色奥运、科技奥运、人文奥运"理念表达中,在环保、科技、人文与创新融合中,在感受中华文明、世界相聚在北京等一系列主题旅游促销活动中,得以重塑和巩固。同时,各种视觉证物和文字覆盖世界众多媒体,近百名明星演唱的《北京欢迎你》亮出了北京的旅游景点和非物质文化遗产;前所未有的众多国家和地区分获奖牌,将成就和欢庆的画面传播到了全球各个角落,全球收视率陡增20%以上,北京奥运会成为有史以来观看人数最多的一届奥运会。自此,北京文明且现代化的国际都市形象深入人心。

北京以中华文明和中国首都为核心的旅游产品一直在全国独树一帜,现代化和国际化的大都市范也正当形成,北京奥运会的举办不仅加速了现代科技和现代都市旅游产品的跃升,而且让与中华传统文化相关的旅游产品等在全国旅游产品格局中更显突出。一是旅游产品变得更多。北京奥运会开幕前的几年间,大量的泛旅游项目陆续建成。博物馆、音乐厅、购物娱乐等公共场所和奥林匹克森林公园、奥林匹克公园等公共休闲场所透露着现代化与国际化的气息;国家体育场、国家体育馆、国家游泳中心、奥体中心体育场等气势磅礴的人造景观凝聚着人类的极大的智慧;国家大剧院、世贸天阶等公共娱乐休闲场所,展示着人类创造公共生活空间的光彩和荣耀;成片的夜空诸如多功能演播塔寄托着天上人间的美好。如此等等,旅游吸引物的大量增加,旅游产品的更新和补齐,使得旅行商迫不及待地在旅游产品目录中增添了北京奥运游专线。二是旅游产品变得更新。北京奥运会落幕后,一批新颖的旅游产品受到旅游者的追捧,比赛场地、场馆、广场和运动员村等作为"奥运遗产",成为旅游者竞相前往的景点。知名度最高的"鸟巢"和"水立方"让无数旅游者畅想奥运的神奇,奥林匹克公园的园林建筑和钟鼓楼广场带着奥运的余热让人流连忘返，成为北京不可或缺的旅游新地标，与传统的万里长城、故宫、十三陵等景区景点相得益彰。三是传统旅游产品变得更强。北京的建筑、文化与传统，包括文化遗产故宫、颐和园、天坛、八达岭长城等，以及非物质文化遗产国画、茶艺、京剧、书法、中华武术、风筝、刺绣、陶瓷、民俗和美食等，在此次奥运开幕式、闭幕式以及宣传片中，都是曝光的重点和热点；同时，国内外媒体的海量新闻播报强化了北京的传统旅游产品，让世界旅游者对北京物质文化遗产和非物质文化遗产的印象更为深刻。而观光旅游、商务旅游、度假旅游、文化旅游、民俗旅游等传统旅游产品注入了奥运精神和内涵，更加强劲地驰骋在旅游市场之上。

北京旅游基础设施借奥运会之东风而大幅跃进。一是与旅游相关的基础设施如公共休闲场所、体育娱乐场所、购物场所与设施得到了明显的改善和提升；二是旅游接待基础设施如景区景点的游客中心、停车场、索道、旅游厕所、无障碍游览设施等的规范化管理得到强化。三是星级饭店数量从2001年的506家增加到2007年底的806家，客房数量达13万间，床位数超过25万张。

旅游空间格局在演变中凸显新优势。一是北京的旅游地位更加凸显。北京的旅游基础设施和旅游项目以及旅游产品的快速增加和品质提升，使得北京在全国旅游空间格局中的中心地位更为突出、更加强化，为入境旅游和国内旅游的持续增长奠定了良好的基础。二是北京旅游轴线得到延长。北京奥运核心区——奥林匹克公园的落成，使得北京南北中轴线向北延长；旅游三圈结构中的"中心城区观光商务娱乐旅游圈"的南北中轴线，在"两轴—两带—多中心"的新城市空间格局肌理下向北延伸。三是异质斑块的嵌入促使了城市旅游功能的优化。奥林匹克公园片区建成了大量的奥运场馆和通信、住宿、餐饮等服务设施，加上奥体公园森林生态区的大量绿地，使得奥林匹克公园片区成为与周围高密度生活居住区相区别的异质斑块，从而形成了以奥运体育文化为主题的，具有休闲、观光、演艺以及体验与竞技多种功能的"体育、会展、节事"综合多功能旅游区。北京奥林匹克公园片区旅游功能的强化，凸显其在整个北京旅游空间格局上的分量[①]。

（三）正向旅游大事影响之周期

从中国金鸡百花电影节（厦门）和北京奥运会影响旅游之状况看，正向旅游大事中，不同类型不同层级的重大事件影响旅游之周期是有明显长短差别的。

重大事件影响旅游的周期可分为显著影响周期和非显著影响周期。显著影响周期是其影响的核心期，具有明显的影响价值和意义，应视为重大事件影响周期之时间尺度；非显著影响周期则不具有明显的影响价值和意义，不应视为重大事件影响周期的时间尺度。因此，重大事件影响周期的时间尺度主要是指显著影响周期之时间尺度。

重大事件对旅游形态的影响周期可分为三个时段，即举办前、举办中和举办后。国家级的重大文化事件如中国金鸡百花电影节显著影响周期通常为三年，即举办前一年、举办中的当年和举办后的一年。厦门连续举办多届中国金鸡百花电影节形成的叠加显著影响遮蔽了举办前后一年的显著影响，使其影响能量更为强大，显著影响时间尺度集中于一年。相比国家级的重大文化事件，世界级的重大体育事件之奥运会的显著影响周期的时间尺度要长得多。奥运会举办前的影响始于国际奥林匹克委员会提前七年确定举办城市，终于奥运会开启。举办中的影响是指奥运会

---

① 于海波，吴必虎，卿前龙.重大事件对旅游目的地影响研究：以奥运会对北京的影响为例［J］.中国园林，2008（11）：24.

开幕至结束的全过程，结束包括国外、国内奥运会参与者和观看奥运会的旅游者全部离开举办国及其举办城市。举办后的影响期相对难以确定，短则一两年，多则好几年。举办后的影响期的时间尺度既与举办国及其举办城市预设影响旅游形态目标的重要程度成正比例关系，也与其投入的旅游及相关资源程度成正比例关系，还与其举办能力水平程度呈正比例关系，即预设影响旅游形态目标的重要程度越高、投入旅游及相关资源程度越大、举办能力水平越强，影响期也就越长。

总体而言，奥运会影响旅游周期构成了奥运会影响效应变化之基本曲线。从奥运会每四年举办一次的周期和提前七年确定举办城市的时间跨度看，奥运会对举办城市的影响力存在着周期性的提升与衰减规律，即从申办成功开始奥运会对举办城市的影响力逐渐增强，到了奥运会举办期间对城市的影响达到最大[①]。奥运会举办前的后一时段，即奥运会开幕的临近期即一两年内，对旅游的影响要比举办前的前一时段明显而集中；奥运会举办后的前一时段，即奥运会结束后的一段时间即一两年内，对旅游的影响要比奥运会结束后的后一时段明显且集中；这两个时段对旅游的影响相对明显集中而表现出影响显著的特征，为影响周期之时间尺度。奥运会举办中对旅游形态特别是旅游经济的影响最为显著，必为影响周期的时间尺度。因此，奥运会对旅游的显著影响周期的时间尺度一般不会超过五年，它是世界级体育重大事件显著影响旅游形态的典型代表。

---

① 于海波，吴必虎，卿前龙.重大事件对旅游目的地影响研究：以奥运会对北京的影响为例［J］.中国园林，2008（11）：24.

第二节　负向旅游大事之阻断

负向旅游大事包括以人为主体和以自然为主体的两类负向旅游大事。以自然为主体的负向旅游大事使旅游形态承受着最为悲壮的阻断，其发生几乎毫无规律可循，而且大事之间不具有关联性，基本不构成链条性的伤害。但是，其负向影响是确定的，影响过程也是有规律可循的，并表现出影响过程的不确定性、影响周期的完整性、影响阶段的差异性等特征。

本书仅阐述以自然为主体的负向旅游大事，主要是因为以人为主体的负向旅游大事影响的路径和特征几乎为正向旅游大事之反向翻版，不言也罢。由此，为叙述更为简洁，本书后文除特别强调"以自然为主体"以外，"负向旅游大事"即指"以自然为主体的负向旅游大事"。

一、负向旅游大事影响之九宫格规律

事物发生、发展和消亡之必然性决定着事物规律性的必然性和普遍性，事物发生之偶然性和突发性则决定着事物规律性的潜在性和特殊性。以突发性为主要特征之负向旅游大事影响旅游形态是否有规律可循，是人类有效应对其挑战要解决的一个重要问题。我们剥去其影响的表象，透析其影响的本质，深感它影响诸种旅游形态存在着九宫格式的相互依存和相互制约的内在联系的规律。

（一）影响旅游生活的三规律

1. 伤害担忧唤醒安全首位需求规律

无论是人们普遍认同的马斯洛需求层次理论，还是旅游者对旅游地的实际选择，安全需求都不是首位需求。在正常情况下，旅游者选择旅游地首先考虑的是旅游地及其吸引物与自己特定旅游需求偏好或阶段性旅游需求偏好的匹配性。这并不是旅游者不重视旅游安全，而是安全需求在旅游者选择旅游地时处在休眠状态，被旅游需求的本质即旅游者对旅游地及其吸引物的突出需求所掩蔽。只有当旅游地涉及旅游安全因素时，安全需求才被唤醒。安全因素越突出，唤醒程度就越高。安全需求被唤醒至少有三种情形：一是当旅游者旅游过程中在旅游地出现安全事件时，安全需求被唤醒；二是在旅游者选择旅游地前，旅游地的安全事件仍然处在效应期内，安全需求也会被唤醒；三是媒体渠道和口碑渠道对旅游地的安全事件依然处在传播期，旅游者选择旅游地时的安全需求也会被唤醒。一般而言，一般安全事件对旅游者安全需求唤醒度较低，即低唤醒；重大安全事件对旅游者安全需求唤醒度较高，即高唤醒；极度重大安全事件对旅游者安全需求唤醒度极高，即极度高唤醒。

地震、海啸、台风、雪灾、洪灾、疫情等能级较高的负向旅游大事都具有对旅游者安全需求高唤醒的可能。负向旅游大事的突发性特征，使得已经在事发地旅游的旅游者安全需求可能极度高唤醒，如震级高的地震、传染性强的疫情等。当旅游者对自身的人身安全、财产安全等处于极度担忧和恐惧时，立刻中断旅游、逃离旅游地是他们最为迫切的期待。旅游者在出游前选择旅游地时，如果旅游地的安全需求影响效应还没有基本消除或完全消除，旅游者会放弃可能的选择或毫不犹豫选择放弃。显然，这是旅游者被突发性重大事件的安全需求高唤醒而进行的"一票否决"。许多情况下，即使旅游地的负向旅游大事的效应期基本消失甚至完全消失，而媒体的导向和口碑的传播仍然会对旅游者安全风险判断发挥着重要的影响作用。尽管实际上旅游者所面临的安全风险要比预判程度低得多，但突发性重大灾害事件使得旅游者所面对的负面影响主要源自媒体或口碑渠道，在媒体和口碑的夸张渲染下，旅游者过度担心旅游地的安全风险，进而改变旅游地选择决策。这种旅游地选择决策过程是在安全需求被高唤醒的基础上进行的，因而具有安全需求高唤醒的主观臆断之特点。这一特点对旅游地在处置负向旅游大事危机时提出了挑战。

2. 伤害感知导致需求减弱规律

旅游者对负向旅游大事对人类伤害的感知途径，一方面来自自己的亲身经历，可能是相似的重大事件留下的终身印迹，也可能是其他事件造成的心理阴影；另一方面来自媒体的全息报道，特别是现场视频图片所呈现的凄惨场景所造成的强烈视觉冲击久挥不去；与此同时，口碑渲染或夸张夸大伤害的传播，强化了伤害感知。以上三种伤害感知途径中，个人亲身经历对旅游者规避伤害的愿望影响最为强烈；媒体的宣传影响面最为广泛，影响量级最高；口碑传播的影响面最为狭窄。不仅如此，由于旅游者所处的社会环境差异，而导致不同群体对伤害的感知度不尽相同。女性旅游者对伤害的感知程度高于男性，年长的旅游者更关心旅游的安全性问题。

在多种途径积淀而成的伤害感知背景下，旅游者规避旅游地存在风险的意识，随时都有可能在负向旅游大事暴发时而被激发，进而毫不犹豫地放弃已经选择的有潜在风险的旅游地，或不选择有风险的旅游地，甚至改变或推迟原有时段的旅游计划，随之出现旅游消费需求减弱的现象。旅游需求减弱的周期长度和强度与负向旅游大事暴发的长度和破坏程度呈正向关系，即暴发长度越长、破坏程度越大，旅游需求减弱的周期也就越长、旅游需求减弱的程度就越大；而暴发长度和破坏程度之间也存在着一定的变量关系，它将影响旅游需求减弱的长度和强度。可见，旅游者伤害感知意识的存在、负向旅游大事的存在和人类旅游需求的存在是形成伤害感知导致需求减弱规律的基础。伤害感知导致需求减弱规律既具有"人"的特征即人类的旅游需求决定于人类的旅游意识，也具有"事"的特征即重大事件影响着人类的旅游需求。

3. 规避伤害的健康旅游规律

在所有类型的旅游大事中，负向旅游大事与人类健康旅游生活方式的关联度最高。公共卫生事件、自然灾害事件等负向旅游大事本身对人类的健康造成重大的威胁，人类因此规避可能的自身伤害和健康风险是应对负向旅游大事的本能需求，而规避健康风险的取向造就了健康旅游规律。

负向旅游大事是形成人类健康旅游规律的催化剂和加速器。健康旅游是人类旅游生活的基本需求，而负向旅游大事却在摧毁人类的健康旅游生活的基本需求。人类规避伤害的本能和有意识规避伤害的行动有三条路径：第一条是规避前往存在伤害可能的旅游地旅游。两种与伤害有关的旅游地是旅游者尽可能避免的，一种是负向旅游大事暴发地仍然处在伤害风险期间，包括暴发期和消退期；另一种是可能暴发负向旅游大事的旅游地，如疫情的扩散或加速传播，这种潜在的伤害风险，旅游者也会避之莫及。第二条是选择健康的旅游地和旅游产品。旅游者选择旅游地的一个重要的因素是安全，在负向旅游大事高唤醒旅游安全需求的情况下，剔除负向旅游大事发生地就成为必然。而那些安全的旅游地就成为必然的选择对象。同时，旅游产品的安全性也将是进入旅游者选择菜单的重要条件。第三条是开启和坚持健康旅游生活方式。旅游者在整个旅游生活中,坚持良好的卫生习惯及健康的旅行方式,并爱护生态环境。

规避伤害的健康旅游规律之形成主要得益于人类自我保护的本能意识和非健康旅游伤害感知的获取。在这个规律形成过程中,负向旅游大事特别是公共卫生重大事件对人类的影响起到了不可忽视的重要作用。规避伤害的健康旅游规律对旅游地应对负向旅游大事、加快旅游恢复和复苏至少有三个启示:一是用适配的提示方式缓解和消除旅游者对旅游伤害的担忧;二是开发和提升康养旅游产品,提高非康养旅游产品的健康内涵的显性度;三是旅游设施设备应匹配旅游者健康旅游生活方式的需要。

(二)影响旅游经济的三规律

1. 高度敏感的旅游停滞规律

负向旅游大事对旅游经济的影响是从减少旅游者开始的,而旅游者减少必然带来旅游经济各项指标的负向变化。负向旅游大事暴发后,旅游者极度敏锐地感到风险和危险的存在,旅游活动骤然而停,而旅游行业敏感性的反映也随之全面而来,旅游通道关闭,旅行社停业,旅游饭店歇业,旅游景区关停,旅游者出行计划取消,旅游人数开始大幅锐减,入境旅游、出境旅游、国内旅游全面陷入停顿,旅游消费迅速下滑,旅游企业亏损严重,旅游经济快速陷入停滞,旅游经济呈现出剧烈变化。

负向旅游大事的暴发,对暴发地及受其影响的周边区域的旅游企业而言,导致不同类型的旅游企业面临着不同程度的生存挑战:对渠道端企业的影响最为直接且最早显现,暴发地及其被影响的周边区域的旅游产品无人问津;暴发地和被其影响的周边区域资源端企业因投入资本较大而承受重压;产业服务类企业在面临着人才流失风险的同时,因集中影响阶段可能过长而面临着生存压力的风险。不同规模的旅游企业面临着不同的困难和窘境,上市企业会出现股价下跌、投资者信心不足等问题;中小企业资金链断裂、面临倒闭的情况更为突出;微小企业在困境面前关停业务并可能适时进行业务转向,寻求新的生存空间。由此可见,旅游企业因旅游者的敏感性呈现出即时敏感性的反应而造成旅游经济的停滞,是负向旅游大事对旅游经济影响的最为显著的规律。

2. 由近及远的旅游衰退规律

客源地与负向旅游大事暴发地之间距离越近,其风险就越大,敏感性就越高;距离越远,其风险就越小,敏感性也就越低。在此基础上,由于旅游者对其敏锐感知和对风险超出实际程度的预判,而呈现出暴发地及其周边区域旅游衰退的清晰路径:旅游者及其旅游活动的停止或减少沿着暴发地的中心区域向外依次递减,以旅游者的旅游活动为基础的旅游经济衰退也同样依次递减,呈现出由近及远的衰退规律。如果从暴发地及其周边区域的两个区域节点来分析就会发现,暴发地的旅游者的旅游活动停顿和旅游企业的经营活动停止,造成了暴发地的旅游经济即时衰退;而暴发地的周边区域受其影响导致旅游者的旅游需求减弱以及旅游经营活动减少,从而出现旅游经济逐步衰退的现象。

由近及远的旅游衰退规律的形成最显著的原因是,负向旅游大事的突发性和破坏性的速度和强度从暴发的中心区域向外减退而影响旅游活动和旅游经营的速度和强度也依循减退。在由近及远的衰退过程中,旅游者是主导因素,旅游经营者则是从属因素,二者联动的结果既表现出中心区域与周边区域由近及远旅游衰退的程度减轻,也反映出旅游经济有规律的衰退路径。如何依循衰退路径的规律,减轻负向旅游大事对旅游经济衰退的影响,尽早促进旅游复苏，满足人们旅游生活的需求，是个非常有意义的课题。

3. 由内而外的旅游复苏规律

由近及远的旅游衰退规律孕育着由内及外的旅游复苏规律，而旅游宣传推广的"三先三后"规律助推了由内及外旅游复苏规律的形成。

旅游的衰退因旅游者锐减而成，旅游的复苏因旅游者陡增而生。由近及远的旅游衰退过程的底层逻辑，牵引着由内及外的旅游复苏的过程，形成由内及外的旅游复苏规律。负向旅游大事消亡之后，发生地的旅游供应逐渐恢复，旅游者随之相应逐步增加。就国内旅游市场而言，那些游览时间短、流动范围小、接触人员少、自助性强的短途周边游率先恢复，接着省内团队游先行恢复，跨省团队游也将随后跟进，国内旅游渐成气候，复苏态势逐步形成。就国际旅游市场而言，由于对旅游地的具体情况了解相对较少，接收信息的渠道相对阻塞，加之受政治、经济、文化等因素的影响，国际旅游者出游决策往往取决于旅游目的地的整体形象，旅游的恢复过程相对较为缓慢。总体而言，与以人为主体的负向旅游大事不同的是，以自然为主体的负向旅游大事事件结束后，国内旅游将首先出现补偿性恢复反弹，然后再出现入境旅游的恢复并可能出现反弹。同时，在国内旅游和入境旅游都存在恢复反弹的情形下，国内旅游恢复反弹的速度快于入境旅游恢复反弹的速度，国内旅游恢复反弹的幅度也大于入境旅游恢复反弹的幅度。

作为发生地促进旅游复苏的重要手段和措施的旅游宣传推广工作，依循的是先市内后省内、先省内后省外、先境内后境外的"三先三后"次序。其底层逻辑是对发生地风险变化情况了解程度由近及远递减，而安全需求唤醒程度由近及远递增。本地市民基于对风险变化的判定，调整在本地范围内的活动半径。当风险较低时，本地市民离开自己的住所，俨然严格意义上的旅游者，在本市进行微休闲、微旅游、微度假，释放压抑的心情，满足微异地的准旅游生活的需求。于是所谓的"本地人游本市"的旅游宣传营销活动大张旗鼓、热火朝天。依此逻辑，接着就是本省旅游宣传营销、省外旅游宣传营销，最后上阵的是境外旅游宣传营销。

先市内复苏后省内复苏、先省内复苏后省外复苏、先境内复苏后境外复苏的客源复苏路径清晰可见，形成由内而外的旅游复苏规律。

（三）影响旅游格局的三规律

1. 突发暴击导致极度失衡规律

负向旅游大事的突发性和破坏性所形成的对旅游产业高强度高烈度的破坏性暴击，导致发生地与关联区域的平行区域旅游市场格局短期内极度失衡。

负向旅游大事的发生地自身处在旅游供需格局基本均衡状态，是因为事发地的旅游产品供给停滞与旅游需求阻隔而导致其处在基本无供给也基本无需求的均势状态。但是，发生地与非发生地的区域旅游市场格局处在短期极度失衡状态。发生地旅游市场的塌陷，造成原有的平行区域旅游市场格局极度失衡；非发生地的人们因旅游需求而寻求替代区域，被替代区域的旅游人数短期内可能激增，而形成替代区域的供需失衡。就区域旅游供需格局而言，非发生地的旅游需求依然存在，而发生地的旅游产品下架，从而造成平行区域旅游供需格局不均衡。特别是距离发生地较远区域的旅游需求依然旺盛，如果发生地为旅游目的地且旅游吸引度和特色度很高，那么旅游产品供给的短缺效应会更加明显,平行区域旅游供需格局可能因此极度不均衡。就旅游产品而言,发生地的旅游产品供给突然间几乎全部退市,同类替代性的旅游产品短期内根本无法满足市场需求,造成平行区域产品供需格局短期极度失衡。虽然市场上大量的非同类替代性的旅游产品一时满足了旅游者的旅游需求,然而却无法掩盖旅游者对发生地的旅游产品可能存在的偏执的真实需求。

发生地的旅游活动恢复之后,区域旅游市场格局状态也很难恢复到发生前的状态。这既是由于旅游供给与旅游需求的变化,更是由于替代区域旅游供给的变化。区域旅游市场格局短期极度失衡期的时间长短取决于负向旅游大事影响效应期的长短。影响效应期越长,失衡期就越长,反之就越短。

2. 损坏恐惧下的形象受损规律

旅游形象是区域旅游市场格局的关键所在,对区域旅游市场格局的形成起着至关重要的作用。旅游地特别是旅游目的地的形象塑造是一个长期、多元、复杂的流程系统,负向旅游大事突然出现,将直接影响和损伤旅游地旅游资源和旅游产品,直接损害旅游地在旅游者心中的原有形象。

在负向旅游大事袭击下的旅游地的旅游形象受损规律形成有两个底层逻辑和三个层次的表现。第一个底层逻辑是其发生对发生地的旅游资源和旅游产品的损坏;第二个底层逻辑是其发生摧毁了旅游地的安全形象,旅游者对旅游地产生了恐惧心理。第一个层次表现基于旅游地的旅游吸引物损坏。其发生对发生地的旅游资源、旅游产品、基础设施设备、旅游服务设备等要么造成毁灭性的破坏,要么造成一定时段的闲置失维失修而出现损伤,从而损害了发生地旅游吸引物的外在吸引力。旅游吸引物形象的恢复建立在负向旅游大事影响集中期结束之后的资金投入恢复修缮的基础之上。第二层次表现基于旅游者对发生地的旅游形象损伤的认知。损伤的认知来源于旅游者自身体验和媒体报道以及口碑相传。认知是旅游者前往发生地旅游的前提条件,只有当损伤认知降到相应的阈值即旅游吸引物形象恢复到相应的水平时,旅游者才可能启动原有的或新的旅游计划。第三层次表现基于旅游者对发生地的恐惧心理。旅游者对其发生地具有天然的恐惧心理。恐惧心理程度取决于负向旅游大事的类型及其破坏程度。前者是恐惧心理的基础,负向旅游大事自带对发生地的破坏因子和对人类的损害因子,使得旅游者谈虎色变、望而生畏;后者是恐惧心理强烈程度的调节器,自然灾害的烈度和公共卫生事件的伤害程度等,影响着旅游者的恐惧心理程度;灾害烈度和伤害程度越大,恐惧心理程度就越强烈。

旅游形象的恢复是旅游恢复的基础,损坏恐惧下的形象受损规律对负向旅游大事发生地恢复乃至提升旅游形象提供了工作的主要途径和着力点。

3. 需求变化促进产品更新规律

需求变化是供给变化的底层逻辑,需求变化推动着产品调整和更新。负向旅游大事综合影响着人们的旅游需求,促使人们的旅游需求发生诸多变化,而诸多变化中最为突出的是旅游需求的健康化。公共卫生事件和自然灾害事件等对人们的身心产生影响,而基于这种影响产生的需求健康化与人们追求生活美好的愿望十分合拍,从而形成旅游需求新变化。旅游需求健康化推动了旅游产品供给的适应性调整,一批新的健康化的旅游产品研发、开发在此推动下生成,一批不够健康的旅游产品和市场需求萎缩的旅游产品被无情淘汰,形成旅游产品供给的新格局。

负向旅游大事引发人们旅游需求变化而引致旅游产品更新及其发展趋势体现为:一是绿色旅游产品和生态旅游产品进一步得到市场的追捧。围绕着健康理念展开的产品创新、创意、创效如火如荼，绿色和生态旅游产品充盈于市，绿色和生态旅游成为旅游复苏期的新时尚，并会持续相当长的时间。二是健身旅游产品将在旅游复苏中扮演重要的角色。负向旅游大事促使人们生活方式改变的同时，也带给人们对健康的重新认知，以强身健体为目的的健身旅游产品也将大量应运而生，为人们的旅游需求增添了不少的惊喜。三是养生养心的旅游产品在大自然的恩赐和传统医养文化的加持下，融合当代人养生养心的理解而创造出时代的新需求。

需求变化促进产品更新规律让人类的旅游生活品质得到新的提升，但也潜藏着旅游产品格局新的不均衡。我们因旅游健康化欣喜的同时，也需要重视以健康为核心吸引力的健康化旅游产品可能出现的阶段性过剩的问题。

二、负向旅游大事之时空效应

（一）影响的时间尺度

负向旅游大事影响旅游的时间尺度主要取决于负向旅游大事的强度和时间尺度。负向旅游大事强度越大，影响旅游形态的时间尺度就越长，反之就越短；负向旅游大事时间尺度越长，影响旅游的时间尺度就越长，反之就越短。前者是事件时间尺度与影响时间尺度的延展期，即事件结束之后，中高度影响依旧存续一段时间；后者是事件时间尺度与影响时间尺度同拍期，即事件的时间尺度与影响的时间尺度同期合拍。同拍期的时间尺度既可能长于延展期，也可能短于延展期，这虽然是一个比较复杂的变量关系，但也可以剔除非主因而定性二者之间的部分关系。按影响长尾效应而析，短而强的负向旅游大事影响旅游的同拍期要短于延展期，长而强的负向旅游大事影响旅游形态的同拍期要长于延展期。

负向旅游大事影响旅游主要体现在旅游形态的变化上，这种负向变化的结果必然导致旅游形态变形。在影响强度相同或相近的情况下，人们可以比较清晰地看到负向旅游大事影响的时间尺度表现在旅游形态变化状况上。旅游形态变形度较高，反映出负向旅游大事影响的时间尺度较长；旅游形态变形度较低，反映出负向旅游大事影响的时间尺度较短。而在影响强度不相同或不相近的情况下，负向旅游大事影响时间尺度与旅游形态变化状况关联性的模糊度增大，影响强度差距越大，模糊度就越大。在此情况下，负向旅游大事影响旅游的时间尺度较短，必然致使旅游形态变化出现多样性、复杂性和差异性。

（二）影响的空间尺度

从负向旅游大事对其发生地与非发生地的旅游影响的角度看，存在着窄空间尺度影响和宽空间尺度影响。窄空间尺度影响是负向旅游大事对发生地旅游形态的影响。负向旅游大事对发生地旅游的影响要比非发生地强烈而显著，发生地空间尺度越大，影响旅游的地域范围也就越大。宽空间尺度影响是负向旅游大事对发生地和非发生地的旅游影响，它包括对发生地的影响，也包括对非发生地有一定影响的区域，它要比其对发生地旅游的影响的空间尺度大。旅游的异地移动基本属性使宽空间尺度影响存在着必然性。但是，从旅游形态视域看，宽空间尺度影响对旅游的影响是弱化的，与窄空间尺度影响不可同日而语。因此，我们在考量负向旅游大事影响旅游的空间尺度时，立足于窄空间尺度的影响更具有现实意义。

在窄空间尺度下的负向旅游大事影响旅游的特征主要有三：第一，影响旅游地域的相同性。这是负向旅游大事的发生地与影响旅游区域重叠,其根本原因是负向旅游大事的发生地与特定的行政管制区域相重叠,二者具有一致性。也就是说,在负向旅游大事中行政管制区域与发生地是相对应的。这就从客观上锚定了负向旅游大事影响旅游的空间尺度,负向旅游大事发生地有多宽,影响旅游的空间尺度就有多大。第二,影响旅游的协同性。虽然负向旅游大事影响旅游呈现出多维度或轻或重或强或弱的状况,但最为突出的却是影响旅游形态之旅游生活、旅游经济、旅游格局等具有天然协同性,这既与负向旅游大事对经济、社会、自然全方位的影响有关,更与其影响经济、社会、自然的穿透性有关。第三,影响旅游的整体性。负向旅游大事影响旅游产业是全面的、整体的,而不是影响部分或个别旅游产业业态,它既影响旅游主体,也影响旅游客体;既影响旅游需求,也影响旅游供给;既影响旅游业态,也影响旅游产品,如此等等。

(三)影响的时空效应

任何负向旅游大事都会在本身和周围空间产生时空效应,而时空效应的强弱大小与其能量和被影响事物之间的距离及事物的特质相关。对旅游而言,负向旅游大事的时空效应主要取决于其能量状况与被影响的发生地和非发生地距离以及旅游形态特性等状况。

负向旅游大事的能量强弱大小主要反映在其破坏强度和破坏速度等核心指标上,它既是被影响区域旅游活动存续与否、旅游企业经营存续与否的关键,也是旅游需求、旅游供给和旅游市场主体变化的关键因素,还是旅游生活、旅游经济、旅游格局等主要旅游形态变化的速度和强度的关键,更是事后旅游活动恢复快慢的重要因素。一般而言,破坏强度越大、破坏速度越快,影响旅游形态的强度就越大,被影响区域的旅游活动和旅游企业经营活动存续的可能性越小；旅游需求、旅游供给、旅游市场主体的变化越大，旅游生活、旅游经济、旅游格局等主要旅游形态变化的速度越快和变化强度越大，事后旅游活动的恢复速度就越慢。

负向旅游大事发生地的窄空间和非发生地的宽空间在其距离变化中表现出时空效应的复杂性。窄空间下的时空效应扭曲旅游形态的特征清晰可见，而宽空间下的时空效应对旅游形态的影响较为明显却充满着变化。总体情况是，按距离物质由近及远能量递减的规律，宽空间范围内的旅游形态因距离负向旅游大事发生地由近及远变化而存在影响程度递减变化的差异。

诸种旅游形态特性的差异影响负向旅游大事能量穿透力触达的差异，反映出空间效应的差别。在主要旅游形态的对比中，旅游生活的及时性、旅游经济的反映性和旅游格局的滞后性，使得负向旅游大事能量的穿透力触达递减，即：旅游生活受其影响直接、及时、快速；旅游经济受其影响表现为旅游生活停顿和旅游经营停滞之后的反映；而旅游格局不仅滞后于旅游生活和旅游经济，而且其相对稳定均势状态的特性使其变化不甚明显，也不易发生质的变化。

负向旅游大事影响旅游的空间效应之结果状态存在着多种不确定性，然而，事后窄空间下的旅游形态和旅游生态形成新状态却是确定的。

三、负向旅游大事后的新形态和新生态

负向旅游大事对相应的旅游区域造成显著破坏之后，一般会出现新的旅游形态和新的旅游生态。重大公共卫生事件之新冠疫情于 2020 年初突如其来并迅速席卷全球，几乎所有的国家无一幸免。受此冲击，旅游形态之变，旅游生态之变，实为必然。

（一）疫情之后的旅游之变

新冠疫情阻断了人员流动，阻隔了旅游者的欲望，世界旅游业被疫情无情地按在地上长时间摩擦，扭曲和变形之巨于中国可见一斑。中国旅游业之变，突出表现在旅游的诉求结构、旅游产品的供给结构、旅游市场的主体结构等方面。

1. 旅游诉求结构之变

新冠疫情导致中国旅游诉求出现三大变化。

第一是安全理念发生前所未有的改变。疫情前旅游者主动购买旅游意外保险的积极性不高，自愿购买其他旅游险种的意愿低下，旅游行程中自我安全保护意识不强，甚至出现"明知山有虎，偏向虎山行"的鲁莽举动。疫情期间，新冠病毒不断变异，疫情形势不断反复，疫情防控隔离等强制措施和疫情传播引起生活不便等鲜活事实，教育和促进了人们对疫情安全重要性的再认识，扩大了对旅游安全认知的范围，从而触类旁通强化了整体旅游安全意识。疫情间歇期，人们不再以旅游吸引物作为选择旅游目的地的唯一标准，而是以安全作为选择旅游目的地的第一要素，主动购买包括疫情险等在内的多种旅游保险。强植于人们脑海的旅游安全意识，将深刻和长远地影响旅游安全需求结构。

第二是旅游方式发生前所未有的改变。疫情前团散旅游比例大致为5%：95%，9人以上成团。疫情间隙期，以参团方式外出旅游的旅游者人数直线下降，团队旅游特别是大团旅游快速式微，团散比例迅速缩小，市场出现"2底8顶"等超小团旅游；家庭游、亲朋游、同学游等结伴旅游成为主要方式；自驾车成为旅游交通的主要方式，而戴口罩旅游堪称旅游的一道别样风景线。旅游方式的改变将会影响疫去春来之后一段时间，甚至极有可能转化为某些新的"基因信息"被一代一代复制传递。

第三是旅游需求结构发生前所未有的改变。人们的旅游消费支出结构、旅游品质需求结构、旅游距离需求结构因疫情而悄然发生变化。

在旅游消费支出结构方面，因疫情持续时间长，经济发展明显放缓，许多市场主体尤其是小微企业经营困难甚至关门停业或倒闭，员工减薪停薪现象不断发生，人均可支配收入增长乏力，原有的储蓄因弥补收入不足也在持续减少，中产阶层总量徘徊不前，中产阶层的中高消费不断减少、低端消费反而逐渐上升，出现旅游消费支出走向低增高减的非良性结构。

在旅游品质需求结构方面，一方面，旅游消费支出减少特别是中高消费支出减少，引致旅游需求端对旅游品质真实需求的期待程度减退，旅游总体品质需求期待稳定上升乏力，下行的压力增大，原有的品质需求结构正向走向停滞不前；另一方面，旅游消费支出结构负向走向导致旅游供给端提升供给品质的支撑力度不足。在旅游供需品质的匹配过程中，原有的旅游品质需求结构将滑向负向结构的方向运动。

在旅游距离需求结构方面，疫情防控措施和人们安全理念的改变，缓解疫中心理压力和人类旅游生活方式的惯性，促进市内休闲需求替代了旅游需求，以离家外出在城市内的休闲、露营、度假等方式替代了异地的旅游生活体验，以期变相地实现业已常态化的旅游生活与日常生活之平衡。疫中兴起且旺盛的所谓"微旅游"、"微度假"以及本市"露营"，只是市内的休闲、度假而已，并非异地意义上的旅游活动。但是，城市休闲度假的新业态如市内"露营"业态和"住酒店"行为的兴起，显露出疫中旅游消费的变化。城市"露营"实际上是人们可支配收入下降而减少疫中的旅游消费费用或在市内住酒店消费费用较高所引致的替代品，以离开住所替代离开城市而产生日常生活空间与旅游生活空间位移功能，从而实现获得新鲜感的愿望满足。"露营"休闲业态将在今后相当长的时间里继续发展和变化，不仅是因为这一休闲业态顺应了疫情常态背景下人们休闲的时代需要，体现出人们可支配收入不足状况下城市休闲产品替代异地旅游产品的时代特征，而且是因为它打开了人类户外生活原始天性的一扇门窗，表现出偶发事件激活原本多为异地小众需求的业态而使之成为在本地与异地共生共存的大众需求业态。这难道是一次美丽的误会吗？时代的力量总是不容我们给出如此肤浅的回答，就像市民乐于住酒店一样，偶然之中必有必然之处。疫情强化了市民住酒店以期在城市之中实现生活空间位移而满足"喜新厌旧"和"常住常兴"的欲望，只不过相比城市露营而言，住居本市酒店获得品质满足感所呈现出的是小众的城市休闲业态，即使政府鼓励性的补贴比例相当高也无法改变这是中产以上阶层行为的本质。

与城市内休闲、度假、露营的距离相比要远的市外近距离旅游即短程旅游，同样受到青睐。这里近距离包括两个层次。第一个层次包括本省近距离也包括省外近距离。旅游者省内省外周边近距离旅游的主因是考量安全和方便并出于对疫情动向的判定。第二个层次仅包括省内近距离。表现为旅游活动在同一个行政区域内到访活动更为频繁。通常在其他条件基本相同的情况下，近距离的省外吸引力一般要大于省内吸引力，但实际情况是旅游者更多的是在省内近距离周边旅游。这是因为疫情防控的具体措施以行政区域为单元，行政区域进出的健康码等以省为单元，旅游者进出省内旅游地方便且安全系数高。因此，旅游距离需求结构较疫情前发生了显著的变化，即国内非一日游的旅游距离需求结构从原来的中远程旅游比例大于近程旅游比例，变为近程旅游比例大于中远程旅游比例。

2. 旅游产品供给结构之变

新冠疫情改变了人们的旅游需求，也必然改变着旅游产品的供给结构。

从空间维度看，在旅游行业疫情防控政策和旅游者安全意识增强的生态环境下，一些室内的旅游产品如旅游展示、旅游表演、旅游演艺等正在不同程度地式微或衰落，而那些室外旅游产品如亲海、亲水、亲自然的则更受欢迎而供给不减；封闭型海洋旅游产品尤其是邮轮旅游几乎全部停业，而敞开型的滨海旅游产品如帆船旅游产品供给依然不减当年；室内休闲空间纠结在不断关停和开放的转换之中，而户外休闲空间则受到热捧。整个室内的产品只有剧本杀和密室逃脱在本地市民的加持下，依然在强劲地"野蛮生长"。

从时间维度看，在疫情期间与疫情间歇期间的旅游产品供给呈现出无与有、少与多的状况。在疫情间歇期间，针对节假日、双休日和暑期供给的旅游产品明显多于平日旅游产品，特别是各级政府各种优惠和补贴措施助推着暑期和节假日的产品供给，平日与假期产品供给的非均衡性进一步扩大；夜间旅游产品供给在疫前潮玩产品的推动下大有逼近白天旅游产品供给的趋势，却被疫情打断而显得停滞不前，白天与夜间旅游产品的供给不平衡局面依然没有改变，改变的是希望改变的昼夜不均衡趋势。

从旅游业态维度看，潮玩体验产品、沉浸体验产品、康养产品、乡村旅游产品、休闲度假产品的供应要么增长要么维持常态；而主题公园产品、观光产品、海洋旅游产品、文化旅游产品、夜间旅游产品等供给要么萎缩要么停顿，体现出疫情影响变化下的此消彼长状态。适应泛Z世代旅游诉求的潮玩体验产品、沉浸体验产品等在疫情期间显得相对坚挺，尽管康养旅游产品开发并不一定有大的增长，但是通过包装整合之后，市场的供应量明显增加;最为抢眼的是露营休闲产品逆势增长,仿佛雨后春笋,遍布大江南北;剧本杀以城市休闲体验产品的形式迅速下沉到二线三线城市甚至四线城市,大有遍地开花之势。剧本杀业态快速下沉的结果必然导致城市休闲特征更为突出,而休闲旅游的特征逐渐式微,甚至最终不再具有旅游属性。

从地域范围维度看,异地的旅游产品供给与本地的休闲产品供给的转换是疫情期间独特的风景。人们旅游需求常态化大势已经无法阻挡,疫情可以暂时阻隔人们到异地旅游的热情,但阻断不了人们的旅游需求,需求转换为本地休闲需求,本地露营休闲业态迅速兴起和剧本杀沉浸体验业态强势崛起就是旅游产品形态转换为城市休闲形态的典型代表。在这个转换过程中,疫情常态化是最为突出的动力。它不仅反映出人们旅游诉求的时代刚性特征,也折射出旅游诉求适应时代环境的特征。

3. 旅游市场主体结构之变

疫情常态化使得部分旅游市场主体处在濒临倒闭的边缘,无论是主动求变改换赛道,还是被动应对挑战坚守阵地,皆表现出极大的无奈和焦虑,其结果必然是"变"而不是"不变",而"变"的结果也就必然引致旅游市场主体结构的变化。从食住行游购娱六要素看,理论上来说,兼具游客与市民二者功能的食、行、购、娱行业的损伤应比突出具有游客功能的住、游行业的损伤要小甚至小得多。但实际情况却是:第一,行业体制分布差别状况改变了理论上的逻辑。一般而言,因融资和项目获取能力等差别,同量级的国有企业抗压能力远超民营企业。在食、行、购、娱行业中,饮食、娱乐行业几乎全部为民营企业;行、购行业中,旅游大交通基本为国有企业,零售商业行业以民营企业为主、国有企业为辅。第二,行业上市民与游客分离分布状况也改变了理论上的逻辑。市民与游客分离行业中的那部分都不兼具游客与市民的功能。不少旅游地的饮食行业中的一部分事实上是专为团队游客开设的餐饮场所；同样，一些旅游地零售商业一部分形成了仅对旅游者开放的经营场所。第三，行业综合实力分布状况也会改变理论上的逻辑。民营的饮食、旅行社、零售和娱乐行业小、弱、散、差，综合实力较差；而国有企业一般综合实力较强。第四，景区行业企业实力分布状况改变了理论上的逻辑。"老祖宗""老天爷"一流的"二老"资源型的景区基本掌握在国有企业手中，其实力远非使用一般性旅游资源的民营企业可比。因此，在如此错综复杂的状况下，从实际情况综合看，"游"的行业中旅行社行业特别是线下旅行社行业损伤为最，其他行业损伤各有不同；旅游市场主体结构正在发生着旅行社行业进一步弱化等改变。

疫情期间旅行社行业关、停、转是普遍现象，大型旅行社集团以减员裁员、减薪降薪、发放城市最低工资标准以及轮换休假、轮换上岗等措施减轻企业压力而苦苦支撑，避免关门倒闭；大部分中型旅行社企业停业、歇业；而小型旅行社企业基本已经转换行业。

（二）疫后新形态之可能

从旅游需求侧和旅游供给侧的视域来看，疫后之旅游生活、旅游复苏、旅游格局将可能呈现出新的形态。

1. 疫后旅游生活呈现时间和方式

何时出游？其实人们面对疫情的长时间尺度和影响强度，早已在疫情此起彼伏的间隙中给出了答案。2020年的"十一"长假，2021年的"五一"小长假，2022年的暑假等疫情间歇时段，人们按捺不住放飞心灵的期待，绘出旅游短暂恢复的曲线，虽然这一曲线上扬的态势一次比一次有所减弱，但这种态势却让我们依然燃烧起疫后旅游复苏的强烈愿望。

何种方式？那种疫情期间业已形成的特有旅游生活方式已显露端倪。一方面，人们根据疫情防控要求和疫情变化的特点，本地游、郊野游、周边游、微休闲、微旅游、微度假、自驾游、自助游、家庭游、亲朋游、小团游，占住了旅游日记的主页。另一方面，康养旅游产品、绿色旅游产品、环保旅游产品、放松放飞旅游产品是大多数旅游者的主菜单。同时，人们在旅游中遵守预约、错峰、限量的规定，少扎堆、勤洗手的习惯和泰然对待旅游中的变故等旅游生活方式将在疫后一段时间被平静地延续。

2. 疫后旅游强劲复苏之可能

疫后旅游恢复特别是强劲复苏与否，需要从经济支撑、旅游环境支撑、旅游欲望支撑和旅游基础支撑等基本条件进行综合分析。

第一，看经济支撑，它是核心性的基本条件。人均可支配收入、中产阶层规模、失业率、物价水平和旅游边际效用人数等五项宏观指标增减状况反映着经济支撑旅游强劲复苏的坚实程度。2020年，我国人均可支配收入为3.22万元，同比名义增长4.9%；2021年人均可支配收入为3.51万元，同比名义增长9%，2022年人均可支配收入为3.69万元，同比名义增长5.0%。可见，我国人均可支配收入增幅不稳并有所放缓，致使国民整体消费水平呈下降之势，支撑旅游消费的基础不够坚实和稳定。而我国主要旅游客源国人均可支配收入基本没有增长，甚至一部分有所下降。据相关机构研判，三年疫情导致我国中产阶层人数总量不升反降，但疫后国内旅游前期强劲复苏的可能性也许不会因此而改变，底层逻辑是我国中产阶层的巨量规模足以遮掩可能存在的小部分中产阶层的没落。但是，疫后中后期强劲复苏的后劲可能受此影响。我国主要客源国和我国港澳台地区中产阶层变化状况也大抵如此，入境旅游强劲复苏可能有待时日。2020年，我国城镇人口失业率为5.2%，2021年为5.1%，2022年上半年为5.7%，2022年4月、5月的失业率高达6.1%；我国主要客源国如美国、日本、韩国的失业率2020年分别为6.7%、2.8%和4%，2021年分别为5.3%，2.8%和3.7%。我国失业率在疫中一直处于较高水平，必将拖累原有全面大众旅游发展的良好局面，并对旅游强劲复苏造成一定的影响；我国主要客源国的失业率有所下降而对入境旅游复苏没有构成明显拖累。我国2020年消费者物价指数比上一年上涨2.5%，2021年比上一年上涨0.9%；2022年同期上涨2.0%，低于预期目标，对旅游消费影响不大。我国主要客源国如美国、日本、韩国等在2021年CPI大幅度上涨，2022年其上涨的势头依然强劲，这对入境旅游的影响突出。相关机构分析表明，我国具有旅游边际效用的中等收入尤其是中下收入阶层在疫中基本不存在增长的条件，疫后旅游边际效用不可能有实质性的递增，这是旅游强劲复苏的又一挑战因素。

第二，看旅游环境支撑，它是决定性的基本条件。旅游环境主要由旅游市场主体恢复和重构、旅游产品适应性调整、旅游鼓励政策强弱、旅游交通恢复速度和程度以及旅游市场开放速度和程度、国家之间外交政策状况、国家旅游签证政策状况等因素组成。从国际情况看，由美国发起的中美贸易摩擦已经演进到多领域深层次，美国企图携西方盟国压制和围堵中国的发展、阻断中华民族伟大复兴进程的趋势越来越明显和清晰；俄乌冲突将进一步拖累世界经济复苏，大国之间的博弈将越来越复杂，国际旅游活动受限因素不断增加；新冠疫情后，国家间旅游开放的迟疑，甚至部分国家对正常旅游设限等，都将对旅游恢复造成负向影响；疫后国家间的旅游交通恢复将是一个渐进过程，完全恢复必然有待时日；疫后相关国家为吸引国际游客到访可能会放宽旅游签证政策。同时，我国与许多国家特别是发展中国家的友好度越来越高。从国内供给侧的状况看，各级政府鼓励创新旅游产品和增加旅游供给、维护旅游市场秩序、保障良好的市场竞争将是必然的选项；疫后旅游市场主体的恢复和重构步伐将在资本逐利的逻辑下不断前行，适应市场需求和市场容量的窗口期将会有所缩短；旅游产品适应性调整将"从轻到重"，整合包装将是疫后初期旅游产品调整的主题，疫后中后期适应市场新需求的产品将大量上市。由此而判，疫后我国国内旅游恢复乃至前期强劲复苏有着良好的旅游环境支撑；但是，国际旅游复苏的市场环境堪忧，前期复苏困难重重，尤其是美欧国家来华旅游恢复不确定因素较多而缺少强劲复苏的基本支撑；我国国民疫后前期的出境旅游目的地将更多倾向于中短距离的亚洲国家。

第三，看旅游欲望支撑，它是关键性的基本条件。从疫中人们抢抓疫情间歇窗口期开展旅游休闲活动就可以强烈感受到国人难以抑制的旅游欲望；中等收入以上国家和地区的人们旅游生活业已形成，旅游生活的欲望很难藏抑。疫后旅游生活最为突出的不安全因素之新冠病毒基本消除，有一定经济支撑的国家的人们为旅游满血而归，不是梦想。而中等收入以下国家和地区之旅游者占我国入境旅游人数比例较小，不构成疫后旅游是否强劲复苏的主要因子。可以预见，"有旅游欲望"的基本条件总体上不影响对疫后旅游是否会强劲复苏的研判。

第四，看旅游基础支撑，它是基础性的基本条件。一方面，相较疫情前，国内旅游大幅度下降，入境和出境旅游几乎没有开展，这是改革开放以来从来没有发生过的。另一方面，疫情期间旅游增长曲线随着疫情趋紧与趋缓波动而行，年度阶段性的升降均在疫情缓紧状态的"掌控"之中，而"掌控"其实就是疫情防控的旅游许可和交通许可政策。与此同时，旅游市场主体数量的增长总体趋缓，部分旅游细分行业下降，旅游城市住宿单位停业、歇业，旅游景区大多大门紧闭、门可罗雀，旅行社企业关、停、转现象遍布全国，从业人员特别是导游人员转行转岗现象比比皆是。疫后旅游恢复面临着接待设施老化、服务单位有效衔接不够、从业人员短缺等诸多挑战，但旅游复苏的市场主体基础、旅游产业基础依然存留。强劲复苏将会对部分旅游城市的旅游承载力和旅游者满意度提出新的甚至是前所未有的巨大挑战。

综上，国内旅游疫后前期强劲复苏的支撑点较为明显，中后期的支撑点不甚明朗；入境旅游疫后前期强劲复苏的支撑比较脆弱，中后期的支撑点有待孕育；出境旅游疫后前期强劲复苏具有一定的基础。因此，国内旅游疫后前期强劲复苏的条件比较充分，是大概率事件，中后期回归平稳发展同样是大概率。疫后入境旅游前期强劲复苏的条件较脆弱，概率较小；疫后中后期复苏的区域分化概率大，西方旅游者入华旅游强劲复苏概率不大，东南亚等区域旅游者入华旅游强劲复苏概率较大。出境旅游疫后前期强劲复苏是大概率事件，出境旅游目的地区域分化同样是大概率，出境旅游目的地以短程的周边国家地域为主；疫后中后期出境旅游中远程旅游将逐步恢复，但强劲反弹概率不大。

3. 疫后旅游格局的变化

从全球视域看，新冠疫情对世界各国影响的长度和强度基本相同。虽然各国采取了不尽相同的疫情应对政策和措施，导致疫情对经济社会影响的广度和深度有一定差异。但是，各国国际旅游活动基本都处于停滞状态，个别国家在疫情尚未结束时打开了国门，但旅游者赴异国旅游的决心不足；而各国的国内旅游活动也多以疫情间隙缓解而间歇放开。因此，疫情对世界各国的影响大致相同或相近，部分差异不足以改变世界旅游格局，整体世界旅游格局没有发生实质性的变化。尽管如此，我们不能无视这些差异，它们对疫后世界旅游格局发生质变产生着深刻影响。

从我国视域看，疫情对各省区市影响的时间尺度基本相当，但散状多点爆发的状况，对旅游影响的强度和频次却不尽相同。然而，旅游基本属性引致旅游开放政策的谨慎以及零星的本地游、周边游等形成的旅游量级和能级变化，只是旅游格局量变的过程，并没有引起省区市之间旅游板块对比力量均势的巨大变化，以致影响强度的差异并没有使全国范围内出现整体旅游格局的质的演变。我们可以对疫后时期做长远展望，展望省区市区域旅游格局将发生的实质性的改变，那时我们可以回首察看今天疫情之力是如何催生区域旅游格局改变的。

从旅游供需格局看，三年的疫情，在抑制人们旅游需求的同时，也抑制了旅游产品的供给；疫情带来了包括旅游者在内的人员流动限制，也带来了旅游接待服务场所的关停，此限彼停，相形而随。在疫情发展过程中，经济因素导致人们旅游需求逐渐走弱的同时，释压因素导致人们的旅游需求逐步变强，两种反向潜在旅游需求致使旅游供给可能存在停顿状态下的停滞。由此看来，旅游需求还在，旅游供给也在，旅游市场格局依旧；只是等待着疫去春来，旅游需求与旅游供给重新无限开启之时，旅游需求的量级正在悄然发生变化。

从旅游需求格局看，一方面，我国人均可支配收入增速减缓，人们消费支出不振，但鉴于民众储蓄习惯和巨量中产阶层等因素的作用，疫后前期旅游需求将会得到应有的释放，而疫后中后期的旅游需求可能普遍减弱。这是全国整体状况，对地域的旅游需求格局不构成质变性演变的因子。另一方面，疫情期间因人们所处行业不同而存在收入变化差异，如旅游行业从业人员收入剧降，而诸如互联网行业的从业人员收入却在上涨，这将显性地体现在旅游需求格局的变化上,对旅游群体需求格局的质变性演变具有较大的推动作用。特别是在疫后前期数年间,在旅游群体需求格局没有明显变化的背景下,这一变化就会显得尤为耀眼。

从旅游供给格局看,疫情期间,旅游供给几乎是整齐划一地在疫情间歇中无声无扩张地发生,地域性的旅游供给格局保持原有的状况。虽然构成旅游产品供给结构的康养旅游产品在疫中不断被包装被强调,它在旅游市场上的声量也增大数倍,但从地域上看,它几乎布满全国所有主要旅游产品供给的版图,没有出现高度集聚于个别或某些区域的现象级,没有形成引起原有旅游供给格局质变性演变的强大推动力量。

(三)疫后旅游新生态的可能

新冠疫情对旅游影响之长远,之宽广,之深刻,之强烈,出乎大多数旅游从业者所料,这似乎与上述分析疫后旅游格局改变的状况不甚匹配。其实,这正是疫情对旅游影响与影响产生重组同构的差异,疫情影响将使旅游形态在演进过程中不断变化和重构,而形成旅游的新生态。

"变化"是疫情影响旅游的必然开端。几乎所有的重大公共卫生事件都会通过影响旅游而促使旅游形态发生变化,尽管促使变化的力量或大或小。重大公共卫生事件影响旅游的力量越大,引起旅游形态变化的力度也就越大。新冠疫情不仅显性改变着人类的旅游形态,而且改变了旅游形态赖以依存的旅游生态环境。旅游形态的变化以渐进式变化为基本特征,虽然疫情的突发影响来势凶猛而导致旅游形态产生部分或局部的质变,但却没有引致总体的质变。然而,旅游生产力与旅游生产关系、旅游经济基础与旅游上层建筑、旅游生产要素与旅游资源因素、旅游需求与旅游供给、旅游产品与旅游消费等关系在疫情影响下，都发生了不同程度的渐进式变化，多种变化聚合而至的力量叠加和传导机制，促使疫后旅游形态必然走上"重构"的质变之路。

"重构"是疫后旅游生态的必然趋势。在疫情影响之下，旅游形态的重构在疫中已经悄然出现，也必然在疫后显性发生。旅游生产关系如何适应旅游生产力的发展，旅游上层建筑如何适应旅游经济基础，旅游生产要素与旅游资源因素如何相适应，旅游需求与旅游供给如何实现基本均衡，旅游产品与旅游消费如何相匹配等，将是疫后政府和业界绕不过去的。在旅游生产力与旅游生产关系上，新冠疫情影响的能级还不构成旅游经济体制本质上的整体重构，但它促进着旅游经济体制诸如旅游供给侧结构性改革和旅游需求侧有效管理等方面的局部重构，而使旅游高质量发展的窗口被加速打开和扩大，实现旅游高质量供需平衡的脉络更加清晰。在旅游经济基础与旅游上层建筑上，以旅游法律法规新定、修订和旅游行政管理体制、制度的调整完善为主要内容的重构，将在疫后尤为突出。在旅游生产要素与旅游资源因素关系上，保护旅游资源的意识增强，以保护资源为前提的旅游开发机制得到强化，旅游资源大开发时代将提前终结，重构着现代化的旅游生产要素和旅游资源的关系。在旅游需求与旅游供给的关系上，健康的旅游生活方式意识更加强烈，健康的旅游生活需求总量上涨，旅游供给将在适应旅游市场需求的变化中，重构着旅游供给体系和供给方式。在旅游产品与旅游消费关系上，旅游消费者对旅游产品功能如健康功能的要求变化传递至旅游产品生产端，将重构着旅游产品功能生产体系和旅游产品供给体系。

"新生态"是疫情影响旅游形态变化而形成的必然结果。旅游生产力与旅游生产关系、旅游需求与旅游供给、旅游产品与旅游消费等关系的"重构"，将以新数字技术为主要依托和手段进行"同构",实现旅游形态重构的智慧化、市场化和有效化。旅游的诸多方面在疫情后重构将不可避免,新数字技术为支撑的"同构"和"重构"将呈现出怎样的旅游新生态呢?总体而言,一是各种旅游形态之间协调性增强。以旅游生活、旅游经济、旅游格局为主要代表的旅游形态之间相互联系的紧密程度得以提升,人们旅游生活诉求的实现得以提速,以旅游生活为依存的旅游经济与旅游格局的共振频率得以提高,旅游形态整体与旅游形态个体从属与被从属的关系清晰度得以提质。二是各种旅游受新数字技术环境影响加深。疫情一度中断了人们的旅游活动,但新数字技术为人们打开了旅游的另一扇窗——"云游"。"云游"在疫中加速,增强了旅游对新数字技术的融通,新数字技术业已有效地嵌入旅游的方方面面,疫后新数字技术一如既往地在旅游行业大显身手已呈现不可逆转之势。三是旅游"新生态"更为生态。在疫情影响旅游变化而引致旅游形态重构的过程中,新数字技术的同构和重构加速旅游新生态形成的同时,增强了旅游新生态系统形成过程中的内部传导性和传导效能,使得旅游新生态提前形成并早日相对稳定;同时,旅游新生态系统与系统外部环境相互联系和相互作用的经纬更为通透明晰,从而增强了旅游新生态的生态性,并为新生态适应更新的生态环境而不断进化提供了支点。

第三节　旅游大事对人类旅游发展轨迹的影响

正向旅游大事之跨越和负向旅游大事之阻断使得原有的旅游形态发生相应变化这一点是确定性的，人们的旅游价值取向因而也会发生确定性的时代演变，影响着人类旅游发展轨迹。

一、旅游大事之人类旅游发展轨迹

人类社会生产力不断向前发展的轨迹从根本上决定着人类旅游发展一直向前发展的轨迹，其间有曲折也有波动，但总体向前发展的方向和向上的趋向不会改变，从而勾画出一幅生动的向上前行的轨迹曲线图。这一轨迹曲线在人类的旅行活动、旅游活动直至旅游生活等旅游发展的全过程中，完美地呈现出人类对美好生活和美好旅游生活坚持不懈的追求，反映出美好旅游在促进人类全面进步和社会生产力不断发展中的作用和意义。

人类旅游发展的轨迹曲线反映着人类旅游自始至今并至终的全时间过程。以旅游 3shi 的时间尺度而言，人类旅游发展轨迹曲线的全时间过程包括几年至近十年的短时段即短时间尺度、十几年至近百年的中时段即中时间尺度以及上百年至数千年的长时段即长时间尺度。在此轨迹曲线中，不同的时间尺度均值所呈现出的轨迹曲线之形态是不同的。

人类旅游发展轨迹曲线在以短时间尺度均值截取的曲线段之形态下，呈现出几乎直线一般的形态，只有用超大"放大镜"才可能察觉其为非直线之形态。主因是相对人类旅游发展轨迹曲线至今的几千年时间而言，短时间尺度均值的截取曲线段只是千分之一左右而已，如此短时间尺度的旅游大事之影响，在人类旅游发展轨迹曲线中的踪迹自然显得浅淡甚至无形无影。

中时间尺度特别是长时间尺度则显然超越短时间尺度之人类旅游发展轨迹曲线的印迹。以中时间尺度均值截取的人类旅游发展轨迹曲线所呈现出的形态总体仍为直线，但它比短时间尺度均值截取曲线段的时长增长十倍左右，其印迹也放大了十倍左右，开始有了在人类旅游发展轨迹曲线上上下波动的某些淡淡的痕迹。以长时间尺度均值截取的曲线段之于人类旅游发展轨迹曲线而言，是再也不能被视而不见的显赫存在了。整体来看，以长时间尺度均值截取的曲线段的数量之于人类旅游发展轨迹曲线而言，至今也只是个位数而已，因为存在着多个长时间尺度均值截取曲线段连接成为人类旅游发展轨迹曲线的可能，轨迹曲线中的曲折波动已明显反映在人类旅游发展轨迹曲线本身上。

总体而言，从旅游 3shi 的角度看，短时间尺度、中时间尺度和长时间尺度逐一递接之旅游大事、旅游大势至旅游大是在人类旅游发展轨迹曲线中的印迹逐步增强，人类旅游发展轨迹的曲线由至今数个乃至未来无数个旅游大是连接组成，从而强化了旅游大是影响人类旅游发展轨迹的作用，却淡化了旅游大事对人类旅游发展轨迹的影响，使其显得那么微弱，这反映出旅游之是、之势、之事在人类旅游发展过程中的不同地位和作用。

二、旅游大事影响人类旅游发展轨迹

旅游大事贯穿于人类旅游发展的全过程。尽管在人类旅行活动时期，人们并非有意识地举办旅游大事或有意识地举办与旅游密切相关的重大事件并期望其对旅行活动产生明显的有益影响，但是，以自然为主体的负向重大事件却在历史长河中不断无情摩擦着人类的旅行活动。近代社会之后，影响人类旅游活动的旅游大事层出不穷，其类型和层级日益丰实而渐成生态，对人类旅游发展影响的能级逐步增强，并随着时代的发展这种影响愈加明显。然而，依循旅游 3shi 时间尺度的逻辑，旅游大是、旅游大势和旅游大事的不同时间尺度均值在人类旅游发展轨迹曲线中的曲线段或线段长度不同，而旅游大事在长、中、短不同时间尺度均值下，所呈现出的影响人类旅游发展轨迹曲线之印迹是否存在和是否鲜明有着显著的差别。

旅游大事在长时间尺度均值曲线段中影响人类旅游发展轨迹曲线表现出如下状况和特征：一是旅游大事的时间尺度均值仅为长时间尺度均值的百分之一左右，因而对人类旅游发展轨迹曲线的长时间尺度均值曲线段的影响就显得微不足道了。这既是相对于人类旅游发展轨迹曲线的长时间尺度均值曲线段而言，旅游大事影响的时间尺度均值曲线段即为"百里有一"的真实写照，也是旅游大事之影响几乎总体走在人类旅游发展轨迹曲线之上的真实反映。二是旅游大事的影响乃是通过促进相应旅游大势之形成进而影响旅游大是的，以至旅游大事被旅游大势所遮蔽，更被旅游大是所掩盖，于此，旅游大事的踪迹就显得不够清晰甚至呈现出模糊的状态。三是旅游大事主要是通过旅游大势存留的间接印迹影响人类旅游发展轨迹曲线长时间尺度均值曲线段，这使得旅游大事既无能量也无表征反映其对人类旅游发展轨迹曲线的作用和影响。

旅游大事在中时间尺度均值曲线段中影响人类旅游发展轨迹曲线有别于长时间尺度均值曲线段。一方面，陆续举办同类型的旅游大事之影响极有可能形成相对应类型的旅游大势或强力影响业已存在的相对应类型之旅游大势，从而表现出旅游大事在此曲线段中的影响力而存留着应有的清晰印迹；另一方面，即便是非连续性单一旅游大事，也会因在相对应的旅游大势中拥有其十分之一左右的显著影响，而使得它在人类旅游发展轨迹曲线的中时间尺度均值曲线段中占有一席之地。由此可见，旅游大事在中时间尺度均值曲线段状态下，其影响力明显高于在长时间尺度状态下的影响力，其影响的印迹存留于中时间尺度均值曲线段中。

旅游大事的时间尺度均值即短时间尺度均值在长时间尺度均值对应的人类旅游发展轨迹曲线的曲线段中显得短而不显。但是，在此短时间尺度均值截取线段中，旅游大事的影响力显得特别突出，它对截取线段的旅游形态的影响作用是全方位、多层次的，留下的印迹也是十分显著的，甚至改变了其举办地或发生地截取线段的旅游发展轨迹，但对于人类社会旅游发展轨迹曲线的中长时间尺度均值曲线而言则是由强至弱的波动式表达。

综上所述，在旅游 3shi 的时间尺度均值曲线段中或线段下，旅游大事对人类旅游发展轨迹曲线的影响力从长时间尺度均值曲线段到短时间尺度均值曲线段呈依次增强之势，其改变相对应的人类旅游发展轨迹曲线时间尺度均值曲线段或线段的可能性也依次增强。

三、旅游大事未能改变人类旅游发展轨迹

将旅游大事分别置于人类旅游发展轨迹曲线和旅游 3shi 时间尺度均值曲线段或线段的两种状态下进行分析，其结果表述如下：

第一，旅游大事改变了短时间尺度均值线段的轨迹。旅游大事对旅游形态之影响集中体现在其时间尺度之内亦即旅游大事时

间尺度均值线段之内，在与之对应的空间尺度下，此时间尺度的人类旅游发展状况因旅游大事的正向影响而加快了发展速度和提升了发展质量，因旅游大事的负向影响而放慢了发展速度和降低了发展质量，从而在其线段上表现出向上跃升或向下滑落的现象，这显然是改变了该时间尺度均值之线段的发展轨迹。无论是北京奥运会还是中国金鸡百花电影节（厦门）之旅游跨越均反映出如此特征，层级越高、能量越大其改变举办地旅游发展的程度就越大；新冠疫情之负向能量强大，在短时段内剧烈扭曲旅游，阻断了世界旅游。

第二，引起旅游大势时间尺度均值曲线段轨迹的波动。时间尺度均值约十倍于旅游大事的旅游大势，在旅游大事的影响下，其时间尺度均值曲线段的轨迹会发生两种变化。其一，旅游大事空间尺度对应于旅游大势空间尺度之曲线段，则旅游大势之曲线段的轨迹将会依旅游大事正向影响或负向影响向上波动或向下波动。北京奥运会之于北京旅游发展大势，中国金鸡百花电影节（厦门）之于厦门影视旅游发展大势，九寨沟地震之于阿坝州旅游发展大势，即是如此上下波动。其二，旅游大事空间尺度不对应旅游大势空间尺度之曲线段，则较少改变或无力改变其曲线段之轨迹。北京奥运会较少改变厦门旅游发展大势，中国金鸡百花电影节（厦门）无法改变北京影视旅游大势。

第三，基本没有改变旅游大是时间尺度均值曲线段的轨迹，更不可能改变人类旅游发展的轨迹。旅游大事对时间尺度均值超过自己约百倍甚至数百倍的旅游大是而言，其影响乃"沧海一粟"，即使空间尺度一一对应，也基本没有对旅游大是曲线段轨迹改变之可能，更遑论空间尺度之差异？就改变人类旅游发展之轨迹而言，旅游大事之力量如同蚍蜉撼大树之力量，谈何容易？即便是新冠疫情之巨大负向影响，对于数千年之久的人类旅游发展轨迹和长时间尺度均值曲线段而言，留下的最多只不过是长时间尺度均值曲线段的波动印迹，却无法改变人类旅游发展轨迹。

总之，在空间尺度不对应的状况下，旅游大事不会改变任何时间尺度的曲线段或线段，更不可能改变人类旅游发展轨迹。在空间尺度对应的状况下，旅游大事没有改变人类旅游发展轨迹是确定性的，基本没有改变旅游大是之人类旅游发展轨迹的长时间尺度均值曲线段也是确定性的；旅游大事导致旅游大势之人类旅游发展轨迹曲线的中时间尺度均值曲线段发生波动是确定性的；旅游大事改变了人类旅游发展轨迹曲线的短时间尺度之线段同样是确定性的。

第四篇

▼

结论与讨论

第六章
旅游 3shi 时空格局及其演变

旅游 3shi 之旅游大是、旅游大势和旅游大事对人类旅游未来影响的时间尺度之差异集中表现为影响旅游形态时空格局的大相径庭。旅游 3shi 的时空格局及其演变立足于其产生、发展、成熟、结束的全生命周期。时间尺度的长短和空间尺度的宽窄之于旅游 3shi 既是一个核心支点，也是一个相对概念。按旅游 3shi 全生命周期所呈现出的时间尺度的差异，将其分为长时段、中时段、短时段，恰与人类社会发展进程之长期未来、中期未来和短期未来相对应；按旅游 3shi 全生命周期涉及的空间尺度，将其分为全空间、宽空间、窄空间。跨越多国空间的为全空间，跨越一国或狭小多国空间的为宽空间，涵盖一域或狭小一国空间的为窄空间。旅游大是、旅游大势与旅游大事处于不同的时间段和空间级并在演变中指向"时代之问"。

第一节　结论：旅游 3shi 的时间尺度

任何事物发生、发展、成熟、结束的物理过程所花时间均是由其本身存在的全过程时间长度所决定的，而事物所花时间的平均度量既与物理过程演变时长相关，又与物理过程涉及的空间范围有关。同时，任何事物皆可在与其参照事物的时长对比测量中，确定其所处时段的位置。在人类旅游发展的全时段里，时间间隔以年为单元，旅游之是与势事即旅游 3shi 发生、发展、成熟和结束全过程的物理过程所花时间的平均度量有的上百年、数千年，有的十几年、近百年，有的几年、近十年，在其对比中，呈现出长时段、中时段、短时段的特征，其时间尺度差别是十分明显的。即使社会生产力巨大发展带动旅游 3shi 所处时间尺度发生较大改变，也只能引动旅游 3shi 时间尺度总体缩短，而不会改变旅游 3shi 对应时段比对之长、中、短的位置及特征。如此，旅游大是、旅游大势和旅游大事之时段方位特征必恒久不变。

一、旅游大是之长时段特征

（一）旅游大是的时间尺度

旅游大是的全生命周期时间度量短则上百年，长则数千年，在旅游 3shi 中，均值数百年，平均时间度量相较最长，明显位于长时段。

首先，旅游大是全生命周期物理过程演变时间久。旅游大是从发生、发展、成熟到结束的四个阶段之物理过程演变从未停歇，也极其漫长。旅游大是是客观存在的物质属性反映在人类思维存在的意识属性上之表达，具有旅游的本质属性和旅游基因属性，这就决定了它的全生命周期是建立在无数个无数次反反复复的旅游实践和旅游实践总结的过程之上，一个与另一个相连的同类型旅游实践之时间间隔以年、数年甚至数十年为周期，而人类对这些旅游实践一代接一代地反复感知、认知和认识的时间间隔也以年、数年乃至数十年为周期，从而拉长了旅游大是的四个阶段演变过程之周期，使得整个旅游大是全生命周期的时间尺度长则数千年、短则上百年。但是，旅游大是的四个阶段的时间长度并非固定和一致的，不同的旅游大是演变过程在不同阶段有不同的时间长度，不同的旅游大是具有不同的演变特点和演变速度，从而使得它们的时间长度存在着差异，以至于不同的旅游大是的四个阶段相加之和即全生命周期之时间尺度存在着百年和千年的差别。

其次，旅游大是全生命周期物理过程涉及空间范围广。一般而言，事物物理过程涉及空间范围越广，其时间尺度也就越长。虽然旅游大是物理过程理论上可能涉及全空间、宽空间和窄空间等多个层级，但实际上旅游大是的特征以及其全生命周期特点决定了其世界性尤其突出，全空间是其绝对的主体，世界旅游大是亦即全空间旅游大是是绝对的大多数，而宽空间的旅游大是则寥若晨星，窄空间的旅游大是更是几无踪迹。因此，旅游大是全生命周期平均度量的时间尺度总体而言就显得相当长了。

最后，旅游大是在旅游3shi中的时间尺度长。在旅游大事、旅游大势和旅游大是中，最短的时间尺度分别为几年、十几年、上百年，即个、十、百；而旅游大事、旅游大势、旅游大是中最长时间尺度分别为近十年、近百年、数千年，即十、百、千。显然，旅游大是在旅游3shi中的时间尺度最长，位于长时段之方位。

（二）旅游大是之时间持续性

旅游大是的长时段特征所表现的时间持续性既体现在具体旅游大是本身，也体现在个体旅游大是之间。旅游大是的长时段特征既体现一个具体的旅游大是从发生、发展、成熟到结束全生命周期时间持续性的相对稳定性，也体现一个具体的旅游大是与另一个具体的旅游大是之间时间持续性的特殊性。

旅游大是时间持续的相对稳定性表现在两个方面：一是在长时间尺度下，旅游大是物质属性的全生命周期之四个阶段相对于短时间尺度的旅游大事和中时间尺度的旅游大势而言，期间偶然的惊涛骇浪表现出的时间裂痕只是瞬间时段而显得微不足道，阶段之间的衔接自然而水到渠成，长期时间持续的相对稳定状态遮掩了短暂的间歇状态。二是旅游大是之意识属性一方面表现为人类在感知、认知和认识一个具体旅游大是时的前赴后继和代代相承，使旅游大是本来的面貌从模糊到清晰、从潜在到显性，时间的持续性让其状况、特征、能级等昭然若揭；另一方面，当人们认识和把握了旅游大是之后，对其遵循的过程在相应的空间尺度下表现出空间上的多维性和时间上的代际性之时间持续性特征，使得旅游大是的意识属性和时间持续性特别突出。旅游大是之四个阶段使人类更好地认识到，旅游大是乃人为所作，不存在其物质属性和意识属性上的时间非持续性，因为具象的旅游实践活动之间和人类个体的旅游思维活动之间可能存在的时间非持续性，总是被抽象的旅游事物和旅游思维表现出的旅游大是的基本属性所抹去。

具体旅游大是之间的时间持续性之特殊性也表现在两个方面：其一，人类旅游历史全时段的同一类型旅游大是与其特定时段旅游大是之间的时间前后衔接构成整体时间的持续性。例如，人类全时段商务旅游大是包含特定时段的古代商务旅行大是、近代商务旅游大是和现代商务旅游大是，呈现整体之时间持续性。其二，一个综合型的旅游大是与其分支旅游大是之间的时间平行同步聚合构成其时间的持续性。如海洋文化旅游大是、邮轮旅游大是、海钓旅游大是等的时间持续构成了海洋旅游大是的时间持续性。

（三）旅游大是时间尺度的演变

事物的运动必然引起事物的变化，事物的变化必然导致事物的演变。旅游大是作为运动着的事物，其长时段的时间尺度在空间尺度变化和社会生产力变化所表现出的产业格局、经济社会和科学技术变化的情景下，必定会发生应有的演变。

旅游大是的空间尺度发生变化，其时间尺度必然随之演变。旅游大是形成的物理过程空间尺度越大，演变的过程越慢，其时间尺度就越长。当可能存在的一域旅游大是演进为一国旅游大是，即由窄空间转化到宽空间时，其演变的过程变慢，时间尺度就会被拉长；当一国旅游大是演进为世界旅游大是，即由宽空间转化为全空间时，时间尺度也会因此变长。全空间和宽空间的旅游大是因覆盖地域范围程度不同而存在着空间尺度的演变，覆盖范围程度越高，空间尺度就越大，时间尺度就越长。

人类社会三次产业的形成和旅游产业在产业经济中所占比重的变化，其实就是社会生产力发展水平的表现形式。生产力发展水平越高，作为服务业的旅游业之旅游大是的演变速度就越快，反之就越慢。在空间尺度一定的情况下，旅游大是在人类社会三次产业形成的过程和旅游产业经济所占总体经济比重逐步加大的过程中，时间尺度逐渐缩短。换言之，旅游大是的时间尺度随着生产力水平的逐步提高而逐步缩短。人类经济社会发达程度的高低同样是生产力发展水平的表现形式，经济社会发达程度越高，旅游大是的形成过程及其全生命周期越短，旅游大是的时间尺度也越短。科学技术作为第一生产力，其发展水平直接反映在旅游形态的状态上，科技越发达，生产力水平越高，旅游大是全生命周期就越短。由此可见，旅游大是随着人类社会的进步，时间尺度越来越短，这一演变过程，让人类的旅游生活越来越丰富多彩。

二、旅游大势之中时段特征

（一）旅游大势的时间尺度

旅游大势的时间尺度短则十几年、长则近百年，相对旅游大是和旅游大事而言为中时段。

第一，时间尺度长短决定于形成旅游大势的主要因素之周期时长。人类社会生产力发展水平和经济发展水平及其变化等聚合为旅游大势的发生、发展、成熟、结束之根本动力。人类社会生产力的发展和变化牵动人类旅游形态的发展和变化，而在人类旅游形态的发展变化过程中孕育着旅游大势的发生、发展、成熟和消亡；人类社会经济周期对所有经济活动包括旅游经济活动产生着直接的影响，蕴含着旅游大势的周期；一个旅游大势的时段时长，与涵养该旅游大势时段的社会生产力发展水平及其变化周期的时长，以及该时段经济发展水平及其变化周期的时长基本吻合。世界、一国、一域的社会生产力发展水平变化周期时长和经济发展水平变化周期时长不仅不一定相同，而且随着区域范围大小变化其周期的时长也随之变化，有时长达近百年、有时短则十几年，这就决定了旅游大势的时长长则近百年、短则十几年，非整齐划一而不时有差别。

第二，旅游大势及其旅游市场格局之周期时长基本相同。社会生产力发展水平状况和经济周期状况直接影响乃至决定旅游大势的时长，而作为旅游大势主要表现形式的市场格局发展过程被其强力影响的突出特点是全周期和反作用影响。直接形成旅游大势的主要要素即旅游供给和旅游需求不仅在旅游大势中位置突出，而且也在旅游市场格局演化中居于核心地位，它们在成就旅游大势的同时也以自己的方式特别是通过旅游大势深刻影响着旅游市场格局及其演化；一个旅游大势发生、发展、成熟和结束的全过程既影响着市场格局及其演化，也反过来被市场格局及其演化所影响，其影响与被影响基本为同一过程、周期和时长。旅游市场格局及其演化过程的时长随着空间尺度的变化而变化，其空间尺度越大即覆盖地域越广，其时长就越长。一个世界旅游市场格局演化到另一个世界旅游市场格局一般都需要近百年，而一国一域的旅游市场格局演化到另一个旅游市场格局少则十几年；一个旅游大势对一个市场格局及其演化的作用与反作用在一个周期基本相同的时长中完成。

第三，旅游大势相较旅游大是和旅游大事而言其周期时长处于中时段。旅游大是特别是世界旅游大是，是人类长期旅游实践形成具有旅游基因属性和旅游本质属性的规律性的东西，它的形成周期时长明显超过旅游大势；而旅游大事是对人类社会旅游形态和旅游发展有重大影响的事件，事件的时间属性使其影响周期仅有几年或近十年，明显短于旅游大势影响周期的时长。因此，旅游大势相比旅游大是其周期时长要短，相比旅游大事其周期时长要长，位于旅游 3shi 之间的中时段。

（二）旅游大势时间持续性的特征

旅游大势之旅游格局大势、旅游市场格局大势、旅游发展大势等具有人类旅游发展过程中全时段的连贯性，而融合发展大势、+旅游大势、互联网下的旅游大势等具有人类旅游发展过程中特定时段的连贯性，它们反映着旅游大势时间持续性的特征。

人类旅游发展过程中的全时段旅游大势和特定时段旅游大势反映在一个具体旅游大势的产生、发展、成熟和结束全过程中的时间不间断本身就是其应有之义，它反映具体旅游大势本身的时间持续性特征。问题的关键是一个具体旅游大势与另一个具体旅游大势及其后续的具体旅游大势之间是否也存在着非同一时间尺度下的时间持续性特征。

在人类旅游发展的全时段中，从一个旅游大势发生直到结束的全过程，再到一个新旅游大势在此基础上产生、发展、成熟、结束，再到另一个更新的旅游大势发生发展结束的全过程，循环往复，不曾中断；一个新旅游大势建立在前一个旧旅游大势的基础之上，其核心要素以及非核心要素可能发生了很大程度的进化甚至可能局部突变，新旧旅游大势转换过程虽因影响的沉默和寂静而表现出某些时间间隔，但其要素基因等内在联系的存续使其相关时间依然延续，仍然保持相关时间的持续性。因此，旅游大势时间持续性既表现为一系列旅游大势全过程的连贯性，也表现为一个新旅游大势的传承性，即旅游大势与旅游大势之间连续过程的时间持续性。

人类旅游发展过程特定时段的旅游大势因其非自始至终相随于人类旅游发展而导致时间持续性的问题相对比较复杂。大致有三种情形：第一种是特定时间段的旅游大势在特定时间段完成旅游大势的全过程之后因产生该旅游大势的背景已大为弱化或出现蜕变，该旅游大势以隐性的方式潜存于其他新旅游大势之中，而表现出单个旅游大势全过程时间持续性的显性特征和新旧旅游势之间时间持续性的隐性特征；第二种是特定时间段的旅游大势在经过两个和两个以上的旅游大势显性传承之后，其核心要素显著弱化而以隐性的方式存在于后续其他类型的旅游大势之中，而表现出单个或两个及两个以上旅游大势之间全过程时间持续性的显性特征，两个或两个以上旅游大势与其后续旅游大势之间时间持续性的隐性特征；第三种是特定时间段的旅游大势的核心要素一直显性传承不曾中断，新旧旅游大势不断持续而行，表现为在人类社会生产力和经济周期变化过程中产生新旅游大势的显性时间持续性的特征。

旅游大势时间持续性的特征既反映旅游大势尤其是旅游发展过程中全时段的旅游大势与旅游大是之关联，更反映旅游大是的旅游基因属性和旅游本质属性投射的时代性。

（三）空间尺度下的旅游大势时间尺度之演变

在旅游大势空间尺度之世界、一国、一域三个层级中，世界旅游大势的空间尺度相对稳定，而一国一域旅游大势的空间尺度差别较大，且一国一域与相邻一国一域之间因地域、经济、人文等关联度存在差别，其旅游大势的空间尺度也会因此有所不同，从而导致旅游大势时间尺度的多样复杂变化。

世界、一国、一域三级空间尺度下旅游大势时间尺度之演变，随着空间尺度层级递减，其演变的可能性加大、演化频率加快。全空间尺度下的旅游大势在旅游形态总体背景基本不变的情况下，旅游大势时间尺度也就基本不会产生演变。也就是说，世界旅游大势中时段长则近百年、短则十几年的尺度基本不会改变，同一类型的前一个旅游大势与后一个与之关联的旅游大势的时间尺度基本不会改变。如世界旅游供给大势，在近代旅游兴起之后，西欧旅游供给在世界旅游供给格局中占主导地位的时间尺度与第一次世界大战前后北美旅游供给在世界旅游供给格局中崛起的时间尺度大致相当。一国空间尺度下旅游大势时间尺度演变的可能性和不确定性远超全空间尺度下的世界旅游大势的演变。这不仅是因为世界范围内的旅游大势全生命周期通常建立在多个国家旅游大势叠加的基础上，而且是因为一国旅游大势的形成不仅有本国多个要素影响而且有其他国家多个要素的影响而使其变化频繁、快速，从而导致旅游大势时间尺度的变化。一般情况是，一国空间尺度越大，该国的旅游大势时间尺度演变的区间越小。像中国这样的超宽空间尺度下的旅游大势的时间尺度变化明显小于法国这样中等宽空间尺度下同类型旅游大势的时间尺度变化。在一国宽空间范围内的一域窄空间尺度下旅游大势时间尺度变化之影响要素多于一国旅游大势时间尺度变化之影响要素，而且随着空间尺度变小其旅游大势的体量规模也相应变小，导致旅游大势全生命周期更短、周期更短而时间尺度更小。

一国和一域二级空间尺度下旅游大势时间尺度之演变和一域一级空间尺度下旅游大势时间尺度之演变如同上述，主要是基于空间尺度的大小和影响要素的多寡。一般情况是，一国一域的空间尺度越大、影响要素越少，其旅游大势的时间尺度就越长、演变越不频繁，反之亦然。

（四）产业格局变化导致旅游大势时间尺度的演变

世界、一国、一域产业格局状态变化对旅游产业及旅游大势状态的变化产生着深远的影响。目前，世界常用的产业结构第一级分类为第一产业即农业、第二产业即工业、第三产业即服务业；第二级分类为第一、第二、第三产业内的细分，旅游产业作为第三产业即服务业的一个部分；每一类产业结构也可以再进一步细分，旅游产业可以细分为旅游住宿业、旅游中介服务业、旅游交通业、旅游餐饮业等，这是第三级分类。在第一级、第二级、第三级产业格局状态变化下，旅游产业以及旅游大势的时间尺度都将会发生变化。

第一级产业格局变化表现为三大产业在总体产业格局中所占比重的变化。我们从人类社会三大产业格局变化发展的基本顺序可以看出旅游大势时间尺度的变化轨迹。从第一产业在三大产业格局中占比看：当第一产业大于第二产业和第三产业时，人类旅行活动大势的时间尺度必然最长；当第一产业小于第二产业而大于第三产业时，旅游大势的时间尺度次之；当第一产业既小于第二产业也小于第三产业时，旅游大势的时间尺度再次之。从第二产业在三大产业格局中的占比看：当第二产业大于第一产业、小于第三产业时，旅游大势的时间尺度较短；当第二产业大于第一产业和第三产业时，旅游大势的时间尺度会长于前一种状态；如果存在第二产业小于第一产业而大于第三产业的状态，则旅游大势的时间尺度与前一种状态相近。从第三产业在三大产业格局中的占比看：当第三产业小于第二产业和第一产业时，旅游大势的时间尺度必然最长；当第三产业小于第二产业而大于第一产业时，旅游大势的时间尺度较前一种状态要短；当第三产业大于第二产业和第三产业时，旅游大势的时间尺度最短。由此看来，在产业格局变化下的旅游大势的时间尺度也将随之变化，随着第三产业在三大产业格局中所占比重的上升，旅游大势的时间尺度将朝着缩短的方向演变。

第二级产业格局即旅游产业所处的服务产业格局，因其变化而带动旅游大势时间尺度演变的情况非常复杂。我们可以把服务产业分为旅游产业和旅游产业之外的其他服务产业，以此简要分析旅游产业与其他服务产业之间的变化对旅游大势时间尺度演变的影响。旅游大势时间尺度随着旅游产业在服务产业中所占比重的变化而演变，旅游产业在服务产业所占比重越大，旅游大势时间尺度就越短；旅游产业在服务产业中所占比重越小，旅游大势时间尺度就越长。

第三级产业格局之旅游产业格局的变化也会一定程度上引起旅游大势时间尺度的演变。全球旅游产业格局的变化是世界范围内的变化，对世界旅游大势发生发展起着关键性的作用；一国或一域旅游产业格局的变化既对世界旅游格局产生影响，同时也对一国一域的旅游大势形成发展产生影响。这三个层级的旅游格局本身就与旅游大势难舍难分，因而其本身就是旅游大势时间尺度变化的题中应有之义，也就是说，旅游大势时间尺度在旅游大势定义下的演变显得微乎其微。

综上，产业格局对旅游大势时间尺度演变影响力的大小，在第一级、第二级、第三级产业格局下依次从大到小。

（五）经济社会变化引致旅游大势时间尺度的演变

旅游大势作为人类经济社会发展过程中的一种旅游现象，人类社会经济社会发展对其影响必然是全方面深层次的，对其时间尺度之演变影响尤为突出。世界、一国和一域经济社会发展阶段不同其旅游大势的时间尺度也就不同，经济社会发展变化，旅游大势时间尺度也将随之变化，经济社会不停歇向前发展，旅游大势演变的脚步也将不会停止。

当经济社会相对落后，人们的旅游需求不足，旅游活动稀少，旅游经济弱小，旅游大势的全过程相对漫长，旅游大势时间尺度较长。当经济社会比较发达，人们的旅游需求增强，旅游活动增加，旅游经济发展较快，旅游大势的全过程变短，旅游大势时间尺度相对缩短。工业革命之后，经济社会逐步发展，近代旅游兴起，特别是西欧旅游需求旺盛，旅游经济发展快速，旅游大势全过程时间尺度明显短于过去人类经济社会发展其他阶段。当经济社会高度发达，人类的旅游需求旺盛，旅游活动频繁，旅游经济发达，旅游大势的全过程更短，旅游大势时间尺度进一步缩短。当今互联网背景下经济全球化推动着人类经济社会大发展，旅游已经成为诸多国家人们的一种生活形态，旅游业态不断创新，旅游供给丰裕充足，旅游大势时间尺度呈现出不断变短的趋势，有些类型的旅游大势如旅游方式大势全生命周期从工业革命前的上百年甚至数百年演变到当下的十几年。

总之，虽然相较旅游大是和旅游大事，旅游大势的中时段特征不会改变，但旅游大势时间尺度将随着人类经济社会发展发达程度提高而呈现出越来越短的趋势。

三、旅游大事之短时段特征

（一）旅游大事的时间尺度

旅游大事的发生、发展、成熟和结束的物理过程所花时间的平均度量即旅游大事的时间尺度，而衡量旅游大事的时段长短是相较旅游大势和旅游大是而言的。因此，旅游大事的时间尺度既与旅游大事全生命周期物理过程演变相关联，也与旅游大事物理过程涉及的空间范围相关联，而其时间段的长短，则是与旅游大势和旅游大是全生命周期所花时间的平均度量比较的结果。

首先看旅游大事全生命周期物理过程演变所花时间。旅游大事物理过程演变所花时间存在两种情况：一种是旅游大事本身周期演变过程所花时间；另一种是旅游大事本身周期及其前后影响周期即全生命周期过程所花时间，它包括旅游大事本身周期所花时间和旅游大事发生之前之后的中强度影响周期所花时间。旅游大事在对旅游形态影响过程中存在强中弱程度的差别，越靠近旅游大事本身周期，其影响程度越强；反之越弱。影响的强中弱程度从旅游大事本身周期向前向后递减，中强程度影响之于旅游形态变化是明显的，而弱程度影响的变化则是不明显的。因此，我们从旅游大事定义出发，把影响旅游形态并致其有明显变化的中强度影响周期视为旅游大事的影响周期，而无明显变化的弱影响则不计入其影响周期。至此，问题的关键是旅游大事全生命周期物理过程演变所花时间到底有多长。正向旅游大事和负向旅游大事的相关演变过程表明，像新冠疫情这样长达三年之久的大事少之又少。即便我们以个别长时间的旅游大事所花时间作为平均度量，旅游大事本身周期所花时间也不过三年左右而已；事实上，绝大多数旅游大事本身周期所花时间在数月之内。一般来说，旅游大事之前后影响周期所花时间长于旅游大事本身周期所花时间，且情况相对比较复杂。这是因为正向旅游大事与负向旅游大事影响周期的节点有差异。正向旅游大事一般同时具有旅游大事本身周期及之前之后的影响周期，而负向旅游大事一般只有旅游大事本身周期和之后的影响周期。故此，正向旅游大事中强度影响周期往往长于负向旅游大事中强度影响周期。旅游大事本身周期之前的中强度影响周期所花时间一般在两年之内，高度量不超过三年，平均度量在两年左右；而旅游大事本身周期之后的中强度影响周期所花时间也基本如此。由此而计，旅游大事本身周期所花时间高度量为三年左右，平均度量为数月，不超过一年；旅游大事本身周期之前和之后影响周期所花时间都不超过三年，共计不超过六年；旅游大事全生命周期演变过程平均度量为五年左右，高度量为九年左右，因此一般都在十年以内。

其次看旅游大事全生命周期物理过程涉及的空间范围。之所以要分析旅游大事全生命周期物理过程涉及的空间尺度，是因为其空间尺度与其时间尺度存在着高关联度。一般而言，正向旅游大事全生命周期物理过程涉及的空间尺度越大，其时间尺度就越长。正向旅游大事全生命周期物理过程涉及的空间尺度有两种，一种是其本身周期物理过程涉及的空间尺度，一般为窄空间和宽空间，其时间尺度也就相对比较短暂。如奥运会举办地往往为一城或多城，奥运会从开幕到闭幕只有16天；另一种是其本身周期之前和之后的中强度影响周期的空间尺度一般会大幅度超过举办城市的空间尺度，而影响时间尺度被放大数倍、数十倍，短则一两年、长则可达三年。负向旅游大事全生命周期物理过程涉及的空间尺度也有两种情况：一是其本身周期物理过程涉及的空间尺度，涵盖全空间、宽空间和窄空间三级，其时间尺度也就相对有长有短，如新冠疫情物理过程演变为三年，九寨沟地震物理过程演变则以天为单位,时长在一月以内;二是其本身周期物理过程之后的中强度影响周期涉及的空间尺度超过负向旅游大事本身周期涉及的空间尺度。如九寨沟地震后中强度影响周期涉及的空间范围远超地震发生地,不仅对阿坝州影响甚大,对四川省影响也不小,其时间尺度为一年左右。负向旅游大事往往是突如其来,因而本身周期之前一般不存在影响。由此可见,从旅游大事全生命周期物理过程涉及的空间尺度关联与时间尺度的长短来看,皆为数年,仍在十年以内。

最后看旅游大事在旅游 3shi 时间尺度对比中所处的方位。旅游大势时间尺度一般在十年以上,长则近百年,短则十几年;旅游大是时间尺度一般在百年以上,长则数千年,短则上百年;旅游大事时间尺度一般在十年以内,长则近十年,短则一两年。显然,旅游大事时间尺度相对最短,时间尺度长度处于末位,为短时段。因此,旅游大事时间尺度为短时段特征。

(二)旅游大事的时间持续性和非持续性

具体旅游大事之间既存在着时间的持续性,也存在时间的非持续性。正向旅游大事之间,以时间的持续性为主,也存在着少数时间非持续性的情况;负向旅游大事之间,以时间的非持续性为主,同时也存在持续性的情况。

奥运会、世博会、世界杯等世界级的重大赛事一届接着一届举办,在表现出时间持续性的同时,其影响也呈现出持续性的特征。旅游大事之间的时间持续性存在之基础是旅游大事的连续举办,离开了连续举办,其时间持续性也就不复存在了。因此,但凡单一的旅游大事,如一国或一域举办的一次性旅游大事,就基本不具备时间上的持续性。而非连续举办的旅游大事其影响力通常不如连续举办的旅游大事,没有品牌效应是主因之一。事实上，非连续举办的旅游大事数量极少，不具备决定正向旅游大事是否具有持续性特征的能量。

负向旅游大事之间是否具有时间持续性有两种情况。第一种以自然为主体的负向旅游大事之间缺乏内在联系而在时间上表现出非持续性的特征。不同类型的以自然为主体的负向旅游大事之间不存在内在的必然联系。如地震与台风之间缺少必然关联，即使是地震引起山洪暴发也只是偶然，二者之间并非有惯常联动的必然性。相同类型的以自然为主体的负向旅游大事之间同样不存在内在的必然联系。第二种，以人为主体的负向旅游大事之间有的表现出非持续性的特征，有的表现出持续性的特征。相同的政治团体如恐怖组织策划组织的前后连续多起重大恐怖袭击事件，具有时间持续性的特征；而其他非连续的以人为主体的负向旅游大事则不具有时间持续性的特征。总体来看，非持续性的负向旅游大事数量远多于持续性的负向旅游大事，亦即非持续性负向旅游大事主导着负向旅游大事是否具有时间持续性的特征。

（三）旅游大事时间尺度之演变

影响旅游大事时间尺度演变的主要有空间尺度、旅游产业和经济社会状态等因素。

不同空间尺度下的旅游大事全生命周期物理过程的时间尺度差异明显。一般而言，旅游大事物理过程涉及的空间尺度越大，其时间尺度也就越长；反之就越短。与此同时，随着旅游大事空间尺度的变化，其时间尺度也将发生变化。九寨沟地震影响从九寨沟景区到阿坝州再到四川省，延伸的空间尺度逐步加大，其时间尺度也随之延长。

旅游产业状态影响旅游大事时间尺度演变主要集中在旅游大事之前之后的影响周期时长的变化上。一般情况下，旅游产业越发达,旅游要素接受旅游大事影响的敏感度越高,旅游大事影响旅游形态的穿透性越强,接受影响的速度越快,旅游大事中强度影响旅游形态的周期就越短,引致旅游大事时间尺度越短;反之旅游大事时间尺度就越长。从相关资料看,西班牙巴塞罗那奥运会对西班牙旅游形态的影响周期要比北京奥运会对中国旅游形态影响周期短得多,一个主因就是当时的西班牙旅游业发达程度远超中国旅游业的发达程度。因此,同样的旅游大事因发生地不同,其全生命周期的时间尺度也是有差别的。

经济社会发展状态也影响着旅游大事时间尺度的演变。经济社会发展程度之影响,主要集中体现在旅游大事影响周期时间长度的变化上。经济社会发展程度越高,旅游人事影响旅游形态的传导性能越强,影响速度也就越快,影响周期就越短。同样的重大体育事件、重大文化事件、重大经济事件等在引导社会资本资源等旅游生产要素投入旅游领域方面时,举办地的经济社会发展程度越高,旅游领域资本资源要素集聚所需的时间就越短,从而缩短了旅游大事的影响周期及其时间尺度;反之亦是如此。

第二节 讨论:旅游 3shi 的空间尺度

缤纷多彩的人类旅游,把浪漫的故事用现实的笔法书写在人类文明的每一片土地上。空间的差异和空间的转换,成就着如今人类旅游形态的美好;旅游 3shi 在空间范围舒展中丈量出属于自己应有的尺度,让旅游 3shi 的空间尺度如此自然;旅游 3shi 在全空间、宽空间、窄空间中存在着、运动着和演化着,描摹出自己笃定的明亮轨迹。

一、旅游大是的空间尺度特征

(一)以全空间为主体的空间尺度

源于自然、文化、经济、社会、思维的旅游大是,其产生、发展、成熟过程,对世界旅游形态的影响具有普遍性和普适性,旅游大是之人类旅游基因属性和旅游本质属性决定着其空间尺度以全空间为主体的特征。因此,尽管存在着世界、一国、一域之旅游大是的空间尺度对应着全空间、宽空间、窄空间的现象,即那些少量的具有唯一性的、特色性的旅游形态等所形成的一国或一域之旅游大是的宽空间或窄空间的空间尺度在配角和次配角的位子上可能依然存在着,但是,以具有人类旅游基因属性和旅游本质属性的世界旅游大是为主体的旅游大是,其空间尺度必以全空间为主体,并呈现出从全空间到宽空间再到窄空间的旅游大是之数量依次大量减少、能量依次大为弱化的现象。事实上,一国之旅游大是已是零星难寻,而一域之旅游大是则更难觅其迹,特别是所谓的一域旅游大是更多只是理论上存在的意义。

(二)旅游大是的空间效应

在缤纷多彩的旅游大是时空中,呈现着同一时间段多个旅游大是分别影响作用于和同时影响作用于世界、一国和一域的旅游形态之景象。由此,旅游大是空间效应表现出相关性、差异性和非均衡性的特征。

旅游大是空间效应的相关性特征表现为一个旅游大是的空间

效应与另一个旅游大是的空间效应相互关联的关系。当一个旅游大是与另一个旅游大是属性趋同，它们于相同空间单元集聚时，表现出空间效应同点叠合的特点，从而对旅游形态之影响陡增；当它们属性趋异，于相同空间单元集聚时，表现出空间效应异点分项各自发挥对旅游形态的影响之特点；当它们属性趋同或趋异，于不同空间单元存在时，则表现出空间效应基本不相关的特点。旅游大是空间效应相关性为旅游形态的叠加效应提供了参考依据，也为旅游形态的影响效应倍增计划之实施打开了想象空间，更为旅游实践科学遵循旅游大是放大了遵循的必要条件。

旅游大是空间效应的差异性特征主要是因为旅游大是形成的地域性差异和属性差异特点所致。就地域性而言，形成旅游大是的核心区域对其影响的敏感度高于非核心区域而表现出差异性的特征。世界旅游大是的形成往往以几十个或几个或一个国家为核心区域，并逐渐演进为普适性的全空间效应，但一般对其形成的核心区域的影响高于非核心区域。同时，在一定的条件下，空间效应的差异影响区域可能会出现转化和演变。就属性差异而言，除综合属性的旅游大是之外，不同属性的旅游大是空间效应影响的旅游形态区域和类别是不同的，对应性影响强，非对应性影响弱。旅游大是空间效应差异性在其他条件相当的情况下为其形成的核心区域奠定了先发优势，也为对应性空间效应影响增强提出了逻辑梳理的要求。

旅游大是空间效应的非均衡性特征反映其影响于空间范围和旅游形态程度和结构的差别，它在某种程度上是旅游大是空间效应差异性的表现形态。旅游大是影响作用于对应层级空间尺度中的旅游事物时，并不是均衡地影响空间尺度内所有地域范围，也不是均衡地影响空间尺度内所有的旅游形态，而是非均衡地影响着对应的地域范围和旅游形态，而这恰恰表现为空间效应程度和结构的非均衡性，即空间尺度内的地域范围和旅游形态之空间效应或强或弱、或有或无。旅游大是空间效应非均衡性既是一个具体旅游大是空间效应的特征，也是多个旅游大是叠加影响的空间效应特征，它为人类探索旅游大是效用最大化提供了有效途径。

（三）旅游大是空间尺度演变的可能

旅游大是的三层级空间尺度为其空间尺度的演变提供了可能，但旅游大是三级空间尺度的演变却非同寻常。下一层级空间尺度向上一层级空间尺度顺向演进，即一域旅游大是窄空间演进为一国旅游大是宽空间、一国旅游大是宽空间演进为世界旅游大是全空间，至少需要两个前提条件：一是旅游大是空间效应的空间单元与上一级空间单元的某些旅游事物属性趋同。旅游大是空间效应发挥影响时，上下两级空间单元中某些旅游事物有同质属性或趋同属性时，旅游大事能量增加，能级提升，导致空间扩张，最终引致空间尺度跃升而形成空间尺度质变，演进为上一层级旅游大是之空间尺度。二是旅游大是空间效应的空间差异性减弱和均衡性增强。旅游大是空间效应差异性减弱并形成空间效应均衡性增强的过程，也就是旅游大事充实内涵增添能量和扩大地域范围普适性的过程，日积月累形成空间尺度质变，升级为上一级旅游大是之空间尺度。空间尺度顺向演进其实就是旅游大是层级演进的表现形式。

旅游大是的空间尺度由上一级向下一级逆向演变有两种原因：一是旅游大是阶段性的变化所致。旅游大是处在结束阶段时，其影响的空间效应处于收缩过程导致空间尺度收窄，从全空间到宽空间，从宽空间到窄空间；二是旅游大是之间相互作用的结果。两个或多个旅游大是在临近空间单元的属性趋异且集聚时，可能导致一个旅游大是空间尺度收缩而降维为下一层级的空间尺度。

二、旅游大势的空间尺度特征

（一）旅游大势的空间尺度

世界旅游大势可能发生于一国，但发展、成熟和结束过程却往往遍及世界多国或绝大多数国家。强势能的世界旅游大势几乎覆盖全球所有国家并对旅游产生不同程度的影响，影响发生国的程度高于非发生国，影响旅游经济发达国家的程度高于非发达国家。在世界旅游大势各阶段中，成熟阶段的空间尺度最为饱满，发展阶段的空间尺度次之。

一国旅游大势的全过程基本在相应的该国空间尺度即宽空间进行。一国空间尺度中存在着国家空间范围大小的空间尺度差别，其旅游大势的影响空间尺度也存在一定的差异。大国和较大国的旅游大势在发展及成熟阶段其影响可能蔓延至与之联系紧密的少数国家，但如果影响程度不大且没有根本改变他国旅游形态，特别是影响国家没有达到相应数量，也就不具有世界性，而空间尺度仍为宽空间。如果大国或较大国的旅游大势在发展和成熟阶段对其他相当数量国家的影响程度较大且改变着他国的旅游形态，就具有世界意义了，空间尺度也就发生了变化，即从宽空间转变为全空间。

一域或空间狭小国家的窄空间旅游大势对所在区域旅游的影响作用不亚于世界和大国旅游大势的影响作用，只是因其影响作用空间尺度相对狭小，其感知的群体范围无法与全空间和宽空间的情况相提并论，从而容易被非所在区域的人们所忽视，更不可能引起世界旅游研究者的关注，因而常被世界旅游历史所遗漏。不过，它与宽空间旅游大势影响的外延效应一样，也存在着空间尺度转换的可能性，以至于可能改变自己被世人视而不见的命运。

（二）旅游大势的空间效应

按旅游大势发生、发展、成熟、结束的地域范围确定它的空间尺度，不仅是出于对旅游大势空间尺度界定科学性的考量，更是着眼于旅游大势之影响的空间效应。

世界旅游大势全空间的空间效应之强弱状况，表现为以其发生国为核心区域向外延展，距离核心区域越近其空间效应越强，反之越弱。同时，世界旅游大势对世界旅游影响的强弱，取决于世界旅游大势势能的强弱。势能越强大影响的空间尺度就越大，影响的程度就越深刻；反之影响的空间尺度就小、程度就肤浅。

一国旅游大势对本国旅游产生着全方位的影响并对一域旅游形态产生强烈影响，同时对相关联的他国旅游也会产生影响，甚至对世界旅游市场也可能产生一定的影响，特别是那些强势能的旅游大势。因此，旅游大势宽空间效应向上一层级递减，向下一层级增强。

一域的旅游大势影响表现为对本区域影响强，对上一层级区域影响减弱，对世界影响较小，即旅游大势窄空间效应向上层级递减。

总之，空间效应之强弱与旅游大势之势能强弱直接相关，世界旅游大势全空间效应显现于全球，旅游大势宽空间效应强在本国、弱在他国，旅游大势窄空间效应强在本域、弱在他域。

（三）时间尺度下的旅游大势空间效应之演变

旅游大势空间效应之演变不仅在自身变化动因的驱动下发生，而且在与之关联要素变化下发生。时间尺度下的旅游大势空间效应之演变主要表现为空间效应的范围、大小和长短。

在旅游大势势能同等空间传递速度下，旅游大势发生发展成熟结束全生命周期的时间尺度越长，旅游大势的空间效应范围就越宽广；旅游大势全过程时间尺度越短，旅游大势的空间效应范围就越小。世界、一国及一域旅游大势时间尺度依次递减，其空间效应范围必然依次递减。由此，时间尺度的变化必将引起旅游大势空间效应的演变，同样，空间尺度的变化也必然带动旅游大势时间尺度的演变。

旅游大势的全生命周期的空间效应在不同阶段有大也有小：成熟阶段的势能最强而空间效应最大；发展阶段的势能次之，其空间效应也次之；发生阶段因其势能处在积蓄增添过程而较弱，空间效应较小；结束阶段因其势能处于减退过程，其空间效应下降。关键是时间尺度变化对旅游大势之势能蓄积的时长以及对发展阶段之爆发高潮起着重要的作用。一般情况是旅游大势的发展阶段越短，蓄积势能过程速度越快，爆发高潮的能量就越集中，空间效应的传导性越突出，空间效应就越强。正因为如此，时间尺度的变化必然导致旅游大势空间效应大小之演变。

影响旅游大势空间效应时间长短的因素很多，但其时间尺度的变化是主要因素之一。旅游大势空间效应范围和大小最为集中的阶段是成熟阶段，但并不是只有成熟阶段才有空间效应，而是其他阶段皆存在，它与旅游大势的地域范围即空间尺度相对应。旅游大势全生命周期决定了时间尺度状态直接影响着旅游大势的空间效应的长短，时间尺度越长空间效应也就越长，时间尺度越短空间效应就越短；换言之，一个旅游大势的周期是以时间尺度为其基本尺度，周期的长短必然反映着空间效应的长短，周期时间尺度的长短变化也必然投射在空间效应长短变化之上，如此而已。

（四）产业格局变化导致旅游大势空间效应的演变

不同形态的产业格局对旅游大势空间效应之演变影响不尽相同，且引发演变的主因也不尽相同。虽然旅游大势主要出现在旅游产业及旅游经济诞生之后，但自人类有意识开展旅行或旅游活动始，旅行或旅游大势就以人们非重点关注的方式存在着。

第一级产业格局变化，即三大产业在总体产业格局中所占比重的变化，引发的旅游大势空间效应演变状况为：当第一产业大于第二产业和第三产业时，人类旅行或旅游活动的相关旅游大势的空间效应最弱；当第一产业小于第二产业、大于第三产业时，其空间效应强于前者；当第一产业既小于第二产业也小于第三产业时，其空间效应强于前者；当第三产业大于第一产业也大于第二产业时，其空间效应最强。旅游大势的空间效应为什么出现如此逐步增强的状况呢？主要是人类产业格局不断进步打破了包括旅游在内的几乎所有产业空间效应的藩篱，扫清了阻碍包括旅游大势空间效应在内的几乎所有产业形态空间效应扩散的障碍，使人类经济社会紧密相连，促使各类产业形态包括旅游大势的空间效应传导性不断提升。从这个意义上讲，任何国家与国家间的经济脱钩行为都是与人类经济社会发展方向背道而驰的倒行逆施，其结果必然是作茧自缚。

第二级产业格局中的服务产业格局变化将带动旅游大势空间效应的演变。第三产业中不同产业类别对旅游大势空间效应演变的推动能力有大小之别。互联网和信息产业、金融业、交通运输业等对旅游大势空间效应演变的推动能力强大。当它们在第三产业格局中的地位突出时，旅游大势空间效应半径被放大，世界、一国、一域的旅游大势空间效应分别表现为全空间得到强化、宽空间无限拓展、窄空间趋向宽空间；当它们在第三产业中的作用有限时,旅游大势空间效应的全空间平淡、宽空间弱化、窄空间苍白。文化、体育、娱乐、商业等产业对旅游大势空间效应的推动能力比较强,在其他条件相同或相似的情况下,当它们在第三产业格局中的作用突出时,旅游大势空间效应有所趋强,全空间、宽空间、窄空间的旅游大势空间效应得到应有的释放;当它们在第三产业中的作用微弱时,旅游大势三个层级的空间效应将会收缩。

第三级产业格局中旅游产业格局的变化也将引起旅游大势空间效应的演变。世界旅游产业格局的变化对一国一域的旅游大势空间效应在世界范围内的大小变化有着直接影响;一国或一域旅游产业格局的变化对一国、一域旅游大势空间效应产生直接影响。这两个直接影响的强弱主要取决于旅游产业格局变化的大小,变化越大影响就越强,空间效应演变就越强,反之就越弱。

(五)经济社会发展变化引致旅游大势空间效应的演变

人类经济社会发展状态是旅游大势空间效应演变的最根本最基础的因素。人类经济社会发展程度越高,旅游大势空间效应发挥就越充分;反之就越萎缩。

古代经济社会发展程度低,人类的旅行活动囿于日常生活居住地周边区域。虽然随着经济社会发展,人们的旅行活动半径不断扩大,但交通工具简陋,以致旅行活动的充分程度一直不高,致使旅游产业之不存,当下谓之的旅行大势空间效应程度十分微弱。

近代经济社会发展程度较高,旅游活动跨区域、跨国家逐渐成为人类旅游的应有之义,特别是轮船、汽车、火车、飞机等交通工具的相继问世和跨越式的发展,人们的中程远程旅游越来越频繁、便捷,旅游经济发育程度快速提高,多种类型的旅游大势在世界、一国、一域陆续出现，旅游大势空间效应逐步扩大，对旅游形态的影响越来越突出。

现代社会的高速公路、高速铁路、大型飞机让人类的旅游活动更加快速、便捷，互联网的诞生和发展让"旅游地球村"跃入人们眼帘，经济全球化减少了人类自由旅行的诸多障碍，旅游经济高度发展，旅游格局演变加快，旅游大势空间效应超过了人类过往的任何时期，一国特别是大国旅游大势的空间效应不再是纸上谈兵，高层级旅游大势空间效应的强势使得"旅游的灰犀牛"出现成为可能，人类已经无法对旅游大势熟视无睹了。

三、旅游大事的空间尺度特征

（一）旅游大事的多维空间尺度

世界、一国和一域旅游大事影响之空间尺度对应着全空间、宽空间和窄空间，而正向旅游大事与负向旅游大事的空间尺度有所差别。

重大金融危机事件和重大疫情事件一般为全空间尺度，这是由其传播覆盖地域范围所决定的。美国次贷金融危机、东南亚金融危机、埃博拉病毒疫情、H1N9禽流感疫情、新冠疫情等的传播范围和中强度影响都在数十个国家以上，具有世界性，空间尺度表现为全空间。极热极冷异常气候和海啸等自然灾害常常覆盖多个国家，表现为宽空间甚至为全空间；地震、洪灾等区域性特征明显，多表现为窄空间。而以人为主体的多国战争或两国战争以及恐怖事件等也可能相应表现为影响全空间、宽空间和窄空间。因此，负向旅游大事的空间尺度层级涵盖相对更为全面。

除重大科技事件外，重大体育事件、重大文化事件、重大外交事件、重大签证事件等一般覆盖地域横跨两国或多国，中强度影响达数个国家,主要表现为宽空间尺度;地域宽广、人口较多的大国实施的旅游大事而中强度影响覆盖区域较大,也具有宽空间尺度的特征。一域和地域窄小一国或地区实施的旅游大事一般具有窄空间尺度特征。因此,正向旅游大事的空间尺度主要为宽空间和窄空间。

(二)旅游大事空间效应之对应性

旅游大事发生地或实施地的空间效应与其地域范围基本对应。地域范围是旅游大事空间效应的主要因子,地域范围的大小决定着旅游大事空间效应的状况。发生或实施在数十国的旅游大事一般为全空间尺度,尽管并不是每一种类型的旅游大事都可以完全穿透所在国或多国的所有区域,可能存在着非影响的斑块,但是它即使叠加也不足以达到改变全空间尺度的空间占比,因而旅游大事全空间效应的性质不会改变也没有改变。同样,旅游大事的宽空间效应和窄空间效应与旅游大事发生地或实施地的地域范围也基本对应。

中强度影响区域范围是剔除了旅游大事发生地或实施地的空间效应的区域范围。中强度影响范围的空间尺度决定着除了旅游大事发生地或实施地之外的空间效应状况。虽然可能存在中强度影响区域中小部分区域影响强度弱化的现象,但仅为弱度影响,而小部分区域叠加也依然改变不了空间尺度,其相应的空间效应仍然存留,故而,旅游大事发生地或实施地之外的空间效应与中强度影响地域范围也是基本是对应的。

总体来看,对应性是旅游大事空间效应的基本特征。旅游大事空间尺度与旅游大事发生地或实施地的地域范围及其中强度影响地域范围是基本对应的,即:旅游大事地域范围和影响范围越大,其空间效应就越大,旅游大事地域范围和中强度影响范围越小，其空间效应就越小。

（三）旅游大事空间尺度的演变

旅游大事空间尺度的演变存在着两类情况：一类是正向旅游大事与负向旅游大事空间尺度的演变；另一类是旅游大事本身的空间尺度与受其影响的空间尺度的演变。

正向旅游大事空间尺度的演变是旅游大事实施者的实施过程实现影响目标的差异而产生的。正向旅游大事的设计者与实施者对影响旅游形态等目标的设定与预设有差别。实施者往往从本区域利益的角度出发预设与设计者不甚相同的目标，而有意识地投入和引导相关资源流向和增速流入有利于实现自己预设目标的领域，而出现正向旅游大事空间尺度与设计者设定的空间尺度相比或扩大或缩小之演变。以自然为主体的负向旅游大事的空间尺度演变，除因其本身能量大小变化所形成的不以人的意志为转移的空间尺度扩张或收缩之外，人类对其影响控制能力的大小也对其空间尺度演变发挥着至关重要的作用。控制能力越强，其空间尺度演变趋向缩小；反之，其空间尺度演变趋向扩大。

旅游大事本身空间尺度的演变主要是由人们的认识程度和资源投入程度增加与否所导致的，而旅游大事影响空间尺度的演变还与其传播程度相关联。人们对正向旅游大事的认同程度、资源投入程度、传播程度越高，其空间效应就越大，反之就越小；人们对负向旅游大事的认知程度和阻隔影响资源投入程度越高、负面内容传播程度越低，其空间效应就越小，反之就越大；而旅游大事本身的空间尺度与旅游大事影响的空间尺度随之而演变，表现为空间效应大小变化引致空间尺度相应的演变。

第三节　提升：旅游 3shi 的时空格局

一、旅游 3shi 的时间连接性

旅游大是、旅游大势和旅游大事的时间尺度之长时段、中时段、短时段，既决定于其自身时间的固有属性，也决定于其时间段比较的偶有属性。在旅游 3shi 的内在联系中，旅游大事为旅游大势之主要基础，旅游大势则是旅游大是之主要基础；换言之，部分旅游大是或旅游大是部分依存于旅游大势，部分旅游大势或旅游大势部分依存于旅游大事。在前者作为后者的基础和后者部分依存于前者之中，实现三者之间的时间连接。

先看旅游大是与旅游大势间的内在联系之依存。许多旅游大势不仅影响着当时的旅游形态，而且对相应旅游大是的形成起着重要的促进作用。如，+旅游发展大势和旅游+发展大势在不断影响旅游形态的过程中，形成了诸多融合型旅游业态，它与其他要素一起促进着旅游经济融合属性大是之形成。二者表现说明，+旅游大势等与旅游经济融合属性大是在内涵上存在着客观的内在联系，反映出产业跨界和产业相融是旅游经济融合属性的基础；前者是后者形成的重要推动力量，前者的生命价值中某种基因在后者生命周期中得以延续；如此基因式的内在联系表现出二者之间的时间连续性，即后者延续着前者的时间。

再看旅游大势与旅游大事间的内在联系之依存。旅游大事是旅游大势形成的主要因子之一。一是同类型的旅游大事多次发生

或举办对形成具有此类基础属性或延伸属性的旅游大势起到重要的甚至主要的作用，这种作用既是旅游大势形成的推力，也是旅游大势特殊属性的主要基因之一。例如，中国金鸡百花电影节连续十次在厦门举办对形成厦门一域的影视旅游发展大势的作用是十分明显的；全面实现小康社会和共同富裕等重大事件对乡村旅游大势的推动作用是不言而喻的。二是不同类型的旅游大事在相同或相近时段发生或举办对专项型旅游大势的形成具有明显的推动作用。如重大外交事件、重大签证事件、重大文化交流事件在两个国家同时间段集中举办，必然推动两国互为客源地旅游大势的形成。三是不同类型的旅游大事在相同或相近时段发生或举办对综合型旅游大势的形成具有重要的推动作用。如一国一域一个时段内连续举办奥运会、世博会、世界杯等重大活动，必然形成一国一域旅游高速发展大势。这三种情形皆表现出旅游大势与旅游大事在内容上的内在联系及二者在时间上的前后延续。

由此可见，旅游大是对旅游大势和旅游大势对旅游大事的内在依存表现在时间上体现为时间尺度上的连接性和时间的连续性。旅游大事的短时段时间尺度是旅游大势中时段时间尺度的基础和前提，旅游大势的中时段时间尺度是旅游大是长时段时间尺度的前提和基础，即前者是后者时间尺度的基础，后者是前者时间尺度的必然；旅游大事、旅游大势和旅游大是三者之间的内涵传递和延续折射着它们时间上的连续性。

二、旅游 3shi 的空间叠合性

旅游大是、旅游大势和旅游大事各自能量大小及影响力量大小的差异，导致它们空间尺度迥异，而显性存在着全空间、宽空间、窄空间，亦即世界、一国和一域的空间范围。在三维空间下的旅游 3shi 空间表现出运动的、对应的、交叉的空间叠合性特征。

旅游 3shi 空间的运动性是其空间叠合性特征的炫酷彩图。旅游 3shi 空间之叠合与时间之连续是其时空的景致框架。时间之连续所反映的是旅游 3shi 在时间维度上的前后相连的因果关系，而空间之叠合所反映的是在空间维度上无时间尺度和有时间尺度状况下的空间关系。在无时间尺度状况下，旅游 3shi 在地球空间之行为表达呈现出全空间、宽空间、窄空间的三维空间无序叠合的状态；旅游 3shi 因能量和影响差别在各自相应的全空间、宽空间和窄空间之行为表达呈现出有序叠合的状态。在这种无时间尺度差别的无序或有序的空间叠合状态下，旅游 3shi 空间所呈现的是静止的定格状态。在有时间尺度状况下，旅游 3shi 空间之行为表达则呈现出全空间、宽空间和窄空间错综复杂的空间交叉叠合状态。在这种有时间差别的空间叠合状态下，旅游 3shi 空间叠合所呈现出的是运动的状态。事实上，无时间尺度状况下的旅游 3shi 空间之行为是不存在的，而有时间尺度状况下的旅游 3shi 空间之行为即运动的空间行为却是客观存在的不争事实。由此，旅游 3shi 空间行为的运动叠合性构成了旅游 3shi 空间关系的复杂性。

旅游 3shi 空间的对应性是其空间叠合性特征的着色画笔。世界旅游大是与世界旅游大势和世界旅游大事之空间对应为全空间，一国旅游大是与一国旅游大势和一国旅游大事之空间对应为宽空间，一域旅游大是与一域旅游大势和一域旅游大事之空间对应为窄空间。形成对应空间的前提是旅游大是、旅游大势和旅游大事在各自能量变化及影响旅游形态的过程中，其空间状态呈现出大致为同一空间维度，或大致同为全空间，或大致同为宽空间，或大致同为窄空间的特点。因此，在全空间、宽空间和窄空间的空间尺度定义之语境下，决定空间对应叠合的底层逻辑是旅游大是与旅游大势和旅游大事能量和影响的对应关系。换言之，旅游 3shi 空间层级与能量和影响层级互为对应关系，即能量和影响层级高低与空间层级大小一一对应，有怎样层次的能量和影响就必然会有怎样的空间层级与之对应，为描画空间叠合彩图汲蘸颜色。

旅游 3shi 空间的交叉性是空间叠合性特征的多彩颜料。旅游大是的三维空间与旅游大势和旅游大事的三维空间既存在着对应关系，也存在着非一一对应关系即交叉对应关系，表现为正在发挥作用的具体世界旅游大是对应着正在发挥影响的一国旅游大势或一域旅游大势以及一国旅游大事或一域旅游大事的状况，呈现出旅游大是的全空间对应着旅游大势和旅游大事的宽空间及窄空间，即空间非一一对应的交叉对应关系。旅游大是与旅游大势和旅游大事之空间一一排列组合的交叉关系，在空间行为运动过程中，使旅游 3shi 的空间叠合在相互影响与被影响之中充满着丰富的变化和动态的魅力，为其空间叠合彩图贡献了斑斓的色彩。

三、旅游 3shi 时空的虚实共生性

旅游 3shi 之存在依托于人类经济社会活动所赋予的能量，它们在运动变化的时空格局中完善了自己的属性定义，而定义属性的过程和属性凸显的过程所展现出的虚实有度、虚中有实、实中有虚、虚实相融的虚实共生格局，是旅游 3shi 在其时空格局下所书写的一部特色鲜明的浪漫主义史诗。

（一）旅游大是的虚实共生

旅游大是在时空格局上的长时段和全空间的鲜明特征使得其虚实之演变充满着传奇色彩。其实，旅游大是是典型的虚实融合

体，其"实"是基础，其"虚"是效用。在人类相当长的岁月里，大量的客观事物和长期的旅游实践反复地去伪存真、去粗存精，同构着旅游大是"实"的伟岸，让旅游大是从实中走来显得特别踏实而厚重，也让旅游大是在旅游岁月的长河中，不断激荡和影响着旅游形态，在旅游形态一次次的向好演化过程中，呈现着旅游大是气势磅礴之"虚"的气度。

旅游大是之"实"有三个特点：一是"实"的存在是旅游大是赖以生存的根基，离开了"实"即客观事物和旅游实践就不可能有旅游大是；二是"实"的聚合是旅游大是形成的前提，年复一年的大量客观事物特别是旅游实践的有效凝聚，为旅游大是之形成创造了必要的条件；三是"实"的精华是旅游大是形成的关键，对大量聚合的客观事物和旅游实践进行思维的抽丝剥茧才使旅游大是从万事万物中从容走来，脱离了"裸实"，留下了"真实"，实现了"实"中有"虚"，成就了万事万物成为旅游大是的历史性飞跃，让人类在自觉的遵循中尝到无限的甜头。

旅游大是的"虚"也有三个特点：其一，"虚"中有"实"，它宣示着旅游大是为物质和意识的融合体，思维下的客观存在特征，让人们遵循旅游大是的底层逻辑一目了然。其二，旅游大是由"实"化"虚"的过程，使旅游大是对旅游实践之真实效用有了历史的根基和现实的依据。其三，从"虚"转"实"的过程，是旅游大是影响旅游形态的过程，人们遵循旅游大是使得旅游实践结出梦想中的累累果实，展现出人类主观能动性的必然意义和价值。

总之，旅游大是表现出"虚""实"融合和人类遵循的特点，"实""虚"是旅游物质与人类意识融合的表现形式，"实"和"虚"既是旅游大是的本质属性，也是旅游大是影响的固有属性。

（二）旅游大势的虚实共生

旅游大势之"虚"与"实"在时空格局下不断演变。在中时段的时间尺度中，旅游大势的形成过程建立在无数个有形的旅游实践和旅游活动之上，人们的各种旅游实践尤其是特定、特殊、特别的旅游实践，促进了世界、一国和一域之一个方面、几个方面的特色旅游大势或旅游经济和旅游格局的旅游大势之形成；人们多姿多彩的旅游生活同样促进着多种多样的旅游生活大势之形成。旅游实践和旅游生活的主体和客体皆为客观存在之有形事物，表现出"实体"真实的基本属性。因而，旅游大势来源于"实体"真实，"实体"真实乃旅游大势之基。然而，在"实体"真实之上形成的旅游大势却是既无"实体"真实之核，又无"实体"真实之身，还无"实体"真实之形，是人们看不见、摸不着的"实物"真实。旅游大势在从"实体"到"虚体"的演进过程中，经历了多少鲜为人知的变化和跳跃，尽管人们可能不得而知，但却在为寻求其中之变化和跳跃的逻辑而进行沙盘推演和冥思苦想。由此可见，从本质上讲，旅游大势有"实"之基，无"形"之身，无"实"之体，"虚"是旅游大势在时空格局下演进的结果。

但是，旅游大势虚实之事仍在延续，业已形成的旅游大势影响旅游形态之过程和影响旅游形态之对象依然在虚实之中实现转换。旅游大势影响旅游形态的过程是旅游大势"虚体"发挥作用的过程，而这一过程是旅游大势存在意义的过程和旅游大势价值实现的过程。它呈现出两个特点：一是"虚体"作用之对象为客观存在的事物，即旅游形态的各种表现形式即"实体"；二是"虚体"作用于人们的意识，通过人们的自觉意识而实现意义和价值的转化。旅游大势影响旅游形态之对象就是旅游大势作用于客观存在的旅游事物即"实体",旅游"实体"因旅游大势的"虚体"作用发生变化甚至质的变化,变化之价值大小取决于旅游大势"虚体"价值之大小。

综上,旅游大势时空的虚与实是旅游大势在时空格局下形成和发挥作用的转化过程,旅游大势从实到虚、从虚而虚、从虚到实的转换过程,彰显着旅游大势的意义和价值,"实"是旅游大势形成的本质属性,"虚"是旅游大势影响的本质属性。

(三)旅游大事的实虚共生

旅游大事的时空格局传递着透亮的"实""虚"信息。旅游大事本身就是客观存在的事物,无论是以人为主体的为之者而为之的旅游大事,还是以自然为主体的旅游大事,都是人们可用感官感知的东西,即它以"实体"而存在,这与旅游大是和旅游大势有着明显的区别。因此,"实"是旅游大事在时空格局下的根本属性。然而,"虚"也以实而存。

正向旅游大事之意义和价值不仅体现在"实体"时空上,而且也体现在"虚体"时空之影响上。诸多正向非旅游本源的重大事件之所以为旅游大事,其实质就是正向非旅游本源的重大事件对旅游形态影响具有重要意义和价值。旅游大事影响旅游形态的过程即是旅游大事"实体"时空转化为"虚体"作用于旅游形态的过程。换言之,旅游大事影响过程作为"虚体"作用于"实体"时空的旅游形态而发挥其意义和价值。因此,正向旅游大事之意义和价值既表现在其实施的时空尺度上,同时也表现在其影响的时空尺度上。

负向旅游大事对旅游形态的影响,一方面表现在负向旅游大事"实体"的实施过程中,另一方面表现在负向旅游大事"实体"时空转化为"虚体"时空的过程。负向旅游大事"实""虚"

时空存留和转换过程，实现着以人为主体的负向旅游大事的有意识的目标，或呈现着以自然为主体的负向旅游大事的自然影响。

总之，旅游大事时空的虚与实是其在时空格局下实施、发生和发挥作用的转化过程，旅游大事从实到虚、从虚到实的时空转换过程，是其意义价值和影响的呈现过程，"实"是其本质属性，"虚"是其影响过程的本质属性，它将"实"和"虚"的属性折叠在人类旅游发展的进程中，闪耀着唯有如此方能耀眼的历史符号。

第四节 几点感悟

本书旨在面对世界纷繁复杂和快速多变的不确定性，探索如何通览历史、立足现实，而看旅游之未来，以期树立旅游向前的信心，以科学的方法和积极的态度开展旅游实践活动。我们尝试以旅游之是与势事亦即旅游 3shi 的路径，回答当今时代背景下人类未来旅游将如何发展、旅游未来将走向何方、疫后旅游将如何呈现等时代的"未来之问"。为此，我们引鉴法国年鉴学派关于长时段、中时段、短时段之历史"时段论"的研究方法来研究旅游 3shi。年鉴学派采用长时段的分析方法来研究几乎不变的地理环境、缓慢演变的文化传统等人类赖以生存与发展的根基；采用中时段的研究方法来研究诸如经济、国家、社会、文明等十年甚至百年不变的历史；采用短时段的研究方法来研究那些表面骚动、短促迅速、动荡的事件历史。旅游大是之人类旅游本质属性和基因属性，在人类旅游历史长河中以缓慢的节奏形成、延续和进化，并长期影响着人类旅游发展，当为人类旅游存在与发展的根基，表现出长时段的特征；形成于经济社会和旅游形态的旅游大势对人类的旅游形态影响巨大，其全生命周期从十几年至近百年，其影响效应和时间尺度比对表现为中时段的特征；旅游大事则于数年间的短时段内对旅游形态产生迅速、剧烈之影响，在人类的旅游史上留下了充分的表现和显著的映象。人类社会、自然等诸多能量聚合而成的旅游 3shi 之进化力量和时代力量，演绎出一部影响视域的人类旅游发展史。

我们以时段分析人类旅游发展过程中所形成的并长期影响旅游发展的旅游大是、中期影响旅游发展的旅游大势、短期影响旅游发展的旅游大事之确定性，试图构建旅游 3shi 某种体系框架，探索回答时代"未来之问"，进而搭建预测旅游未来的方法框架。在分析研讨中，我们深深感知到，旅游 3shi 之核心本质、核心属性、核心价值、核心方法、核心特征在时空维度下，依循内在联系的逻辑和磅礴澎湃的旅脉，在人类旅游发展过程中同构着旅游 3shi 体系框架。

第一，旅游 3shi 影响之确定性是其核心本质，它昭示着人类旅游在确定性与不确定性的对立统一中发展前行。本书第三章至第五章，叙述旅游大是的聚合投射赋能的影响过程、旅游大势的能量集聚及影响形成过程、旅游大事影响形成和释放所引致旅游形态变化过程，反映出旅游主体与旅游客体、旅游形态与旅游生态无不处在经济社会和旅游本身的诸多影响确定性和时代不确定性的客观存在之中。人类旅游自诞生起就在众多事物的确定性与不确定性的对立统一中行进，而长时段之跨越时空的旅游大是作为生产力发展最主要的表现形式之一，担当起人类旅游发展进程之确定性的金牌主角，于是尽管每个时代不确定的事物和势力的力量都会不时干扰着人类旅游前行的脚步，但却无法阻挡人类旅游坚持前进的步伐。中时段之旅游大势及其市场格局动态演化指向人类旅游发展未来的确定性，引致着旅游供需关系演化朝着基本不均衡向基本均衡的阳光方向不断跃进，以致在动态演化过程中以旅游大势之力量排除和消化时代不确定性的因素，使得人类的旅游终究回归到确定性的阳光大道。短时段之旅游大事既在其时代确定性与不确定性的背景下，又在发生和影响的确定性与不确定性中徘徊，导致诸如北京奥运会、中国电影金鸡百花节（厦门）、新冠疫情等影响力量的确定性和影响力量强弱的不确定性。旅游形态波动的确定性和人类旅游发展轨迹不变的确定性，让旅游 3shi 影响的确定性昭显无遗。因此，人类的旅游发展进程在影响视域上就是一部影响确定性与不确定性对立统一的发展史；唯有确定性，才有旅游 3shi 的存在和未来的预见；唯有不确定性，才有旅游 3shi 的存在意义和预测未来的价值。

第二，旅游 3shi 影响之力量是其核心属性，它揭示着人类旅游基因延续的进化力量和时代旅游价值取向演进的时代力量二者辩证统一贯穿人类旅游发展的全过程。本书在列举具体事例论述相关观点时，无一不是围绕旅游 3shi 这一核心属性而展开的。第三章列举了近代欧洲人们的旅游欲望，西欧近代大众阶层收入增加，新中国闲暇时间的变化，人类出行方式和旅游支付方式的演进，欧美的"海外大旅行"、温泉旅游、主题公园等演进的具体事例，阐释了人类的旅游诉求与时代变迁一致性之观点；以中国城市旅游吸引物生活化、浙江乌镇旅游产品生活化、中国及欧美住宿设施生活化的事例，阐述旅游生活形态溢出的观点；以古代旅行消耗多种产品和近代旅游活动推动产业融合之事例，阐明旅游经济融合属性的观点；以旅游"市长"之政策、资源、规范等时代性的具体做法，研讨政府在推动旅游发展过程中的力量。这些实例突出反映了人类的旅游基因、欲望、收入、闲暇等隐性基因，生活、享受、异地等显性基因，高关联度的旅游产业基因，旅游发展的力量基因等，在时代旅游价值取向演进的时代力量中不断形成并强烈表达其延续的进化力量。第四章从宏观层面探讨世界旅游的三个大势和中国当代社会消费升级下的五个旅游大势、科技推动下的五个旅游大势、+旅游之下的五个旅游大势以及五大势能之五个旅游大势，提出旅游市场供需关系最优的"正亚平衡"及其实现途径的观点和旅游市场格局空间效应的时代重构等观点，论述人类旅游基因延续的进化力量与时代旅游价值取向演进的时代力量辩证统一地投射赋能其中，并产生时代效应。第五章以中国电影金鸡百花节（厦门）、北京奥运会、新冠疫情为例，分析正向和负向旅游大事在短时段强影响所在区域的旅游形态而呈现出跨越与阻断之状态，反映出人类旅游基因蛰伏延续和时代旅游价值取向的时代力量之表达状态，论述旅游大事引致波动但无以改变人类旅游发展轨迹的观点。如此等等，人类旅游基因延续的进化力量与时代旅游价值取向演进的时代力量驰骋在旅游大是、旅游大势、旅游大事之中，使之内涵鱼贯相连，强劲贯穿于人类旅游发展的泱泱时空。

第三，旅游 3shi 的预测效用为其核心价值，它喻示着在人类旅游发展过程中寻找确定性以回答时代"未来之问"之路径的适当性。旅游 3shi 映射人类社会尤其是近代社会以来，每个时代都存在着明显的不确定性，特别是剧烈动荡的巨变时代尤为突出。当今社会之巨变时代的不确定性，是人类社会不确定性叠合当口，人们发出时代"未来之问"是对叠合不确定性的聚合忧虑。我们需要做的不仅仅是从时代不确定性中寻找确定性，更需要做的是从人类旅游发展过程中寻找旅游未来的确定性。这对应答时代"未来之问"提出了一个普适性的挑战。人们应该努力寻觅一个契合大部分时代的普适性的旅游未来预测之框架,而与之相匹配的路径选择就决定了探索方向是否正确、科学。旅游3shi之旅游大事、旅游大势、旅游大是的时间尺度衔接吻合了人类旅游发展的进程,长时段旅游大是、中时段旅游大势、短时段旅游大事收纳着旅游的时代与旅游的未来,旅游大是、旅游大势、旅游大事之核心本质和核心属性巩固了时代与未来的有机相连,契合了立足时代、通览历史、预测未来的普适效应之命题。因此,以旅游3shi之体系框架,成确定性的旅游预测之法,应答"未来之问",显得颇为适配。

第四,旅游3shi的预测框架为其核心方法,它显示着旅游3shi时空关系结构是旅游长期、中期、短期未来的预测框架。旅游3shi之旅游大是、旅游大势和旅游大事贯穿于人类旅游发展的全过程,以长时段、中时段、短时段的时间尺度联系衔接以及全空间、宽空间、窄空间的空间尺度多元转换构成了一个完整的时空格局,该时空格局及其演变,呈现出新视角下的人类旅游波澜壮阔的壮美景象。长时段和以全空间为主的旅游大是形成于上百年数千年,对人类旅游长期未来具有显著的影响和确定性的指向意义;旅游大是的本质及其基因属性和旅游本质属性,在时空格局特别是长时段和时间持续性之张扬下,既确定了旅游大是必然积淀聚合着人类旅游基因并在延续进化过程中汲取每一个时代旅游价值取向之精华而充实着自身,也确定了在其能量投射和赋能的过程中必然影响着处在长时段的包括旅游大势和旅游大事在内的旅游事物,还确定了人类旅游基因延续的进化力量和时代旅游价值取向演进的时代力量辩证统一必然影响人类旅游之长期未来。中时段和多空间的旅游大势形成于十几年近百年,对人类旅游中期未来具有明显的影响和确定性的应答意义;旅游大势之趋势属性和未来属性使其在时空格局及其演变之高扬下,积蓄着时代动能和势能，确定性地影响着人类旅游未来的发展过程，旅游供需关系时空维度下的旅游市场和旅游大势及其市场格局演化的确定性，引领着人类旅游的未来。短时段和多空间的旅游大事之影响十分显著且在数年之内的确定性改变了其时空尺度之人类旅游发展轨迹之线，但却无以改变人类旅游发展轨迹的确定性，对人类旅游短期未来的晓喻意义清晰明了。如此，为以旅游3shi的体系框架预测旅游未来的时段之确定性奠定了坚实的基础。与此同时，旅游大是中的人类旅游生活形态成熟的三维推力，旅游大势中的世界旅游大势和中国旅游大势及市场格局动态演化之向，旅游大事中的负向旅游大事后的新形态和新生态等，或直接或间接回答了时代"未来之问"的某些问题。在旅游3shi的时空格局中，人类旅游基因延续进化与时代旅游价值取向演进辩证统一于人类旅游的每个时代、每个阶段，或显露或平伏或潜藏于旅游大是、旅游大势和旅游大事之中，深刻、长久地影响着人类旅游发展，似为人类旅游的历史镜子和现实写照。由此，面对时代"未来之问"，我们回应以"旅游3shi，照见未来，长期未来看旅游大是、中期未来看旅游大势、短期未来看旅游大事"之预测框架，方法如斯。

旅游3shi的时空关系结构及其预测旅游未来的路径和方法框架，图示如下：

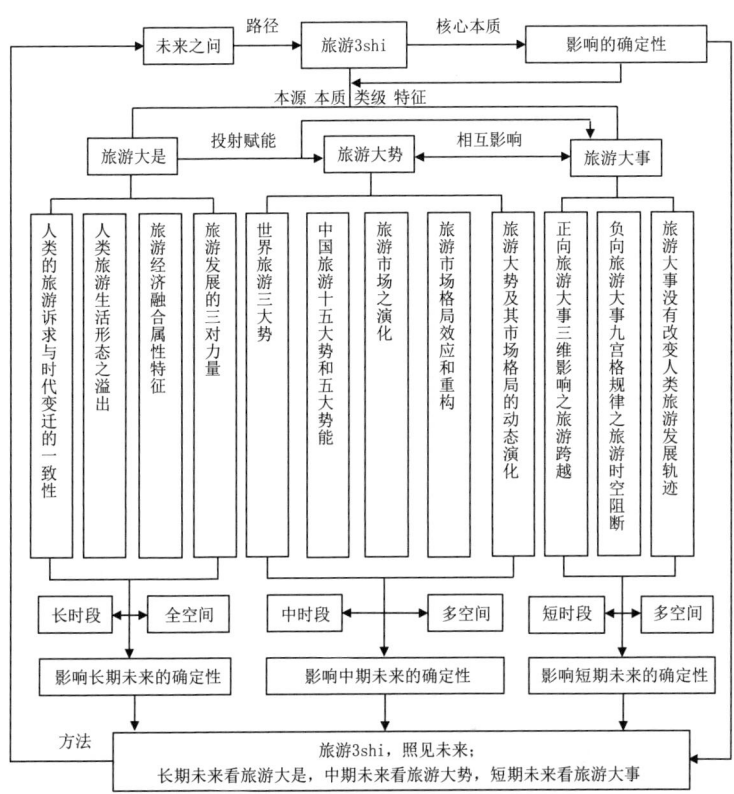

第五，旅游 3shi 的应用性为其核心特征，它明示着人们在参考、借鉴、运用其体系框架和预测方法以及相关观点时，应从实事求是的观点出发，循其确定性、弃其不确定性。本书关于旅游 3shi 体系框架预测旅游未来的路径，尤其是"旅游 3shi，照见未来；长期未来看旅游大是、中期未来看旅游大势、短期未来看旅游大事"预测旅游未来的方法，可能会对旅游研究者和旅游实践者览古今、见未来之长期、中期、短期有一定的启发意义和实践意义，同时应把握从短时段至长时段的人类旅游之确定性逐步趋强，预测旅游未来之确定性程度也依此逐渐趋强的规律。旅游

3shi 之时空体系构架可能会对旅游宏观工作者和决策者在旅游实践过程中把握时空定位和时空方向，协调旅游发展的长期、中期和短期的关系并保持定力，甚至依此去定义、丈量、勾勒旅游万象具有些许借鉴意义，并由此可能对遵循旅游大是、顺应旅游大势、驾驭旅游大事具有一定的参考意义；同时，对旅游投资者谋划项目和确定投资项目的长期、中期、短期目标并在实施的曲折过程中笃定坚守或灵活调整具有一定参考价值。本书关于人类旅游生活溢出之内容可能对旅游项目开发者突出生活属性要素具有些许借鉴意义；旅游发展三对力量的内容可能对旅游宏观管理者制定针对性、竞争性、有效性的旅游政策具有一定的启发作用；世界和中国旅游大势的内容特别是旅游市场供需关系最优之"正亚平衡"的实现内容以及旅游供给侧的"五度"和旅游需求侧的"五化"之旅游市场演化的内容，可能对旅游地的旅游发展具有一定的参考意义；正向旅游大事影响形成机理的内容对旅游大事为之者追求影响最大化具有一定参考意义；负向旅游大事影响之九宫格规律可能对旅游管理者和从业者规避损伤和促进旅游复苏具有一定的参考价值。但是，人们在运用本书之主要结论、框架和内容时，务求从实际出发，具体问题具体分析，方可如愿。

受笔者旅游认知和旅游实践尤其是现有知识体系的局限，本书未能构建预测未来旅游 3shi 之测度体系，实为一大缺憾。因此，本书的内容仅供读者参考和讨论。笔者将适时就本书研讨不深和缺失的内容作进一步的思考和探索，同时欢迎读者进行探索和进一步思考求证，以期奋力搭建预见旅游未来的诺亚方舟，竭力为人们更早预见旅游未来使出至善之本，为人类的美好旅游生活极目世界而努力奋斗。

参考文献

[1] 卡尔·马克思，弗里德里希·恩格斯.马克思恩格斯选集（第1卷）[M].3版.中共中央马克思恩格斯列宁斯大林著作编译局，编译.北京：人民出版社，2012.

[2] 费尔南·布罗代尔.地中海与菲利普二世时代的地中海世界[M].唐家龙，曾培耿，吴模信，译.北京：商务印书馆，2013.

[3] 林璧属，等.世界知名饭店集团发展模式：从案例分析入手[M].北京：旅游教育出版社，2014.

[4] 谢贵安，谢盛.中国旅游史[M].武汉：武汉大学出版社，2012.

[5] 张天来，王淑良.中国旅游史[M].2版.北京：旅游教育出版社，2018.

[6] 彭顺生.世界旅游发展史[M].北京：中国旅游出版社，2006.

[7] W.钱·金，勒妮·莫博涅.蓝海战略[M].吉宓，译.北京：商务印书馆，2005.

[8] 吴敬琏.中国增长模式抉择[M].4版.上海：上海远东出版社，2014.

[9] 孙克勤，孙博.世界旅游文化[M].北京：北京大学出版

社，2017.

[10] 魏小安，魏诗华. 全产业链视阈下的旅游发展［M］. 天津：南开大学出版社，2012.

[11] 林璧属. 旅游三十人论坛文集［M］. 北京：旅游教育出版社，2021.

[12] 戴斌. 旅游复苏［M］. 北京：旅游教育出版社，2021.

[13] 吴必虎，黄潇婷，等. 旅游学概论［M］. 3版. 北京：中国人民大学出版社，2019.

[14] 谢彦君. 旅游研究方法［M］. 北京：中国旅游出版社，2018.

[15] 李云鹏，晁夕，沈华玉，等. 智慧旅游：从旅游信息化到旅游智慧化［M］. 北京：中国旅游出版社，2013.

[16] 林峰. 旅游开发运营教程［M］. 北京：中国旅游出版社，2019.

[17] 徐挺. 休闲读本［M］. 南京：江苏人民出版社，2012.

[18] 郑维荣，林明水. 区域旅游业发展中的政府行为［M］. 北京：经济管理出版社，2020.

[19] 余秋雨. 余秋雨作品集［M］. 北京：作家出版社，2005.

[20] 中华人民共和国文化和旅游部. 中国文化和旅游统计年鉴（2019）［M］. 北京：国家图书馆出版社，2019.

[21] 中华人民共和国文化和旅游部. 中国文化文物和旅游统计年鉴（2020）［M］. 北京：国家图书馆出版社，2020.

[22] 中华人民共和国文化和旅游部. 中国文化文物和旅游统计年鉴（2021）［M］. 北京：国家图书馆出版社，2021.

[23] 保继刚. 旅游学术研究十讲［M］. 北京：商务印书馆，2022.

[24] 查尔斯·R·戈尔德耐，等. 旅游业教程：旅游业原理、方

法和实践［M］.贾秀海，译.大连：大连理工大学出版社，2003.

［25］伦纳德·J.利克里什，卡森·L·詹金斯.旅游学通论［M］.程尽能，等译.中国旅游出版社，2002.

［26］爱德华·傅克斯.欧洲风化史［M］.移然，译.沈阳：辽宁教育出版社，2000.

［27］谢朝武.旅游应急管理［M］.北京：中国旅游出版社，2013.

［28］魏成元，马勇.全域旅游：实践探索与理论创新［M］.北京：中国旅游出版社，2017.

［29］诺曼·庞兹.欧洲历史地理［M］.王大学，秦瑞芳，屈伯文，译.北京：商务印书馆，2020.

［30］罗昌智.在现代和传统之间：新文学作家与中国文化论稿［M］.哈尔滨：黑龙江人民出版社，2010.

［31］黄远水.旅游资源学［M］.大连：东北财经大学出版社，2007.

［32］孙九霞.旅游人类学：理论与经验［M］.北京：社会科学文献出版社，2013.

后 记

总是在秋天,想起过往的人生,那些旅游思绪的阳光小花。然而,时代的变迁和疫情的肆虐,让我偶尔对旅游的未来,失去了心灵上的坚定。

仲秋的霓虹,点亮了深夜的小店,卤菜,啤酒,林璧属教授和我,依然沉浸在2021厦门秋季人文之旅产品发布会全网观看近一亿人次的喜悦之中。林教授那句"到外地迌迌①就是旅游"惊艳四方,燃起了游客旅游厦门的欲望,也引燃了我笔耕旅游的夙愿。而那个关于"旅游3shi"的构思,得到了林教授的欣然指导。他一湾赋能,让我心怀春天。

四季的轮换,让城市的小花,竟放在仙岳路旁。每周五天,我总是迎着徐风和朝阳,踏着落日的余晖,游走在这条并不平坦的大路上。我偶有神情飞扬,用手机记下点滴的遐想,而那扑鼻的花香,好像时光的心得,为路人的踌躇满志增添了几分光彩。我的脑海,不时映现着那些鲜活的人、那些沧海桑田的事,他们时常微笑着拨开未来旅游的迷雾。

深夜伏案,希望更早看见旅游的未来。但躁动的世界,往往迷惘着我的双眼,仿佛熬煎着黎明前的时光;而那些闪耀在历史

---

① 迌迌:闽南语,发音为"tì tòu",为去玩、好玩、尽情吃喝玩乐的意思;普通话发音为"zhì tù"。

长河中的旅游基因，澎湃着我那份探索旅游未来的激情；那些唱响在每个时代的旅游价值取向，不断激发着我对未来旅游的热望。哦，那些旅游大是、大势和大事，折叠和收纳着人类的旅游时空，让我感悟难以感悟的确定，感慨易于沉沦的不确定，旅游 3shi 在时段中昂然成像，阔步走向未来。如此敞亮，叫我欲罢不能。

又是在秋后，窗外山边的无名小花，在正午阳光下依然透着明亮的金黄，和着妻子妙手善成的饭菜清香，越域飘来，轻抚这刚刚完成的书稿。

冬日暖阳，小花欲放，致敬我的家人，致敬林教授，致敬依然留着阳光花香的旅游岁月！感谢魏敏教授、郑伟民副教授、李山石副教授和丘尚知副教授在本书撰写过程中的帮助与指导！感谢国家自然科学基金的资助！

陈桂林

2022 年岁末正午于厦门金桥社区